Les faux amis

[redacted]

UNIVERSITÉS

ANGLAIS

Les faux amis

Michel Ballard
Professeur à l'Université d'Artois

ellipses

ISBN 2-7298-6880-1

REMERCIEMENTS

Je tiens à adresser mes remerciements :

- aux lecteurs et lectrices (Patrick Crowley, Joannie Walsh, Laurel Willingham) et en particulier Nancy Cooney, pour les nombreuses discussions que nous avons eues à propos de l'usage de termes étudiés ainsi que de la justesse de certaines traductions,

- à Penny Sewell (professeur à Birbeck College), qui a accepté de relire une partie de ce travail et de me donner ses impressions,

- à Marie-Christiane Castel Ballard, Édith Delmaire, Olivia Dupont, Claire Morel, Nathalie Ryckebusche, Virginie Thuru, Corinne Wecksteen, qui ont bien voulu participer à la toujours délicate tâche de relecture du manuscrit,

- ainsi qu'à Isabelle Molmy, qui a assuré avec patience et compétence la frappe et le délicat travail de présentation de ce travail.

INTRODUCTION

0. PRÉAMBULE

0.1. APPELLATIONS ET NOTIONS

Le vocable « faux ami » a été introduit par Maxime Koessler et Jules Derocquigny, en 1928, dans leur ouvrage : *Les faux amis ou les pièges du vocabulaire anglais.* Auparavant, en 1923, dans *Les traquenards de la version anglaise*, Veslot et Banchet avaient utilisé le terme de « mots-sosies ». En 1931, Derocquigny publia un supplément au recueil qu'il avait produit avec Koessler : *Autres mots anglais perfides.* Le terme faux ami est orthographié sans trait d'union par Koessler et Derocquigny dans leur premier ouvrage, nous avons conservé cette graphie.

Dans *La traduction scientifique et technique*, Jean Maillot souligne que « malgré sa nuance péjorative, le terme de 'faux ami' s'est imposé dans la littérature, non seulement en France, mais aussi à l'étranger » (Maillot 1981 : 31). On parlera en allemand de « *falsche Freunde* » en anglais de « *deceptive cognates* » et « *false friends* » (ibid.).

En 1958, dans leur *Stylistique comparée*, Vinay et Darbelnet introduisent la notion et le terme de « faux-amis partiels, c'est-à-dire qui ont des sens communs » (Vinay et Darbelnet 1958/1966 :71). Patrick Rafroidi a repris, de façon plus explicite, la distinction entre « faux-amis partiels » et « faux-amis totaux » (Rafroidi 1970 : 318-319).

Claude-Jean Bertrand et Claude Lévy dans *L'anglais de base* ont introduit, par contraste, la notion de « vrais amis » (Bertrand et Lévy 1972 : XX). L'idée n'est pas inintéressante sur le plan pédagogique, dans la mesure où elle peut permettre au débutant d'élargir rapidement, et à moindre frais, son lexique à l'aide de termes facilement transposables. Nous avons par ailleurs signalé, dans *La traduction de l'anglais au français*, les dangers et les risques de cette opération si elle n'est pas associée à une étude systématique du lexique :

> *Les ressemblances, désignées par Bertrand et Lévy à l'aide du vocable « vrais amis », doivent être considérées avec toute la circonspection commandée par le fait que deux termes, même identiques en apparence, appartenant à deux systèmes linguistiques différents, ne peuvent avoir la même valeur.* (Ballard 1987/1994 : 39)

Nous rejoignons en cela les réserves de Chuquet et Paillard :

> *Les plus sommaires des présentations que nous venons d'évoquer, ainsi que le terme même de faux-amis, ont le fâcheux inconvénient de laisser penser qu'à quelques notoires exceptions près les lexiques des deux langues se correspondent de façon régulière.* (Chuquet et Paillard 1987 : 224)

Le terme faux ami (tout comme les « mots sosies » ou « mots perfides ») est une métaphore animiste qui entretient une fausse perception du problème. Koessler et Derocquigny en donnent en fait une description fine dans leur préface. Mais cette appellation fait maintenant partie des terminologies de la didactique et du comparatisme ; elle a de plus le mérite de mettre en garde.

0.2. TYPOLOGIE de TRAITEMENT dans les OUVRAGES

Le problème des faux amis est devenu « un classique » des études de langues et en particulier de celles qui concernent le couple anglais-français, si bien que la question est abordée de façon plus ou moins complexe dans divers types d'ouvrages :

— les recueils de vocabulaire, qui lui consacrent souvent une section spécifique. Par exemple : *Le mot et l'idée anglais 2* (Rey et al. 1990 : 290-332) ; *L'anglais de base* de Bertrand et Lévy, le livre est divisé en quatre niveaux d'apprentissage du vocabulaire et chaque niveau en trois catégories (noms, adjectifs, verbes), on a ainsi, par exemple, une section sur les noms faux amis des pages 19 à 24, etc. ; *Le nouveau manuel de l'angliciste* (Rafroidi et al. 1986 : 22-31).

— des ouvrages composites comme *Tout l'anglais* (De Baeque et Videloup 1992 : 327-330).

— des recueils de traduction comportant une introduction méthodologique : *«The Word against the Word.» Initiation à la version anglaise* (Grellet 1985 : 102-108), *L'approche linguistique des problèmes de traduction* (Chuquet et Paillard 1987 : 224-229), *La version journalistique anglaise* (Cohen-Steiner et Soulas 1990) où les faux amis sont fondus dans une section traitant de problèmes lexicaux.

— des ouvrages traductologiques à visée informative ou didactique : *La stylistique comparée* de Vinay et Darbelnet ; *La traduction scientifique et technique* de Jean Maillot dont le chapitre trois est entièrement consacré aux faux amis (Maillot 1981 : 30-41), en outre, l'ouvrage contient des indications bibliographiques sur d'autres paires que l'anglais et le français (Ibid. : 259-261) ; *Le dictionnaire sélectif et commenté de la version anglaise* de Jean Rey et notre manuel *La traduction : de l'anglais au français.*

— des livres spécifiques : l'ouvrage de référence en la matière fut longtemps *Les faux-amis des vocabulaires anglais et américains* de Maxime Koessler ; *Les mots anglais qu'on croit connaître 2. Les mots sosies* de C. Bouscaren et A. Davoust, qui fournit de nombreux exemples tirés de la presse et d'auteurs connus, mais dont les sources ne sont pas identifiables ; *Vrais et faux amis du vocabulaire anglais* d'Agnès Thorin, qui propose des listes et des applications immédiates sous forme d'exercices à trous. Plus récemment est paru chez Duculot l'imposant *Dictionnaire des faux amis français-anglais* de Van Roey et al., qui affiche une très nette orientation pédagogique par la clarté de sa présentation et l'abondance de ses exemples. *Les faux amis en anglais* de Laruelle est succinct mais efficace, ses exemples sont essentiellement extraits de la presse. *Les faux amis en contexte* d'André Petton offre de très nombreux exemples (tirés aussi bien de la presse que de la littérature) mais ils ne sont pas traduits.

0.3. DESCRIPTIONS ET DÉFINITIONS DU PHÉNOMÈNE

De façon assez injuste, Jean Maillot estime « qu'aucun des ouvrages traitant en tout ou en partie des faux amis ne définissent ce terme avec précision » (Maillot 1981 : 31). Il y a, en fait, un fort honnête essai de description du phénomène dans la préface de 1945 rédigée par Maxime Koessler pour l'ouvrage qu'il avait publié en 1928 avec Derocquigny.

Vinay et Darbelnet proposent une définition qui fait apparaître le rapport étymologique existant entre les faux amis :

> *Sont des faux amis du traducteur ces mots qui se correspondent d'une langue à l'autre par l'étymologie et par la forme, mais qui, ayant évolué au sein de deux langues et, partant de deux civilisations différentes, ont pris des sens différents.* (Vinay et Darbelnet 1958 / 1966 : 71)

Jean Maillot propose une définition beaucoup plus restrictive et il le reconnaît lui-même :

> " *Termes de langues différentes, de même origine, de forme semblable ou suffisamment voisine, compte tenu de la structure des langues considérées, pour être pris pour des équivalents alors qu'ils ont un sens différent.* "
> *Cette définition ne s'applique en toute rigueur qu'aux termes monosémiques dans les deux langues. La polysémie vient compliquer le problème en mettant en présence deux termes qui sont des faux amis dans une acception et ne le sont plus dans une autre.* (Maillot 1981 :31)

Chaque définition révèle, par sa terminologie et sa formulation, des présupposés et une certaine conception d'un phénomène assez large. La définition, en fait, est un produit fini qui résume toute une approche. Nous accomplirons donc le cheminement consistant à partir de cette description ramassée pour en révéler par le commentaire les implications et par là même les principes qui ont guidé la conception de cet ouvrage.

1. DÉFINITION

Les faux amis sont des signes de deux langues différentes dont les signifiants sont en relation d'homonymie ou de paronymie et dont les signifiés diffèrent plus ou moins ; ces signes peuvent être la source, pour l'utilisateur naïf, distrait, ou perturbé, de mises en équivalence erronées.

2. COMMENTAIRE DE LA DÉFINITION

La définition que nous venons de proposer comporte deux parties qui correspondent aux deux aspects du phénomène que nous entreprenons de décrire : un donné linguistique constitué par l'existence de ressemblances formelles assorties de différences sémantiques ; un facteur humain constitué par la connaissance plus ou moins étendue de ce donné et la capacité à le maîtriser. Nous les examinerons tour à tour.

2.1. LE DONNÉ LINGUISTIQUE

L'existence de ressemblances formelles assorties de différences sémantiques s'observe aussi bien à l'intérieur d'une même langue (niveau intralinguistique) qu'entre deux langues (niveau interlinguistique). Nous examinerons successivement les deux phénomènes car ils procèdent du même principe et s'éclairent mutuellement.

2.1.1. Le niveau intralinguistique

La ressemblance entre signes d'une même langue peut prendre la forme de l'homonymie ou de la paronymie :

Les **homonymes** sont des signes qui ont la même prononciation et/ou la même graphie, mais des signifiés différents.

S'ils ont la même prononciation, on dit qu'ils sont **homophones** par exemple, en français « sein » et « saint », en anglais « *cue* » et « *queue* ».

S'ils ont la même graphie, on dit qu'ils sont **homographes** par exemple :

— en français « les deux fils de Jacques » et « les fils de la laine »
— en anglais « *to lie* » (être étendu) et « *to lie* » (mentir)

Les **paronymes** sont des signes offrant une ressemblance partielle au niveau de leur signifiant, mais dont les signifiés diffèrent :

— en français : « conjoncture » et « conjecture »
— en anglais : « *to rise* » et « *to raise* »

2.1.2. Le niveau interlinguistique

La ressemblance entre des signes de deux langues différentes peut prendre la forme de :

— **l'homonymie :**
« *bribe* » (en angl.) qui signifie : « pot de vin »
et « bribe (de conversation)» (en fr.) qui a pour équivalent anglais « *snatches* »

— **la paronymie :**
actual : réel
actuel : *present*

2.2. LE FACTEUR HUMAIN

L'existence de ces ressemblances trompeuses entre signes d'une même langue ou de deux langues différentes peut générer des INTERFÉRENCES chez un individu non averti, fatigué ou inattentif.

2.2.1. Interférences intralinguistiques

a - au niveau de l'expression, par exemple, celui qui dit : « j'ai été victime d'un vol avec *infraction » au lieu de « avec effraction ».

b - au niveau de la compréhension, le phénomène est observable (entre autres) en traduction :
He watched the force of the rain battering down, clattering ***tinnily*** *on the corrugated iron of the garage roof,* [...]. (W. Boyd)
*Il regardait la forte pluie battante s'abattre sur le sol, clapotant en de **minuscules** gouttes sur le fer forgé du garage, [...]. (Copie d'étudiant)

Il est clair que dans ce cas l'étudiant a indûment rapproché « *tinnily* » de « *tiny* » (qui, lui, signifie effectivement : « petit, minuscule »).

Traduction proposée :

Il évalua la force de l'averse qui s'abattait, tambourinant sur le toit de tôle ondulée du garage **avec un bruit métallique**.

2.2.2. Interférences interlinguistiques

a - au niveau de l'expression. C'est ainsi qu'un Anglais s'exprimant en français pourra commettre l'erreur de dire : « les femmes font souvent un régime pour avoir la ***figure** svelte » au lieu de « pour avoir la **ligne** », et ce en raison de l'homonymie existant entre le mot anglais « *figure* » (qui signifie en français « silhouette ») et le mot français « figure » (synonyme de « visage »). De même, un Français pourra avoir tendance à dire : « *the* ***actual** *Prime minister...* » au lieu de « the **present** Prime minister... », en raison de la paronymie interlinguistique existant entre « *actual* » et « actuel ».
Ces interférences témoignent de la force d'attraction du système pré-établi (la langue maternelle) et sont les symptômes d'un bilinguisme déséquilibré ou encore mal maîtrisé.

b - en traduction, on retrouve le même phénomène et les mêmes causes ; il convient d'ailleurs de souligner que le « bilinguisme déséquilibré » est souvent créé par une exploration insuffisante du lexique :

Sally most ***definitely*** *cut a dramatic and dashing figure as she sped with driving window open through the leafy highways and byways of the countryside.* (J.B. Keane)
* Sally formait **de la manière la plus définitive** une silhouette dramatique alors qu'elle accélérait, les vitres ouvertes, le long des routes principales et secondaires pleines de feuilles de la campagne. (Copie d'étudiant)

Il est un fait que Sally avait fière allure et ne passait pas inaperçue lorsqu'elle sillonnait, à toute allure et vitre ouverte, les grand-routes et les chemins ombragés de la campagne environnante.

mais il convient d'ajouter à cela le fait que la traduction, par la confrontation immédiate des deux systèmes, semble provoquer parfois des brouillages si puissants qu'ils peuvent paraître relever de l'aberration (ou de la plaisanterie) comme dans les exemples suivants où :

(1) [*He* désigne le héros qui vient d'abattre un chien féroce à coup de bâton.]
He dealt the **prostrate** *brute two more blows which settled its fate.* (N. West)

a été traduit par :

Il donna deux autres coups sur la **prostate** de la brute qui lui réglèrent son compte.

au lieu de :

Il asséna deux coups supplémentaires à la brute **prostrée**, ce qui lui régla son compte.

(2)*They were eating slices of bread and* **jam**. (E. O'Brien)

a été traduit par :

Ils mangeaient des sandwiches au **jambon**.

au lieu de :

Ils mangeaient des tartines à la **confiture**.

c - entre langues étrangères

Nous sommes habitués à considérer le problème des faux amis sous l'angle de l'interférence entre langue maternelle et langue étrangère, or ce phénomène existe également entre langues étrangères. Nous citerons le cas d'une étudiante germaniste qui avait traduit :

It was a bright cold day in April, and the **clocks** *were striking thirteen.* (G. Orwell)

par : « **les cloches** sonnaient treize heures », révélant une interférence entre : « Glocke » et « clock ».

3. AFFINEMENT DE LA NOTION

3.1. Les causes de ces ressemblances trompeuses sont diverses

3.1.1. L'origine en partie commune des deux langues et une évolution différente des lexèmes

Par exemple, le mot anglais « *viands* » et le mot français « viande » ont pour origine commune le mot latin « vivenda » qui devint « vivanda » en latin médiéval et qui signifiait « ce qui sert à la vie », c'est-à-dire la nourriture. Le terme « *viands* ». (aujourd'hui vieilli) a conservé ce sens en anglais, son homonyme français a conservé ce sens jusqu'au XVIIe siècle, tandis qu'à partir du XVIe siècle se greffait le sens actuel de « chair de mammifères et d'oiseaux dont on se nourrit ». Parallèlement le terme d'origine saxonne « *meat* » suivait une évolution analogue à « viande » en français, servant à désigner à la fois « les aliments » et « la chair animale » puis exclusivement « la viande » (voir dans le glossaire ci-après à l'entrée « *viand* » pour un exemple).

3.1.2. Le jeu des emprunts

L'emprunt est un phénomène normal entre langues. Il se trouve parfois exacerbé sous l'effet de la mode et peut prendre des formes déviantes que l'on qualifie de « faux emprunts », comme « parking », dont l'équivalent anglais est « *car park* ».

3.1.3. Le hasard

Par exemple, le fait que « *bribe* » (pot de vin) ressemble à « bribes » (*snatches*) n'est dû à aucune origine commune ou emprunt.

3.2. La différence des signifiés peut être partielle ou globale

3.2.1. Les faux amis complets

C'est sans doute la catégorie la moins nombreuse. Ils ont des signifiés qui diffèrent totalement. C'est ainsi que « *grape* » est l'équivalent de « raisin » jamais de *« grappe » (qui se dit « *bunch* »).

À l'intérieur de cette catégorie, on peut opérer une distinction entre :

a - les faux amis appartenant au même champ sémantique :
« *grape* » et « grappe »

b - les faux amis n'entretenant aucun rapport sémantique :
« *axe* » (hache) et « axe » (*axis*)

Il est vrai, comme le soulignent Chuquet et Paillard (s'appuyant sur la thèse de Cherchi), que les risques de confusion sont en principe limités pour cette sous-catégorie. Mais, comme le font remarquer Bertrand et Lévy :

> *L'expérience pédagogique montre que l'étudiant, devant un mot qu'il ignore, fait preuve de la plus grande imagination : il lui arrive de traduire* a book *(un livre) par « une chèvre », et il traduit souvent* to hurt *(faire mal) par « heurter ».* (Bertrand et Lévy 1972 : XVI)

Nous avons vu, dans des copies de CAPES, « *jest* » traduit par « geste ». C'est pourquoi nous préférons comme ces auteurs prendre des critères plus larges que ceux de la communauté étymologique pour définir les faux amis. On ne saurait bien entendu dresser une liste exhaustive de ces ressemblances mais nous avons introduit dans notre glossaire quelques « faux amis fortuits » classiques, ou sur lesquels nous avons pu constater des erreurs.

3.2.2. Les faux amis partiels

C'est la catégorie la plus importante. Ils ont des acceptions c'est-à-dire des fractions de signifié qui diffèrent ; par exemple, il est vrai que « *figure* » peut être l'équivalent du français « figure » dans le syntagme « *figure of speech* » : « figure de discours », par contre il est l'équivalent de « chiffre » dans « *the figures of unemployment* »: « les chiffres du chômage ».

Dans cet exemple, la différence est relativement nette ; il y a des cas où elle se situe au niveau de la nuance : le mot anglais « *sober* » désigne un état passager (qui n'a pas bu, à jeun) ; son paronyme français « sobre » désigne un comportement régulier qui sera désigné en anglais par « *abstemious, temperate* ».

Chuquet et Paillard ainsi qu'André Petton, dans leurs manuels respectifs, ont fourni des essais de classification des décalages sémantiques existant entre faux amis ; nous y renvoyons pour plus de détails.

3.3. L'ERREUR ET L'USAGE

3.3.1. Degrés d'erreurs

Il découle de ce qui a été dit en 3.2. concernant l'écart plus ou moins grand existant entre les signifiés ou acceptions des faux amis qu'ils donnent lieu à des erreurs de gravité plus ou moins grande et de nature différente.

Celui qui traduit :

He saw three **minute** *dots in the lower left-hand corner of the clock face.*
par :
*Il vit les trois points des **minutes** dans le coin inférieur gauche du cadran de l'horloge
au lieu de « il vit trois points **minuscules** »

commet un **faux sens.**

Il y a des faux amis qui donnent lieu à des écarts moins importants au niveau du sens et dont le calque génère plutôt des gauchissements de l'expression tels que **impropriétés** et **barbarismes.** Voici un exemple où les sources de ces deux types d'erreurs sont réunies :

[La scène se passe dans une chapelle]
'Sister Ursula says please would you mind covering your head ? It's customary here'.
'I haven't got anything!' said Dora, ready to burst into tears of **embarrassment** *and* **vexation**.
'A hanky will do', whispered Mrs Mark, smiling encouragement. (I. Murdoch)

Les erreurs rencontrées consistent à traduire « *embarrassment* » par « *embarrassement », ce qui est un barbarisme ; « *vexation* » par « *vexation », ce qui est une impropriété.

Traduction proposée :
— Sœur Ursula vous demande de bien vouloir vous conformer à l'usage et de vous couvrir.
— Mais je n'ai rien à me mettre ! dit Dora au bord des larmes tant elle était **gênée et humiliée.**
— Un petit mouchoir fera l'affaire, chuchota Mrs Mark, avec un sourire d'encouragement.

Les mêmes causes (c'est-à-dire l'interférence créée par les faux amis) ne vont d'ailleurs pas produire les mêmes effets selon que l'on travaille dans le sens du thème ou de la version. Prenons le terme « *sober* », donné en exemple ci-dessus (cf. 3.2.2.), celui qui traduit :

When he came back from the pub, he still looked **sober**.

par :
Quand il revint du pub, il avait l'air encore ***sobre**.

va créer une impression de bizarrerie, de brouillage dans l'expression, sans que le sens soit occulté ou altéré. On pourra rectifier en disant : « il avait l'air encore **lucide** », par exemple.

Mais celui qui traduit :
Mon mari est **sobre**.
par :
My husband is **sober**.

va trahir le sens puisqu'il va donner le sentiment que cette « sobriété » n'est qu'un état momentané et non une caractéristique permanente.

3.3.2. L'usage et son évolution

Une langue est tout autant régie par l'usage que par le système qui l'anime. Or l'usage évolue, en particulier en matière de lexique. La tendance à résister à l'invasion de termes anglo-saxons est souvent contrecarrée par la mode et aussi parfois par des raisons techniques ou économiques. Il y a toujours un certain décalage entre ce qui se dit et ce qui s'écrit, le langage de la rue et celui des institutions.

Le terme « maintenance » est maintenant officiellement admis pour tous (alors qu'il y avait le terme français « entretien »). On parle de « standards » au lieu de « classiques » dans le domaine musical ; et certains ne parlent plus que du « futur » au lieu de « l'avenir » — mais il s'agit d'un usage qui n'est pas encore enregistré. Prenons enfin le cas d'un mot comme « *to realize* » : on recommande toujours, par purisme, d'utiliser « se rendre compte » au lieu de « réaliser », perçu comme un anglicisme par rapport à « *to realize* », or cet usage est enregistré (avec réserve il est vrai) par le dictionnaire *Le Robert* et il est largement répandu dans la langue courante. Il ne s'agit pas ici de trancher à propos de ce genre de problème mais d'être conscient qu'il existe des zones sensibles, parfois un peu floues ou fluctuantes, où l'enseignant est malgré tout amené à rappeler sinon la norme tout au moins l'usage classique de la langue.

4. CONCEPTION ET UTILISATION DE L'OUVRAGE

Il apparaîtra vite à l'utilisateur que ce qui fait la principale originalité de cet ouvrage est la **conception des rubriques** qui s'efforce de matérialiser la non-équivalence ou l'équivalence partielle des signifiés des deux signes en relation d'homonymie ou de paronymie. La démarche consiste à explorer un terme anglais (imprimé en majuscules grasses à gauche de la page) et conjointement le terme français qui lui ressemble (imprimé en majuscules non grasses à droite de la page). L'utilisation de deux types de caractères permet d'opposer les faux amis des deux langues jusque dans la typographie. Nous avons également adopté une convention permettant d'opposer les exemples des deux langues en utilisant l'italique pour l'anglais et le romain pour le français.

Les faux amis complets sont traités sous forme de deux rubriques parallèles :

ACTUAL Traductions françaises du terme anglais
exemple(s)

ACTUEL
Traductions anglaises du terme français
exemple(s)

---

alors que les **faux amis partiels** sont traités sous forme de trois rubriques ; la première expose le terme anglais comme faux ami, la seconde offre le cas où il équivaut à son homonyme ou paronyme français, la troisième envisage d'autres équivalents anglais du terme français :

ADDRESS
Équivalent(s) différent(s) de l'homonyme français
exemple(s)

ADDRESS ADRESSE
Cas d'équivalence avec l'homonyme français

ADRESSE
Équivalents différents de celui de l'homonyme anglais

Le principe premier étant la mise en garde et la dissimilation, on trouvera toujours aux bords extrêmes des signifiés de faux amis partiels les acceptions qui font d'eux des faux amis. Nous avons donc été amené dans le cas de ces rubriques à rompre avec le principe des dictionnaires de langue qui est d'explorer un noyau sémantique et de partir d'un sens de base pour aller vers les sens dérivés.

La lecture d'une rubrique à partir d'une entrée française peut revêtir trois formes :

a – Exploration de l'équivalence entre les signes des deux langues :

b – Exploration globale de traductions possibles du terme français, celles-ci étant données en italiques sous le terme français :

ACTUEL
present, existing, current

c – Exploration plus détaillée ou méthodique de traductions possibles du terme, celles-ci étant données à gauches et en caracères gras :

ACTUALITÉ

1. **current events**
2. **the newsreel, the news**

La disposition des rubriques part également du principe qu'il ne suffit pas de mettre en garde l'étudiant français contre le fait que « *actual* » ne signifie pas « actuel » mais qu'il faut aussi lui indiquer comment on dit « actuel »,et vice-versa pour l'étudiant anglais. Car l'ouvrage peut s'utiliser dans les deux sens : celui de la version et du thème pour un français et selon le cheminement inverse pour un anglais, c'est d'ailleurs la raison pour laquelle nous avons fait apparaître le genre à côté des termes français.

Nous parlons de traduction parce qu'il est évident que ce travail a une base traductologique. Mais il ne vise pas simplement à être une aide pour la traduction. Les traductions sont fournies pour permettre de mieux comprendre et surtout pour faciliter l'exploration des différences linguistiques. L'ouvrage est donc à utiliser non seulement comme aide à la traduction mais comme moyen d'explorer les langues (leurs différences comme leurs ressemblances) en vue de l'expression libre.

Pour ce qui est des exemples, nous avons suivi le modèle d'un dictionnaire comme *Le Robert* et voulu donner le maximum de phrases extraites de textes littéraires ou journalistiques avec indication de la source. Nous n'avons pas voulu alourdir la bibliographie avec les références précises du corpus utilisé : on y trouve aussi bien des extraits d'Orwell que de Joyce, Steinbeck, Carson McCullers ou V.S. Naipaul ; pour ce qui est de la presse nous nous sommes efforcé de faire apparaître tout autant la presse américaine que la presse britannique. Nous avons parfois été amené à fournir des exemples de notre composition ou des extraits aménagés, mais c'est loin d'être la règle. Parfois aussi nous nous sommes contenté de donner les termes sans exemples, parce qu'ils ne nous semblaient pas présenter de problème d'utilisation et pour d'évidentes raisons de gain de place. Il est bien évident qu'un tel ouvrage ne saurait prétendre à l'exhaustivité, et ce, même à l'intérieur d'une rubrique, où les « autres traductions du terme français » (rubrique 3) ne figurent bien entendu qu'à titre indicatif.

Une autre originalité de ce recueil réside dans le fait que, lorsqu'il existait une traduction publiée de l'auteur fourni en exemple, nous avons fait figurer cette traduction avec le nom du ou des traducteur(s).

Tous les exemples sont traduits, afin non seulement de faciliter l'accès au sens mais aussi à la reformulation. La traduction nous semble faire partie, de façon naturelle, d'une stratégie d'accès aux langues et à leur comparaison ; elle permet aussi de se défaire de l'idée qu'à un mot correspond forcément « sa traduction » dans l'autre langue. C'est ainsi, par exemple, que l'on pourra constater que si « avis » correspond dans certains cas à des noms comme « *opinion* » ou « *view* », il y a aussi des cas où un syntagme comme « de l'avis général » aura pour équivalent une proposition comme : « *every one agreed that* ». Il n'y aurait rien de plus pernicieux que de laisser croire qu'à un mot correspond toujours un mot ; la traduction permet de saisir à quel point les termes d'une équivalence peuvent être éloignés par la forme. Les faux amis constituent un terrain d'interférence par le biais de la ressemblance formelle, celle-ci concerne tout

Pratiquez cette exploration de façon intensive, variée et ouverte. C'est-à-dire, lisez et relisez les exemples donnés, n'hésitez pas à apprendre par cœur, en sachant que parfois les équivalents donnés auront besoin d'être adaptés selon les contextes ; explorez les pistes esquissées avec l'indication de synonymes, rattachez cette base de données à vos lectures personnelles, (que ce soit celles de livres, de journaux, ou de dictionnaires), ajoutez-y des notes ; que ce ne soit pas, de façon naïve, un petit morceau de savoir fermé. Vous découvrirez alors toute la justesse des considérations de Maxime Koessler :

> *La notion de « faux amis » est donc toute relative, voire élastique. Relative, parce qu'elle dépend en premier lieu de la qualité de l'esprit du traducteur. Pour un esprit faux, tous les mots, même ceux de sa langue maternelle, risquent d'être de « faux amis ». Élastique, parce que son extension est en quelque sorte en raison inverse de la quantité du savoir, des connaissances linguistiques et autres du traducteur... aucun mot-sosie anglais ne sera un « faux ami » pour l'angliciste accompli. (Koessler 1964 : XIV)*

ABRÉVIATIONS UTILISÉES

adj.	adjectif
adv.	adverbe
ang.	anglais
cf.	comparez avec ou voir (peut donc renvoyer à une rubrique du présent glossaire)
ex.	exemple
fam.	familier
fr.	français
G.B.	Grande Bretagne, anglais britannique
Litt.	littéraire
Lg. sout.	niveau de langue soutenu
n.	nom
prép.	préposition
ss pr.	sens propre
ss fig.	sens figuré
syn.	synonyme (s)
U.S.	États Unis, anglais américain
U.	non comptable (nous avons utilisé l'abréviation anglaise de « *uncountable* »)
v.	verbe
vx.	vieilli
var.	variante (s)
#	équivaut à
☞	attention ou information complémentaire, terme de la même famille

BIBLIOGRAPHIE

RECUEILS DE FAUX AMIS

BOUSCAREN Christian et DAVOUST André, *Les mots anglais qu'on croit connaître 2. Les mots-sosies*, Paris, Hachette, 1977.

DEROCQUIGNY Jules et KOESSLER Maxime, *Les faux amis ou les pièges du vocabulaire anglais*, 6e édition [1e éd. 1928], Paris, Vuibert, 1964.

DEROCQUIGNY Jules, *Autres mots anglais perfides*, Paris, Vuibert, 1931.

KIRK-GREENE C.W.E., *French False Friends*, Londres, Routledge et Kegan Paul, 1981.

KOESSLER Maxime, *Les faux amis des vocabulaires anglais et américains*, Paris, Vuibert, 1975.

LABARRE Ch. et BOSSUYT L., *Cut the Chat. Faux amis et Mots perfides. Anglais - Français*, Bruxelles, De Boeck-Wesmael, 1988.

LARUELLE Philippe, *Les faux amis en anglais*, Paris, Ellipses, 1990.

PETTON André, *Les faux amis anglais en contexte*, Rennes, Presses Universitaires de Rennes, 1995.

THORIN Agnès, *Vrais et faux amis du vocabulaire anglais*, Paris, Nathan, 1984.

THODY Philip et EVANS Howard, *Faux amis and Keywords*, Cambridge, The Athlone Press, 1985.

VAN ROEY Jacques, GRANGER Sylviane, SWALLOW Helen, *Dictionnaire des faux amis français - anglais*, Paris-Gembloux, Duculot, 1988.

AUTRES OUVRAGES et ARTICLES UTILISÉS OU CITÉS

BALLARD Michel, *La traduction de l'anglais au français*, 2e édition revue et corrigée [1e éd. 1987], Paris, Nathan, 1994.

BERTRAND Claude-Jean et LEVY Claude, *L'anglais de base*, Paris, Hachette, 1972.

CHERCHI Louis, *L'anglais à l'Université. Étude théorique des stratégies d'acquisition*, Paris, Champion, 1978.

CHUQUET Hélène et PAILLARD Michel, *Approche linguistique des problèmes de traduction anglais-français*, Paris-Gap, Ophrys, 1987.

COHEN-STEINER Olivier et SOULAS Philippe, *La version journalistique anglaise*, Nancy, Presses Universitaires de Nancy, 1990.

DARBELNET Jean, « Réflexions sur les faux amis », revue *Traduire*, Paris, n°106, 1981, pp. 2-6.

DE BAEQUE Solange et VIDELOUP Laurence, *Tout l'anglais. Langue, grammaire, civilisation*, Paris, Nathan, 1991.

DUBOIS Jean et al., *Rhétorique générale*, Paris, Larousse, 1970.

GRELLET Françoise, *'The word against the word'. Initiation à la version anglaise*, Paris, Hachette, 1985.

GUIRAUD Pierre, *La sémantique*, Presses Universitaires de France, « Que sais-je ? », 1972, n° 655.

MAILLOT Jean, *La traduction scientifique et technique*, Paris, Technique et Documentation, 1981.

PERGNIER Maurice, *Les anglicismes. Danger ou enrichissement pour la langue française ?*, Paris, P.U.F., 1989.

PICOCHE Jacqueline, *Précis de lexicologie française,* Paris, Nathan, 1977.

RAFROIDI Patrick, *Manuel de l'angliciste*, Tome 1 [1e éd. 1965], Paris, OCDL, 1970.

RAFROIDI Patrick, PLAISANT Michèle, SCHOTT Douglas J., *Nouveau manuel de l'angliciste*, Paris, Ophrys, 1986.

REY Jean, *Dictionnaire sélectif et commenté des difficultés de la version anglaise*, Gap, Ophrys, 1973.

REY-DEBOVE Josette et GAGNON Gilberte, *Dictionnaire des anglicismes*, Paris, Le Robert, 1984.

REY J., BOUSCAREN C., MOUNOLOU A., *Le mot et l'idée. Anglais. 2.*, Paris, Ophrys, 1990.

ROBERT Paul, *Dictionnaire alphabétique et analogique de la langue française*, Paris, Société du Nouveau Littré - Le Robert, 1968.

SAUSSURE Ferdinand de, *Cours de linguistique générale*, [1e éd. 1916] éd. critique de Tullio de Mauro, Paris, Payot, 1973.

TOURNIER Jean, *Introduction à la lexicogénétique de l'anglais contemporain*, Paris, Champion-Slatkine, 1985.

VESLOT H. et BANCHET J., *Les traquenards de la version anglaise*, Paris, Hachette, [1e éd. 1923] 1968.

VINAY Jean-Paul et DARBELNET Jean, *Stylistique comparée du français et de l'anglais,* [1e éd. 1958] Paris, Didier, 1966.

WALTER Henriette, *L'aventure des mots français venus d'ailleurs*, Paris, Robert Laffont, 1997.

A

ABANDON [əˈbændən] n, insouciance, désinvolture, entrain

She was dancing with **abandon.**
Elle dansait avec **insouciance.**

m., ABANDON
in a mess

Après le déjeuner [...] j'ai erré dans l'appartement. [...]. Je ne vis plus que dans cette pièce [ma chambre]. Le reste est **à l'abandon.** (A. Camus)
After lunch [...] I wandered around the flat [...] I live in just this one room now. [...]. The rest is **in a mess.** (J. Laredo)

ABANDON (to) [əˈbændən], ABANDONNER

Malgré l'équivalence indéniable entre les deux termes, il convient de se souvenir que d'autres solutions (cf. ci-dessous) sont souvent possibles et même préférables.

La voiture est tombée en panne et ils l'ont **abandonnée** sur le bord de la route.
The car broke down and they ***abandoned / left*** *it on the roadside.*

☞ *abandoned* peut avoir le sens de « dissolu ».

ABANDONNER

Elle a été **abandonnée** par son mari.
Her husband **left** *her.*

une usine **abandonnée** : *a* **derelict / disused** *factory*
une maison **abandonnée** : *a* **deserted / abandoned** *house*

ABBEY [ˈæbɪ] n., abbaye

To some extent Westminster **Abbey** *is the British equivalent of the Pantheon in Paris and the Cathedral of Saint-Denis.*
Dans une certaine mesure, **l'Abbaye** de Westminster représente pour les Britanniques ce que sont le Panthéon et la cathédrale Saint-Denis pour les Français.

m., ABBÉ

1. (Dans un monastère) **abbot**
2. (Pour un prêtre catholique) **priest, father**

« Monsieur l'abbé ! » : **' Father !'**

ABILITY [əˈbɪlɪtɪ] n., capacité, compétence, aptitude. (Syn. : *aptitude, capacity*).

If computers continue to spread through the workplace, **the ability** *to use them will become a prerequisite to more kinds of work.* (Newsweek)
Si l'usage de l'ordinateur continue de se répandre sur les divers lieux de travail, **l'aptitude** à s'en servir deviendra une condition indispensable pour davantage de catégories d'emplois.

f., HABILETÉ
skill, skilfulness, cleverness, deftness

J'admirais **l'habileté** avec laquelle il réussit à convaincre son adversaire.
I admired his **skill** *in managing to convince his opponent.*

Je restais à admirer **l'habileté** avec laquelle elle tricotait.
I stood there admiring her knitting **skill.**

Clinton also **played it smart**, *at the beginning, having learned from Reagan (who got the bad economic news out of the way early in his term).* (The New Republic)
Clinton **a** aussi **fait preuve d'habileté**, au départ, en prenant exemple sur Reagan (qui s'était débarrassé des mauvaises nouvelles économiques au début de son mandat).

ABSORB (to) [əb'sɔ:b] v., ABSORBER

A sponge will **absorb** *water easily.*
Une éponge **absorbe** l'eau facilement.

Il marchait à pas lents vers le bureau de la réception. L'homme était toujours **absorbé par** son travail. (P. Modiano)
He walked slowly over to the reception desk. The man was still **absorbed in** *his work.* (B. Wright)

ABSORBER
to take

L'autopsie révéla qu'elle avait **absorbé** des tranquillisants.
The post-mortem revealed she had **taken** *tranquilizers.*

ABSTRACT (an)['æbstrækt] n., un résumé d'un article, d'une intervention dans un colloque.

Your **abstract,** *in English or French, should not exceed 200 words.* (F.I.T. World Congress)
Il suffit pour cela de nous proposer un **résumé** de votre intervention éventuelle (200 mots maximum, en anglais ou en français). (Congrès mondial de la F.I.T.)

☞ Syn : *summary* (terme le plus général et le plus fréquent), *résumé, précis, compendium.*
There were also whispered stories of a terrible book, **a compendium** *of all the heresies, of which Goldstein was the author.* (G. Orwell)
Il y avait aussi des histoires que l'on chuchotait à propos d'un livre terrible, **résumé** de toutes les hérésies, et dont Goldstein était l'auteur. (Audiberti)

ABSTRACT ['æbstrækt] adj. ABSTRAIT

I've always found that intuitions are rarely wrong. Mine work very well because I'm not very fond of **abstract** *thinking.* (J. Braine)
J'ai toujours pensé que les intuitions sont rarement fausses. Les miennes donnent d'excellents résultats, parce que je ne suis pas tellement porté sur les spéculations **abstraites**. (Chauffeteau et Vivier)

ABUSE [ə'bju:s] n.,

1. (U.) Des insultes, des injures.
'There is a word in Newspeak,' said Syme, 'I don't know whether you know it : duckspeak, *to quack like a duck. It is one of those interesting words that have two*

contradictory meanings. Applied to an opponent, it is **abuse ;** *applied to someone you agree with, it is praise.'* (G. Orwell)
— Il y a un mot en novlangue, dit Syme, je ne sais si vous le connaissez : *canelangue*, « caquetage du canard ». C'est un de ces mots intéressants qui ont deux sens opposés. Appliqué à un adversaire, c'est **une insulte**. Adressé à quelqu 'un avec qui l'on est d'accord, c'est un éloge. (Audiberti)

+ Notez le caractère incomptable de « *abuse* » dans ce sens : « *it is abuse* ». En français, il y a extraction de l'unité à l'aide de l'article indéfini : « une insulte ». En anglais, il peut y avoir extraction sans article, comme dans l'exemple ci-dessus, ou à l'aide d'un substantif de support : « *a term of abuse* ». Le synonyme « *insult* » est comptable : « *an insult, insults* ».

To shower **abuse** *on somebody* : accabler quelqu'un **d'injures**.

For three months, Britain's Lord Carrington had endured a variety of **verbal abuse** *in the complex and often strained Zimbabwe–Rhodesia peace talk.* (Newsweek)
Pendant trois mois, le Britannique Lord Carrington a subi tous les **écarts de langage** au cours des négociations complexes et souvent tendues sur la Rhodésie–Zimbabwe. (Chuquet et Paillard)

2. (U.) Mauvais traitements, sévices
Child abuse : mauvais traitements infligés aux enfants

When Amnesty International denounced the torture of prisoners last June, President Fernando Collor de Mello vowed to end all **abuse.** (Newsweek)
Quand, en juin dernier, Amnesty International a dénoncé la torture des prisonniers, le Président Fernando Collor de Mello a juré de mettre fin à tous ces **sévices**.

ABUSE ABUS

C'est **un abus** de pouvoir.
This is an **abuse** *of power.*

Dans une lettre particulièrement virulente, il dénonçait les **abus** de l'administration dans ce domaine.
In a particularly scathing letter he denounced the administrative **abuse** *in that field.*

m., ABUS

« Y'a d'l'**abus** » me dit ma concierge dans l'escalier « ils ont encore augmenté l'métro »
' That' s **going a bit too far** *!' My caretaker said on the stairs. 'The underground fares have gone up again'*

« Y'a d'l'**abus** » : *'That' s a* **bit too much'/ 'Enough is enough' /** *'that's* **going overboard'.**

L'abus de tabac est dangereux pour la santé.
Excessive *smoking is dangerous for your health.*

ABUSE (to)[əˈbju:z] v.,

1. (U.) Maltraiter, syn. : *to treat badly, to mistreat*
The woman complained she had been **abused by** *her husband.*
La femme se plaignait d'avoir été **maltraitée** par son mari.

2. (U.) Insulter , syn. : *to insult*

ABUSE (to) ABUSER de

Do not **abuse** *your authority.*
N'**abusez** pas **de** votre autorité.

[Un professeur parle à un futur « *prefect* ».]
'You will have certain privileges : don't **abuse** *them. You will have certain responsibilities : don't shirk them.'* (I. Hay)
« Vous aurez certains privilèges **n'en abusez** pas. Vous aurez certaines responsabilités, ne vous y dérobez pas. »

ABUSER de

Je ne voudrais pas **abuser de** votre temps.
I don't want **to take up too much of (waste)** *your time.*

Si je ne ***m'abuse*** *c'est la seconde fois que ça se produit.*
If I am not **mistaken** *it's the second time this has happened.*

Nous avons été ***abusés*** *par son air aimable.*
We were **taken in (mislead)** *by his kindness.*

ABUSIVE [əb'ju:sɪv] adj., injurieux, d'insulte

She had somehow escaped from her captivity in Battersea and was now living with friends who sent Gissing **abusive** *letters, accusing him of mistreating her.* (J. Korg)
Elle [la femme de Gissing] avait réussi à se sauver de Battersea où elle était retenue prisonnière et vivait maintenant avec des amis qui envoyaient à Gissing des lettres **d'insulte,** l'accusant de la maltraiter.

ABUSIF

C'est un usage **abusif** de ce mot.
It's an **improper** *use of the word / a* **misuse** *of the word / an* **incorrect use** *of the word.*
The word has been used **incorrectly.**

C'était une mère **abusive.**
She was an **over-possessive** *mother.*

Une **hausse abusive** des tarifs SNCF provoquerait un tollé chez les usagers.
An **excessive increase** *in fares on the French Railways would raise / provoke a general outcry / protest among customers.*

ACADEMIC [ækə'demɪk] adj., scolaire, universitaire. (ce second sens est sans doute plus fréquent).

Children of all abilities should go to the same school to ensure that they have equal chances, that talent is not wasted and that the differences of background are minimized. This may mean very large schools in which the centre of **academic** *gravity is much lower than in the old grammar schools.* (The Sunday Telegraph)
Quelles que soient leurs aptitudes, tous les enfants doivent fréquenter le même établissement pour faire en sorte qu'ils puissent bénéficier des mêmes chances, que leurs talents ne soient pas gâchés et que les différences d'origines sociales soient minimisées. Cette philosophie peut se traduire par la création d'écoles gigantesques dont le centre de gravité en matière de performances **scolaires** est bien inférieur à celui des anciennes grammar school. (J.-Cl. Sergeant)

In a street called Thayer Street, in the residential green, fawn, and golden of a mellow **academic** *townlet, one was bound to have a few amiable fine-dayers yelping at you.* (V. Nabokov)
Dans une rue portant le nom de Thayer Street, au milieu de la verdure, des teintes fauves et dorées d'un quartier résidentiel situé dans une agréable petite ville **universitaire**, il était inévitable de se faire agresser par les « bonjour, comment ça va ? » d'aimables voisins.

The academic year : l'année universitaire
An academic subject : une discipline universitaire

ACADEMIC ACADÉMIQUE

Sa peinture était trop **académique**, elle manquait de créativité.
His painting was too **academic**, *it lacked creativity.*

ACADEMIC (an)[ækə'demɪk] n., un universitaire

Vadim Radaev said Soviet **academics** *had much to learn from British sociologists on how to present their research.* (The Independent)
Vadim Radaev déclara que les **universitaires** soviétiques avaient beaucoup à apprendre des sociologues britanniques sur la manière de présenter leurs recherches.

ACADEMY [ə'kædəmɪ] n., école, collège

A military **academy** : une école militaire
The Royal **Academy** *of Music* # Le Conservatoire national supérieur de musique
The Royal **Academy** *of Dramatic Art* # Le Conservatoire national d'art dramatique

ACADEMY f., ACADÉMIE

L'**Académie** française
The French **Academy**

ACCEPTATION [æksep'teɪʃən] n., acception (d'un mot)

A polysemous term has several **acceptations**.
Un polysème a plusieurs **acceptions.**

ACCEPTATION, acceptance f., ACCEPTATION

ACCOMMODATE (to)[ə'kɒmədeɪt] v., loger, accueillir

This hotel can **accommodate** *up to 600 guests.*
Cet hôtel peut **accueillir** jusqu'à 600 personnes.

(un plat) ACCOMMODER
to prepare (a dish)

☞ Mais « accommodant » : *accommodating, easy to deal with, willing to help, obliging.*

Il faudra bien vous en **accommoder.**
You'll have **to put up with** *it.*

ACCOMPLISHMENT [əˈkʌmplɪʃmənt] n., talent

Billiards was her great **accomplishment** *and the distinction her name always first produced the mention of. (H. James)*
Le billard était son grand **talent de société,** et cette qualité était toujours mentionnée la première quand on prononçait son nom. (M. Yourcenar)

m., ACCOMPLISSEMENT
fulfilment, accomplishment, completion et d'autres formes comme ci-dessous :

Mais le frelon n'est jamais qu'un paisible travailleur qui a vraiment autre chose à faire que mordre le paisible promeneur. Sauf si, par maladresse ou taquinerie soudaine, celui-ci dérange le joyeux hyménoptère qui **dans l'accomplissement de son boulot** a toujours plus ou moins l'humeur ombrageuse. Et le frelon, quelle que soit l'heure, est toujours au boulot. (J. Marquis)
But the hornet is just a peace-loving worker who has other fish to fry than sting peace-loving passers-by. Unless a clumsy gesture or a mischievous mood disturbs the blithe hymenoptera which is always rather touchy **when [he is] hard at work**. *Now the hornet, whatever the hour, is always hard at work.* (J. Bird)

ACCOMPLISH (to) v., ACCOMPLIR

mission **accomplished**
mission **accomplie**

+ *to* **accomplish** *a task* : mener une tâche à bonne fin.

ACCOMPLIR
to go through, to do, to perform

She sat on a moment, then switched off, took the ignition key out, locked the doors. All the motions, all the precautions **gone through** *just as usual. (R. Lehmann)*
Elle attendit un instant, puis coupa le moteur, enleva la clé de contact, sortit, verrouilla les portes. Elle **accomplissait** les mêmes gestes, prenait les mêmes précautions que d'habitude.

I myself tried, without much conviction, to summon up a suitable expression of 'gravitas' ; as of a man resolved to **do his duty** *come what might.* (M. Muggeridge)
Je tentai moi-même, sans trop de conviction, d'imposer à mon visage une expression de « gravitas » appropriée, rappelant celle d'un héros résolu à **accomplir son devoir** quoiqu'il advienne. (D. Verheyde)

Ils ont **accompli** leur devoir mais à quel prix !
They **performed** *their duty but at what cost !*

ACCOUNT [əˈkaʌnt] n.,

1. Compte (en banque)
Il estima qu'il était plus facile d'ouvrir un **compte en banque**.
He found it easier to open a **bank account**.

2. Comptes, comptabilité
Then there was the story about the money. It leaked out – no one, as usual, knew where from – that Leamas' sudden departure was connected with irregularities in the **accounts** *of Banking Section.* (J. Le Carré)
D'autres rumeurs coururent, de provenance anonyme, toujours : il y avait un rapport entre le départ précipité de Leamas et certaines irrégularités constatées dans la **comptabilité** de la Section Bancaire. (Duhamel et Robillot)

3. Récit

Wells's **account** *of the matter [Gissing's death] in his* Experiment in Autobiography *here provides a valuable corrective to Roberts' narration.* (M. Bishop)

Le **récit** que Wells fait de cette scène dans *Experiment in Autobiography* apporte un correctif précieux à ce qu'en relate Roberts.

One of the first blows[to the philosopher-intellectual's image] came in 1981 when Simone de Beauvoir published an **account** *of Jean-Paul Sartre's last months.* (New York Times)

Le premier coup a été porté en 1981, lorsque Simone de Beauvoir a publié un **récit** des derniers mois de Jean-Paul Sartre. (R. Alimi)

4. Compte rendu

Pravda the same day published a lengthy **account** *of a speech by Oleg Shenin, another Gorbachevite in the current politburo.* (The Times)

Le même jour la Pravda publia un très long **compte rendu** d'un discours d'Oleg Shenin, un autre Gorbacheviste du politburo actuel.

5. *On account of* : à cause de

[Lors des bals du samedi soir] Tous les hommes la guettaient et, quelques fois, les couteaux jaillissaient **à cause d'elle.** (J.C. Marais)

All the men would watch her intently and, at times, knives were drawn **on her account.**

m., ACOMPTE

1. (= des arrhes) **a deposit**

J'ai dû **verser un acompte** de 10 livres pour retenir la robe.

I had to pay a £ 10 **deposit** *so that the dress should be put aside (kept, reserved) for me.*

2. (sur une somme due) **down payment**

'They'd have to pay a hell of a lot', Leamas muttered at last. Kiever gave him some more whisky.

'They are offering **a down payment** *of fifteen thousand pounds. The money is already lodged at the Banque Cantonale in Bern !'* (J. Le Carré)

— Il faudrait qu'ils paient foutrement cher, dit-il enfin dans un murmure.

Kiever lui servit un autre whisky.

— Quinze mille livres comptant **en acompte** : l'argent est déjà versé à la Banque Cantonale de Berne. (Duhamel et Robillot)

ACHIEVE (to) [ə'tʃi:v] v., accomplir, réaliser

James, the elder brother nearest in age, **achieved** *Cambridge, a Ph.D., and a distinguished career in the Civil Service.* (The Observer)

James, son frère aîné le plus proche de lui par l'âge, **avait fait** Cambridge, un doctorat, et une brillante carrière dans la fonction publique.

The aim of the new policy was that it should be more effective and at the same time **achieve better value for money.** (Financial Times)

Cette nouvelle politique visait à une efficacité accrue et à **une meilleure rentabilité**. (J.-Cl. Sergeant)

The professor was forty-eight. His time, perhaps, was not growing short, but he had **achieved** *no particular* **renown**. (P. Highsmith)

Le professeur avait quarante-huit ans. Le temps ne lui était peut-être pas compté, mais il n'avait **acquis** aucune **renommée** particulière. (G. Hardin)

Il ne l'a pas fait pour de l'argent, mais pour avoir la satisfaction **d'atteindre un but**.
He did not do it for money, but rather so as to have the satisfaction of **achieving his goal**.

ACHEVER
to complete, to end, to finish.

In a year's time he should, with luck, have **completed** *his Ph.D. and obtained some kind of job.* (D. Lodge)
Dans un an, avec un peu de chance, Adam devrait avoir **fini** son doctorat et obtenu quelque emploi. (L. Dufour)

ACHIEVEMENT [əˈtʃiːvmənt] n.,

1. Réalisation, œuvre
Their first book, [...], fills three plump volumes, and took them and their two secretaries upwards of four years to do. It is an amazingly good book, an enduring **achievement.** (H.G. Wells)
Leur premier ouvrage, [...], comporte trois épais volumes et il ne leur a pas fallu moins de quatre ans à eux-mêmes ainsi qu'à leurs deux secrétaires pour le réaliser. C'est un livre d'une qualité remarquable, une **œuvre** qui durera.

The public schools, on the other hand, argue that an all-ability school tends to lower the expectations and **achievements** *of the more able pupils.* (The Sunday Telegraph)
Les public schools, en revanche, font valoir que l'école unique tend à réduire les ambitions et les **résultats** des élèves les plus capables (J.-Cl. Sergeant)

2. Exploit, réussite (syn. : *an exploit, a feat, a success*)
For him to pass his exam was quite an **achievement** *given that he was considerably behind at school.*
Qu'il ait eu son examen tient de **l'exploit** dans la mesure où il avait un retard scolaire considérable.

[Robyn est une féministe en visite dans une usine. On vient de lui refuser de décrocher des calendriers sexy.] *Robyn tossed her head scornfully. She was disappointed, having glimpsed the possibility of returning from this expedition into the cultural heart of darkness with some creditable* **achievement** *to report to Charles and Penny Black.* (D. Lodge)
Robyn hocha la tête avec mépris. Elle était déçue : elle se voyait déjà rentrant chez elle après cette expédition en plein cœur de ce néant culturel, et faisant à Charles et à Penny Black le récit de quelque **haut fait** méritoire. (M. et Y. Couturier)

m., ACHÈVEMENT
« ***Completion*** » ou une subordonnée
contenant le verbe « *to complete* » comme ci-dessous :

Je ne paierai pas un sou à l'entrepreneur avant **l'achèvement** des travaux.
I won't pay the contractor a single penny until the work **is completed**.

ACQUAINTANCE [əˈkweɪntəns] n., connaissance

I **made his acquaintance** *on the boat.*
J'ai **fait connaissance** avec lui sur le bateau.

People reel into each other in the lobby, and might thereby **strike up an acquaintance**. (P. Highsmith)

Les gens titubent et se heurtent les uns aux autres dans le hall, et de ce fait auraient l'occasion de **lier connaissance**. (G. Hardin)

M. Morissot [...] s'arrêta net devant un confrère qu'il reconnut pour un ami. C'était M. Sauvage, **une connaissance** du bord de l'eau. (G. de Maupassant)
Monsieur Morissot [...] stopped short on encountering a fellow warrior who turned out to be an old friend. It was Monsieur Sauvage, **a** *fishing* **acquaintance**.

ACCOINTANCES
contacts

Il a des **accointances** dans la politique.
He's got **contacts** *in political circles.*

ACT [ækt] n.,

1. *He was* **caught in the act** : Il fut **pris sur le fait,** en flagrant délit.

2. *An* **Act** *of Parliament* : une **loi**

3. *To look at, but not only to look at, they resembled some kind of* **variety act** *: Welch tall and weedy, with limp whitening hair, Dixon on the short side, fair and round-faced, with an unusual breadth of shoulder that had never been accompanied by any special physical strength or skill.*(K. Amis)
À les regarder, mais pas seulement d'ailleurs à les regarder, on eût dit qu'ils faisaient un **numéro de music-hall** : Welch était grand et maigre, il avait le cheveu mou et grisonnant, tandis que Dixon, plutôt petit et blond, avait le visage rond, ainsi qu'une carrure exceptionnelle, qui n'avait jamais été assortie d'aucune force physique ni d'aucune aptitude particulière.

ACT m., ACTE

His [a priest's] questions had shown me how complex and mysterious were certain institutions of the Church which I had always regarded as the simplest **acts**. (J. Joyce)
Ses questions me montraient tout ce qu'avaient de complexe et de mystérieux certaines institutions de l'Église que j'avais toujours considérées comme les **actes** les plus simples. (J. Aubert)

Act *V, scene 1*
Acte V, scène 1

ACTUAL ['æktjʌəl] adj., réel

Could you give me the **actual** *unemployment figures ?*
Pourriez-vous me donner les chiffres **réels** du chômage ?

This object, surely, she had never seen before, and yet [...] it seemed now more **actual** *than the rest.* (W. De la Mare)
Assurément, cet objet, elle ne l'avait jamais vu auparavant, et pourtant [...] maintenant il lui semblait bien plus **réel** que le reste.

ACTUEL
present, existing, current

la société **actuelle** : **present-day** *society.*

The **present** *clientele of the Hotel Duke doesn't eat. They either take dope or drink booze.* (P. Highsmith)

Les clients **actuels** de l'hôtel Duke ne mangent pas. Ils se shootent ou ils se poivrent. (G. Hardin)

Political marketing is no longer suited to the **present** *situation.* (The Economist)
Le marketing politique n'est plus adapté à la situation **actuelle**. (R. Alimi)

pour « *current* » cf p.23 « Account 4 : compte rendu »

ACTUALITY [ˌæktjʌˈælɪtɪ] n., réalité

Yet the uninteresting lives of men so entirely given to the **actuality** *of bare existence have their mysterious side.* (J. Conrad)
Et pourtant, la vie sans intérêt de tels hommes, entièrement dominés par la **réalité** de la vie quotidienne, possède également ses côtés mystérieux.

They both talked as if they were in constant contact with the professional theatre. **In actuality**, *they knew only a handful of professionals, mostly young people like Roger not long out of the theatre school.* (J. Braine)
Tous deux discutaient comme s'ils avaient été en contact permanent avec le théâtre professionnel. **En réalité**, ils ne connaissaient qu'une poignée de comédiens, des jeunes gens comme ce Roger, pour la plupart à peine sortis des cours d'art dramatique. (Chauffeteau et Vivier)

f., ACTUALITÉ

1. L'actualité : **current events**
   Cette revue vous tiendra au courant de **l'actualité.**
   This magazine will keep you abreast of **current affairs.**
2. Les actualités *:* (au cinéma) **the newsreel, the news.**
   À cent mètres de la boutique, au cinéma éclairé en mauve dont on entendait trembloter la sonnerie, on pouvait voir, dans les **actualités** de France et de l'étranger, des gens circulant en barque dans les rues, des fermes isolées au milieu de véritables torrents qui charriaient des arbres entiers. (G. Simenon)
   A hundred yards down the road, at the cinema with the mauve lighting, whose bell you could hear faintly tinkling, **the newsreel** *from France and abroad showed people rowing down the streets, and farms, isolated among heavy torrents of water carrying whole trees.* (Y. Boutier)

ACTUALLY [ˈæktjʌəlɪ] adv., effectivement, réellement, en fait

In the cold the town seems **actually** *to contract, to dwindle to a small black dot, scarcely larger than hundreds of other dots, isolated and hard to find, on the enormous European map.* (Chr. Isherwood)
Dans le froid, la ville semble **littéralement** se contracter, se réduire à un petit point noir, à peine plus gros que des centaines d'autres points, isolés et difficiles à trouver, sur l'énorme carte de l'Europe.

But when the Rabbit **actually** *took a watch out of its waistcoast-pocket, and looked at it, and then hurried on, Alice started to her feet, for it flashed across her mind that she had never before seen a rabbit with either a waistcoat-pocket, or a watch to take out of it, […].* (L. Carroll)
Cependant, lorsque le lapin tira **bel et bien** une montre de la poche de son gilet, regarda l'heure, et se mit à courir de plus belle, Alice se dressa d'un bond, car tout à coup, l'idée lui était venue qu'elle n'avait jamais vu de lapin pourvu d'une poche de gilet, ni d'une montre à tirer de cette poche. (J. Papy)

ACTUELLEMENT
now, at the moment, at present, currently

Winston made for the stairs. It was no use trying the lift. Even at the best of times it was seldom working, and **at present** *the electric current was cut off during daylight hours. It was part of the economy drive in preparation for Hate Week.* (G. Orwell)
Winston se dirigea vers l'escalier. Il était inutile d'essayer de prendre l'ascenseur. Même aux meilleures époques, il fonctionnait rarement. **Actuellement**, d'ailleurs, le courant électrique était coupé dans la journée. C'était une des mesures d'économie prises en vue de la Semaine de la Haine. (Audiberti)

Voici un siècle que de père en fils la même famille — **actuellement** maréchal-ferrant, vétérinaire de surcroît — nous confie ses « amis » pour nous promener. (Télérama)
[“ amis » désigne des ânes]
For a hundred years the same family, from father to son — **the present** *holder of the job is a farrier and a veterinary surgeon into the bargain — has entrusted us with its friends to go for rides.* (J. Lezon)

Les Républicains détiennent **actuellement** une majorité de 54 sièges contre 46 au Sénat.
Republicans **currently** *hold a 54-46 seat majority in the Senate.*

ADDRESS [ə'dres] n.,

1. Discours, allocution (« *address* » est d'un niveau de langue plus soutenu que « *speech* »)
[Le narrateur décrit l'atmosphère dans un club libéral après une élection générale.]
How packed and noisy the place was, and what a reek of tobacco ! [...] We gave brief **addresses** *attuned to the excitement and the late hour, amidst much enthusiasm.* (H.G. Wells)
Que cet endroit était rempli de monde et bruyant, et quelle odeur de tabac ! [...] Au milieu de l'enthousiasme général, nous fîmes quelques brèves **allocutions** en accord avec l'émotion du moment et l'heure tardive.

2. Abord, manière de s'adresser, de parler à quelqu'un :
'You', she said, moving toward the stout woman. 'Are these your children ?'.
The stout woman turned her head slowly, her eyebrow lifted at the carelessness of **the address**. (T. Morrison)
« Vous, dit-elle, avançant vers elle, ce sont vos enfants ? » La grosse femme tourna lentement la tête, les yeux écarquillés par la familiarité de **l'interpellation**. (S. Rué)

Forms of **address :** titres, appellatifs (ex. : *'Colonel, Sir, Madam'*)

ADDRESS (nom + domicile) f., ADRESSE

[“ *she* » désigne une « *landlady* ».]
She gathered the letters jealously to her breast, and then holding them up one at a time, scanned their **addresses**. (G. Orwell)
Jalousement, elle rassembla les lettres contre sa poitrine, et puis, les levant une à une, elle en parcourut les **adresses**.

➻ *the addressee* : le destinataire

(habileté) ADRESSE
deftness, dexterity, skill ; shrewdness, cleverness

L'enfant restait là planté, bouche bée, impressionné par **l'adresse** du jongleur.
The child stood there, gaping, impressed with the juggler's **skill.**

ADDRESS (to) [ə'dres] v., s'attaquer à (une tâche), étudier (un problème)

To celebrate the fiftieth anniversary of the journal a unique one-day symposium will be held in London in October. The symposium will **address** *key issues through the themes of Power, Pedagogy and Practice.*
Pour célébrer le 50e anniversaire de la revue, un colloque exceptionnel d'une journée se déroulera à Londres au mois d'octobre. On y **abordera** des problèmes clés à travers les thèmes suivants : « Pouvoir, Pédagogie et Pratique ».

Theoretical issues have been **addressed** *by linguists, philosophers and translators.* (M. Salama-Carr)
Les problèmes théoriques (de la traduction) ont été **abordés** par les linguistes, les philosophes et les traducteurs.

ADDRESS (to) ADRESSER

Address *your complaints to Mary.*
Adressez vos réclamations à Mary.

La lettre était **adressée** à un certain M. Brown.
The letter was **addressed** *to one Mr Brown.*

ADDRESS (to), appeler S'ADRESSER À

Il sifflait en descendant et il avait l'air très content. Il m'a dit : « Salut, vieux », et a **appelé** Marie « Mademoiselle ». (Camus)
He was whistling as he came down and seemed really pleased. He said, 'Hi there, old man', to me and **addressed** *Marie as 'Miss'.* (Laredo)

ADEPT ['ædept] adj., versé dans, expert, habile

He is not **adept at** *cooking.*
Il n'est pas **grand** cuisinier.

[Une secrétaire parle avec son patron.]
'The top Page Three girl. D'you know how much she earned last year ?'
'More than me, I don't doubt. And more than Pringle's will make this year, if you waste any more of my time !'
'Oh, you' Shirley said roguishly, **adept at** *receiving reprimands as if they are jokes.* (D. Lodge)
— Le top modèle de la Page Trois. Vous savez combien elle a gagné l'an dernier ?
— Plus que moi, j'en suis sûr. Et plus que ne fera Pringle cette année, si vous me faites perdre encore du temps.
— Oh, vous alors, dit Shirley d'un ton malicieux. Elle a **le don** de prendre les réprimandes comme des plaisanteries. (M. et Y. Couturier)

And now he was content ; **adept** *in a worthy trade, giving satisfaction to Mr Schultz, keeping Miss Poski guessing.* (E. Waugh)
Et maintenant il était heureux ; il **exerçait avec bonheur** un métier honorable, il donnait satisfaction à Mr Schultz et intriguait Miss Poski.

m., f., ADEPTE
followers

De nos jours les sectes font de nombreux **adeptes** parmi les jeunes.
Nowadays sects recruit many **followers** *among the young.*

ADJUTANT [ˈædʒətənt] n., major (officier supérieur chargé de l'administration)

m., un ADJUDANT
sergeant-major, warrant officer

ADVANCE [ədˈvɑːns] n., progrès

Advances *in technology* : **progrès** technologiques

ADVANCE f., AVANCE

The enemy's **advance** : l'**avance** de l'ennemi

John had to ask for an **advance** *on his salary.*
John dut demander une **avance** sur son salaire.

ADVERTISEMENT [ədˈvɜːtɪsmənt] n., réclame, publicité

While I was watching the **advertisements** *on television last night I saw Sophy Brent.* (M. Drabble)
Hier soir, tandis que je regardais la télévision, j'ai vu Sophy Brent passer dans une **publicité.**

I'd arranged my lodgings through **an advertisement** *in the 'Warley Courier'.* (J. Braine)
Je m'étais assuré de mon logement par **une annonce** du Warley Courier. (Chauffeteau et Vivier)

I walked away slowly along the sunny side of the street, reading all the theatrical **advertisements** *in the shop-windows as I went.* (J. Joyce)
Je m'en allai lentement, suivant la rue du côté ensoleillé, lisant au passage toutes les **annonces** de représentations théâtrales affichées aux devantures (J. Aubert)

m., AVERTISSEMENT
warning

« Que cela te serve d'**avertissement** ! »
'Let that be a **warning** *to you !'*

ADVICE [ədˈvaɪs] n., des conseils

She generally gave herself very good **advice** *(though she very seldom followed it).* (L. Carroll)
Elle avait coutume de se donner de très bons **conseils** (quoiqu'elle ne les suivît guère). (J. Papy).

Un **conseil** : **a piece** *of advice*, **some** *advice.*

In my younger and more vulnerable years my father gave me **some advice** *that I've been turning over in my mind ever since.*

'Whenever you feel like criticizing anyone,' he told me, 'just remember that all the people in this world haven't had the advantages that you've had.' (F.S. Fitzgerald)
Quand j'étais plus jeune, ce qui veut dire plus vulnérable, mon père me donna **un conseil** que je ne cesse de retourner dans mon esprit :
« Quand tu auras envie de critiquer quelqu'un, songe que tout le monde n'a pas joui des mêmes avantages que toi ». (V. Llona)

Alors il m'a déclaré que, justement, il voulait me demander **un conseil** au sujet de cette affaire, que moi, j'étais un homme, je connaissais la vie. (A. Camus)
Then he announced that in fact he wanted to ask **my advice** *about this business, because I was a man of the world.* (J. Laredo)

un AVIS

1. (placard portant une information) **notice**
[Une touriste, dans une église de Florence.] *She puzzled out the Italian* **notices** *— the notice that forbade people to introduce dogs into the church — the notice that prayed [...] not to spit.* (E.M. Forster)
Patiemment, elle déchiffra **les avis** en italien — celui qui interdisait aux fidèles d'introduire des chiens dans l'église — celui qui obligeamment les priait [...] de ne point cracher. (Ch. Mauron)

2.(opinion) **opinion**, **view**, etc.
Donner son avis sur : *to give one' s opinion on, to give one's view about.*

a - J'ai besoin de **votre avis** à ce sujet.
I need **your opinion** *on this matter.*

Chercherait-on, par hasard, à conserver deux fers au feu, en d'autres termes à maintenir en vie le G.U.N.T., ce qui implique de fermer les yeux sur la présence libyenne, sans laquelle, **de l'avis général**, Goukouni ne tiendrait pas une semaine face aux furieuses fantasias des forces de Hissene Habré ? (L'Express)
Would the aim, by any chance, be to keep two irons in the fire, or in other words to keep the G.U.N.T. alive, which implies closing one's eyes to the Lybian presence, without which, **in general opinion**, *Goukouni would not hold a week against the furious fantasias of the forces of Hissene Habré ?*

Les curieux événements qui font le sujet de cette chronique se sont produits en 194., à Oran. **De l'avis général**, ils n'y étaient pas à leur place, sortant un peu de l'ordinaire. (A. Camus)
The unusual events described in this chronicle occurred in 194-, at Oran. **Every one agreed** *that, considering their somewhat extraordinary character, they were out of place there.* (St. Gilbert).

b -*The sense,* **in his view**, *could only be transmitted by language modelled on that of the source text.* (L. Kelly)
Le sens, **à son avis**, ne pouvait se transmettre que par une langue calquée sur celle du texte source.

c - Finalement, il a **changé d'avis.**
In the end he **changed his mind.**

d - Deux **avis** valent mieux qu'un.
Two **heads** *are better than one.*

AFFAIR [ə'fɛə^r] n.,

1. Événement. (syn. : *occasion, event, function*)
It was always a **great affair,** *the Misses Morkan's annual dance.* (J. Joyce)
Le bal annuel des demoiselles Morkan était toujours un **événement**.

2. Liaison, aventure.

She ought to have stuck to her husband. They could have had **an affair.** *Afternoons in a studio. It would have been romantic.* (A. Huxley)
Elle aurait dû rester auprès de son mari. Ils auraient eu **une liaison** ; des rendez-vous, l'après-midi, dans un atelier... C'eût été romanesque. (J. Castier)

AFFAIR (Syn. *business*) f., AFFAIRE

The unwritten law of the post-war order has been that the world is divided into nations **whose internal regimes are their own affair.** (Financial Times)
L'ordre international issu de la guerre a reposé sur le principe implicite selon lequel le monde se compose d'États **libres de gérer comme ils l'entendent leurs affaires intérieures.** (J. Cl. Sergeant)

f., AFFAIRE
stuff, business, bargain

Il connaît son **affaire**.
He knows his **stuff.**

Les **affaires** sont les affaires.
Business *is business.*

Elle a eu son pull pour dix livres, c'est vraiment **une affaire** !
She got her pullover for £ 10, which is quite **a bargain** *!*

« Je n'ai pas le droit de le faire mais je le prends, je vous demande de m'aider à voir clair dans cette **affaire**. » (M. Duras)
'I have no right to do this but I am going to all the same. I ask you to help me to shed some light on this unpleasant **case**.' (Jury de CAPES)

The detective said : 'We' re still working on the **case**. *It's still wide open for any news, any clues.* (P. Highsmith)
Le détective dit : « Nous restons sur **l'affaire**. Nous sommes prêts à recevoir tout fait nouveau, tout indice. » (M. Sarfati)

AFFECT (to) [ə'fekt] v.,

'Not everyone needs to be in a nursing home and the cost of living in a nursing home is ***affected*** *by state regulations.'* (The International Examiner)
« Tout le monde n'est pas obligé d'aller en maison de retraite où, d'ailleurs, les frais de séjour sont **soumis** à la réglementation des États. » (M. Génuard)

to AFFECT AFFECTER

She was deeply **affected** *by the death of her friend.*
Elle a été très **affectée** par la mort de son ami.

AFFECTER
to move, etc.

Just as, at a funeral, the mourners who care least about the deceased put on an outward appearance of being the most **stricken**. (M. Muggeridge)
Tout comme, lors d'une cérémonie funèbre, ce sont les personnes qui donnent l'impression d'être les plus **affectées** qui sont les moins attachées au défunt. (D. Verheyde)

AFFLUENCE [ˈæflʌəns] n., abondance, richesse

The habits of holiday-makers have steadily changed since the war. With a more widespread **affluence** *they have become more mobile and less inclined to accept the rigid régime of the boarding-house and the one-star hotel.* (G. Moorhouse)
Les habitudes des vacanciers n'ont cessé d'évoluer depuis la guerre. Devenus plus **aisés** dans l'ensemble, ils se déplacent davantage et ont tendance à accepter moins facilement le régime contraignant de la pension de famille et de l'hôtel une étoile.

The **affluence** *brought about by his [Wells's] scientific romances alleviated constant material preoccupations.* (L. Dickson)
L'**aisance** que lui apportèrent ses romans à caractère scientifique le libéra du souci des préoccupations matérielles.

f., AFFLUENCE

Elle fit ses achats de Noël au début de décembre pour éviter l'**affluence** dans les grands magasins.
She did her Christmas shopping early in December so as to avoid **the crowds** *in the stores.*

Si vous voulez aller à Londres évitez les **heures d'affluence** dans le métro.
If you want to go to London avoid the **rush hours** *in the tube.*

AFFLUENT [ˈæflʌənt] adj., (plentiful) abondant ; (wealthy) riche

to be affluent : vivre dans l'aisance (syn : *to be well-off, wealthy, rich*).
The **affluent** *society* : la société **d'abondance**

[Description d'un campement de gitans] **Affluent** *gypsies watched TV in the comfort of their 25 ft trailers while others listened to the wailing of a gypsy violin.* (Time)
Des gitans **aisés** *regardaient la télé dans le confort de leurs caravanes longues de 8 mètres tandis que d'autres écoutaient la plainte d'un violon tzigane.*

un AFFLUENT
a tributary, an affluent

AGE [eɪdʒ] n., époque (syn. : *epoch, period*)

[Titre de *Time* à propos de l'Arabie Saoudite.]
The Desert Superstate. A rich but vulnerable feudal monarchy hurtles into the jet **age**.
Le super État du désert. Une monarchie féodale riche mais vulnérable se trouve propulsée dans **l'ère** de l'avion à réaction.

The Stone **Age** : l'**âge** de la pierre
The **Age** *of Enlightenment* : Le **siècle** des lumières
The Victorian **Age** *:* l'**époque** victorienne

☞ Notez que lorsque «*age*» équivaut à «siècle», c'est pour désigner une période assez vague qui n'implique pas de façon précise cent années ; « un siècle » au sens de « cent ans » se dit : *« a century »*.

AGE m., ÂGE

Elle ne voulut pas me dire son **âge.**
She would not tell me her **age.**

AGENDA [əˈdʒendə] n., ordre du jour, programme

[Lors d'une réunion du conseil municipal] *Brown was wiping his forehead with his handkerchief, his mouth half-open, I turned another page of the* **agenda** *; I noticed that Brown was not even looking at his.* (J. Braine)
Brown s'essuyait le front avec son mouchoir, la bouche ouverte. Je tournai une nouvelle page de **l'ordre du jour** ; je remarquai que Brown ne regardait même pas le sien.

The transformation, **on the agenda** *since late 1989, took place at the party's national congress in Rimini.* (The Times)
C'est à Rimini, au congrès national du parti, que s'opéra la transformation **qui était à l'ordre du jour** depuis 1989.

The new president [Clinton] already had an ambitious **agenda** *for his first 100 days* (The New Republic)
Le nouveau président avait déjà un **programme** ambitieux pour ses 100 premiers jours.

Every one of the significant shifts in French foreign policy in the past year has been led by the goverment, not the president. On NATO, Europe, Africa, China and above all relations with the United States, the foreign minister, Alain Juppé, has **set the agenda.** (The Economist)
L'an dernier, les changements majeurs dans la politique étrangère de la France se sont tous produits à l'initiative du gouvernement, et non du président. Sur l'OTAN, l'Europe, l'Afrique, la Chine, et plus particulièrement les relations avec les États-Unis, c'est le ministre des affaires étrangères, Alain Juppé, qui a **décidé du calendrier.** (R. Alimi)

m., AGENDA
diary (qui signifie également : « journal intime », cf. ci-dessous)

Then he got out his **diary** *and we tried to fix a date. I had got out of the room to think ; not every week suited me, and I couldn't think when his arms were around me. Finally we settled a week, and he made a note of it in pencil.* (E. O'Brien)
Puis il sortit son **agenda** et nous esssayâmes de fixer une date. J'étais sortie de la pièce pour réfléchir ; toutes les semaines ne me convenaient pas, et je ne pouvais pas réfléchir quand il me tenait dans ses bras. Finalement, nous nous sommes mis d'accord sur une semaine, et il en prit note au crayon.

The thing that he was about to do was to open **a diary.** (G. Orwell)
Ce qu'il allait commencer, c'était son **journal.** (A. Audiberti).

AGGRAVATE [ˈægrəveɪt] v.t., exaspérer, agacer, irriter (ou) taper sur les nerfs

There ensued a brief interval of time, which Noah Claypole, being hungry and vicious, considered he could not possibly devote to a worthier purpose than **aggravating** *and tantalizing young Oliver Twist.* (Ch. Dickens)
Il s'ensuivit un bref intervalle de temps, et Noé Claypole, qui avait faim et était de méchante humeur, se dit qu'il ne saurait en faire meilleur usage que s'il **taquinait** et torturait le jeune Oliver Twist. (S. Monod)

Opposition from whomsoever it came, **aggravated** *him.* (G. Gissing)
Toute résistance, d'où qu'elle vint, **l'exaspérait.**

AGGRAVATE (Syn. *: to make worse).* (faire) empirer, AGGRAVER

In doing so you will only **aggravate** *the situation.*
En agissant ainsi vous ne ferez qu'**aggraver** (envenimer) le mal.

AGONIZE (to) [ˈægənaɪz] v., torturer, mettre au supplice

We **agonized** *for hours about which wallpaper to buy.*
Nous nous sommes **torturés** pendant des heures pour savoir quel papier nous allions acheter.

AGONIZED [ˈægənaɪzd] adj., (syn. *anxious*)

Meanwhile, Horsehead sat at a respectable distance away, his hat perched on his knee, watching us with **agonized** *eyes and twisting his nervous hands.* (L. Lee)
Pendant ce temps, Horsehead restait assis à distance respectable, le chapeau juché sur le genou, nous observant avec des yeux **angoissés** et se tordant nerveusement les mains.

AGONISING / AGONIZING [ˈægənaɪzɪŋ] adj., atroce, insupportable

From eight o'clock in the morning until about half-past eleven Monica Tyrell suffered from her nerves, and suffered so terribly that these hours were — **agonising**, *simply.* (K. Mansfield)
Depuis huit heures, le matin, jusqu'aux environs de onze heures et demie Monica Tyrell souffrait des nerfs, et souffrait si terriblement que ces heures-là étaient... un véritable **supplice**. (M. Merle)

An **agonising** *reappraisal* : une révision **déchirante** (d'une politique, etc).
It was an **agonising** *decision* : ce fut une décision **déchirante (pénible).**

AGONIZINGLY [ˈˈægənaɪʒɪŋlɪ] adv.,

She had fallen, cutting her outstretched hand, and grazing her left knee, and bruising her bottom **agonizingly.** (A. Wilson)
Elle était tombée, se coupant à la main qu'elle tendait en avant, s'écorchant le genou gauche, et se faisant **affreusement (atrocement)** mal au derrière. (J. Lezon)

AGONISER
to be dying

As I lay **dying,** *a novel by William Faulkner.*
*Tandis que j'***agonise**, roman de William Faulkner.

AGONIR
to revile

AGONY [ˈægənɪ] n.,

1. Grande souffrance physique « douleur », « supplice », « martyre » (Syn : « *pain* »)
He looked at the gateway, then fixed his gaze on something that stood just above [...] It was the sculptured counterfeit of a human face, that of a man distraught with **agony.** (G. Gissing)
Il regarda le passage et puis ses yeux s'arrêtèrent sur quelque chose qui était juste au-dessus [...] C'était une sculpture représentant un visage humain, celui d'un homme fou de **douleur**.

While the woman hastily dressed herself, leaving the window still open, she heard cries of **agony** *which resounded in the little court in the stillness of the night.* (E. Gaskell)
Tandis que la femme s'empressait de s'habiller, tout en laissant sa fenêtre ouverte, elle entendit résonner dans le silence de la nuit des cris de **douleur** qui provenaient de la petite cour.

2. Grande souffrance morale : « supplice », « martyre », « angoisse », « affres »

[Un homme fait souffrir une femme, et il s'en rend compte] *But she was crying. Through her closed eyelids the tears were welling out, drop after drop. Her face was trembling into the grimace of* **agony**. *And he was the tormentor.* (A. Huxley)
Mais elle pleurait. À travers ses paupières baissées, les larmes sourdaient, goutte sur goutte. Son visage tremblant devenait grimaçant de **douleur**. Et c'était lui le bourreau (J. Castier)

[Il s'agit d'un homme qui a fait une promesse, un peu trop à la légère, lors d'une promenade en voiture.] *But what* **agonies** *he suffered when he was standing on the solid earth again, at this journey's end.* (A. Huxley)
Mais quelles **affres** n'avait-il pas connues quand, la course terminée, il s'était retrouvé sur la terre ferme.

3. *To be in agony* : souffrir le martyre
To pile on the agony : dramatiser, faire du mélo, du cinéma.
Agony aunt : personne responsable du courrier du cœur.

f., AGONIE
death, mortal agony, the pangs of death

être à l'agonie : *to be dying, to be on one's deathbed*
entrer en agonie : *to enter into one's last agony*

Whatever the root of the trouble, the memorable consequence was that Peter — in order to avoid a large elm tree — drove into the ditch : where the car stopped abruptly, making a really horrible sound like a **dying** *monster ; remaining stuck at an angle of forty-five degrees to the road.* (A. Powell)
Quelle que fût l'origine de l'incident, il eut une conséquence mémorable : en voulant éviter un gros orme Pierre alla dans le fossé. La voiture s'immobilisa dans un rugissement épouvantable digne d'un monstre à **l'agonie**, formant avec la route un angle de quarante cinq degrés. (B. Jacquin)

Vers minuit, encore tout fardé, Mazarin **entra en agonie**. (A. Dumas)
Towards midnight, while still rouged, Mazarin's **mortal agony came on**. (Th. Pederson)

AGREE (to) [əˊgri :] v., être d'accord

Je ne crois pas qu'il **sera d'accord** avec vous.
I don't think he'll **agree with** *you.*

AGRÉER

« Veuillez agréer l'expression de mes sentiments distingués » : *yours truly*, *yours faithfully.*

« Si cela vous **agrée** » : '*if it* **suits** *you*'.

AGREEABLE [əˊgri :əbl] adj., consentant, d'accord (Lg. sout.)

I am quite **agreeable** *(to doing sthg)* : volontiers, je suis tout-à-fait **d'accord** (pour le faire). Mais cette formulation est plus rare que : *'I agree to do it'.*

AGREEABLE AGRÉABLE

AGRÉABLE
pleasant

'You're Joe Lampton', she said. 'I hope you had a **pleasant** *journey.'* (J. Braine)

« Vous êtes Joe Lampton, dit-elle. J'espère que vous avez fait un **agréable** voyage. » (Chauffeteau et Vivier)

AGREEMENT [ə'gri :mənt] n., accord, pacte, contrat

An **agreement** *was signed between the two countries.*
Un **accord** fut signé entre les deux pays.

Les Français se sentiront-ils un jour tenus de faire respecter un **accord** qu'ils ont suscité et signé ? (L'Express)
Will the French one day feel obliged to enforce **an agreement** *which they promoted and signed ?*

m., AGRÉMENT

1. Accord donné à un pacte, une entente : **assent, consent**
2. Plaisir : **pleasure**
   Voyage d'agrément : *pleasure trip*
   Jardin d'agrément : *ornamental garden*

AID [eɪd]. n., (financière ou matérielle) f., AIDE

The only limit to the amount of financial **aid** *was that the budget given over to private education could not exceed that given to state education.* (L. Sergeant)
La seule limite imposée au montant de **l'aide** financière était que le budget accordé à l'enseignement privé ne devait pas dépasser celui accordé à l'enseignement public.

f., AIDE
help, assistance

When the time for the examination drew near, he at length told his mother to what end he had been labouring, and asked her to grant him **the assistance** *necessary for his journey and the sojourn at Kingsmill.* (G. Gissing)
Lorsque vint le moment de l'examen, il finit par dire à sa mère dans quel but il s'était donné tant de peine et il lui demanda de lui accorder **l'aide** nécessaire pour son voyage et son séjour à Kingsmill.

AIDE [eɪd] n., conseiller (d'un homme politique)

Only a few weeks after Clinton's election, his **aides** *began declaring that they were shocked to discover that the real state of the government's finances was much worse than they had supposed.* (The New Republic)
Quelques semaines à peine après l'élection de Clinton, ses **conseillers** ont déclaré découvrir avec surprise que les finances de l'État étaient bien plus mal en point qu'ils ne l'avaient supposé. (R. Alimi)

Over at the Élysée Palace, Mr Mitterrand's **aides** *insist that the president still runs foreign policy.* (The Economist)
À l'Élysée, en revanche, les **conseillers** de M. Mitterrand n'en démordent pas : le président est encore le chef de la diplomatie. (R. Alimi)

ALLEY ['ælɪ] n.,

1. Ruelle
The lower town is dominated by the bazaar. From the bazaar radiate dirty **alleys** *and steep trails.* (B. Mukherjee)

La ville basse est dominée par le bazar. De là rayonnent des **ruelles** crasseuses et des sentiers raides. (Y. Boutier)

On rencontre aussi la forme « alleyway » :
Julia, however, seemed unable to mention the Party, and especially the Inner Party, without using the kind of words that you saw chalked up in dripping **alleyways**. (G. Orwell)
Julia, elle, semblait incapable de parler du Parti, spécialement du Parti intérieur, sans employer le genre de mots que l'on voit écrits à la craie dans les **ruelles** suintantes. (Audiberti)

Un matin qu'il venait de saisir les meubles d'un chômeur, l'huissier, tandis qu'il marchait par les **ruelles** du bas quartier, se sentit troublé et inquiet. (M. Aymé)
One morning just after seizing an unemployed worker's furniture, the bailiff, as he was walking through the **alleyways** *of the lower part of the town, felt confused and worried.* (N. Cooney)

syn. : *narrow street, lane.*

They walked on, for some time, through the most crowded and inhabited part of the town ; and then, striking down a **narrow street** *more dirty and miserable than any they had yet passed through, paused to look for the house which was the object of their search.* (Ch. Dickens)
Ils marchèrent pendant quelque temps dans la partie la plus encombrée et la plus peuplée de la ville ; puis s'engageant dans une **ruelle** qui était encore plus sale et plus misérable que toutes celles qu'ils avaient empruntées jusqu'alors, ils s'arrêtèrent pour chercher la maison qui était l'objet de leur quête.

a blind alley : une impasse

2. Passage
He stepped to one side as though to make way for the waiter and slashed out at me. I just avoided him, but stumbled against the table. Before he could try again Paine had landed him on the mouth. He went bang over in the **alleyway** *between the tables.* (Gr. Greene)
Il fit un pas de côté, comme pour laisser passer le garçon et me lança un rapide coup de poing. Je l'évitai de justesse mais je trébuchai contre la table. Avant qu'il ait eu le temps de recommencer, Paine lui avait flanqué son poing en pleine mâchoire. Il s'écroula dans le **passage** entre les tables. (P. Nordon)

3. Couloir (au tennis) : bande latérale de 1,37 m. de large de chaque côté du court, dans le sens de la longueur)
She (Novotna) came up to the net, set up for a high backhand volley... and pushed it cross-court into **the alley.** (Tennis)
Elle est montée au filet, s'est décidée pour une volée haute de revers... et l'a envoyée croisée dans le **couloir** (C. Wecksteen).

ALLEY (Syn. : *path)* (de jardin, de parc) f., ALLÉE

As everything remained quiet he moved cautiously away from the wall and walked softly towards the **alley** *where he hoped he might get a view of the Abbey building.* (I. Murdoch).
[Un jeune homme vient de sauter dans les jardins d'une abbaye] Comme rien ne bougeait, il s'éloigna prudemment du mur et s'avança d'un pas léger, silencieux, vers **l'allée** d'où il espérait avoir une vue sur les bâtiments de l'Abbaye.

f., ALLÉE

On notera qu'une allée peut être de dimension variable : *alley* ou *path* (pour un jardin), *drive(way)* ou *tree-lined avenue* (dans d'autres cas).

Il dit : « Ma pauvre Jeanne », et tous deux traversèrent le jardin ; elle, précédant Martial sur l'étroite **allée**. (J.L. Curtis)
He said : 'Poor Jane', then they crossed the garden together, with her walking ahead of Martial along the narrow **path**.

Au bout de l'**allée** bordée de palmiers, la villa dressait sa façade de style médiéval que surmontait une tourelle. (P. Modiano)
At the end of a palm-lined **drive** *stood the villa with its medieval-style façade surmounted by a turret.* (B. Wright)

When Morgan arrived home the first fat heavy drops of rain were spattering on his windscreen. He drove the Peugeot into the garage and got out. The pale grey dust of his **driveway** *turned to black mud in front of his eyes as the torrent from the swollen clouds in the darkness above him unleashed itself upon the earth.* (W. Boyd)
Les premières grosses gouttes s'écrasaient sur son pare-brise lorsque Morgan arriva chez lui. Il mit la Peugeot au garage et sortit. Il vit la poussière grisâtre de **l'allée** se transformer sous ses yeux en boue noire tandis que, dans les ténèbres là-haut, les nuages gonflés d'eau s'abîmaient en un torrent déchaîné. (Chr. Besse)

[Dans un avion] **gangway, alley**
He was delighted by everything — the stewardesses wiggling their hips as they wheeled their trolleys up and down the **gangway** *[...].* (The Guardian)
Tout le ravissait, que ce fût les hôtesses qui frétillaient des hanches en poussant leurs chariots dans **l'allée** [...].

ALLURE [ə'ljuə^r] n., charme, attrait

The last time Carriscant had seen him, Udo had told him in a conspiratorial whisper that he had seventy-five upright pianos in a warehouse in Tondo. 'Think of all those new American schools,' he said, his voice ripe with **the allure of profit,** *'all those assembly rooms... Who will play the "Stars and Stripes" ? They'll be gone within a week.'* (W. Boyd)
Udo lui avait raconté avec des chuchotements de conspirateur qu'il avait soixante-quinze pianos droits dans un entrepôt de Tondo. « Pense à toutes ces nouvelles écoles américaines, dit-il, d'une voix émue par **l'attrait du profit**, toutes ces salles des fêtes... Sur quoi jouera-t-on *La Bannière étoilée* ? Ils vont disparaître en une semaine. » (Chr. Besse)

var. : l'appât du gain

cf. 'lure', connotations plus négatives, avec l'idée d'illusion ou de tromper.

ALLURE
(véhicule) *speed,* (personne) *pace*

Few people travelled this way, for it was not a main road; and the long white riband of gravel that stretched before them was empty, save of one small scarce-moving speck, which presently resolved itself into the figure of a boy, who was creeping on at **a snail's pace**. (Th. Hardy)
Peu de gens empruntaient ce chemin, car c'était une route secondaire ; et le long ruban de gravillons qui se déroulait devant eux était désert – seul s'y détachait un petit point noir qui avançait à peine. Celui-ci s'avéra bientôt être la silhouette d'un jeune garçon qui progressait à **une allure d'escargot.**

ALTER (to) [ˈɒltəʳ] v., changer, modifier

It seemed as if nothing could **alter** *her looks.*
On eût dit que le temps n'avait pas **prise** sur elle.

ALTÉRER

1. **To change for the worse**
   Les privations avaient **altéré** sa santé.
   Hardship had **affected** *his health.*

2. **To make somebody thirsty.**
   « La promenade **m'a altéré** » dit la vieille dame.
   'The walk **made** *me feel* **thirsty***,' the old lady said.*

ALTERATION [ɒltəˈreɪʃən] n., changement, modification

The sickroom became a mysterious centre round which everything revolved, and the parlour, without **the alteration** *of a single chair, took on a deserted, forlorn appearance.* (A. Bennett)
La chambre de la malade devint un lieu mystérieux autour duquel tout s'organisa, et le salon, sans que l'**on ait déplacé** une seule chaise, prit un air abandonné et désolé.

f., ALTÉRATION
a change for the worse, a deterioration

ALTERNATIVE [ɒlˈtɜ :nətɪv] n., n'est pas vraiment un faux ami, mais il est souvent à traduire par « solution ».

When an Englishman is thinking of the woman whom he describes as 'my mother' another will be thinking of 'ma mère', or of 'meine Mutter' or of 'mi madre', and among normal people their thoughts will be very similar and will recall the same memories of tenderness, loving care and maternal pride. In consequence 'my mother' can be perfectly translated by any one of the three **alternatives** *just given.* (Th. Savory)
Quand un Anglais pense à la femme qu'il désigne à l'aide de « my mother », un autre pensera à « ma mère », ou « meine Mutter » ou « mi madre », et chez la plupart des gens ces mots évoqueront des pensées fort semblables, les mêmes souvenirs de tendresse, de soins affectueux et d'orgueil maternel. Par conséquent, « my mother » peut fort bien se traduire par n'importe laquelle des trois **solutions** proposées.

AMENDS [əˈmendz] n.,

to make **amends** *(for) :* faire amende honorable, compenser, réparer

[Le créateur du terme 'traductologie' reconnaît qu'il a eu des prédécesseurs.]
Actually it was only out of ignorance that I thought in 1972 either that I had identified a new need or that I was the first to coin a single word to fulfil it. I **made amends** *to my predecessors, however, in a note in* Meta *in 1977 by tracing back what appeared to be the true origin.* (Br. Harris)
En fait, c'est par pure ignorance qu'en 1972 j'ai cru avoir identifié un besoin nouveau ou avoir été le premier à créer un mot unique pour y répondre. Mais j'**ai fait amende honorable** à mes prédécesseurs en rédigeant une note publiée dans *Meta* en 1977, où je remontai à ce qui semblait être sa véritable origine.

une AMENDE
a fine

The Health Department **fined** *Memorial Sloan-Kettering $ 16,000, the maximum amount permitted, for eight violations of state regulations on health care.* (New York Times)
Le ministère de la Santé **a condamné** Memorial Sloan-Kettering **à une amende** de 16.000 dollars, montant maximal autorisé, pour huit infractions aux règlements de l'état en matière de santé. (M. Génuard)

AMENITIES [ə'miːnɪtɪz], commodités, services

Amiens Camp lay on the outskirts of Catterick. In one sense this was a disadvantage since one was at some distance from such **amenities** *as Richmond offered, and in particular the railway station.* (D. Lodge)
Le camp Amiens se trouvait à la périphérie de Catterick. En un sens, c'était un inconvénient puisqu'on était assez éloigné des **services** qu'offrait Richmond, et en particulier de la gare. (D. Verheyde)

AMÉNITÉ
affability

sans aménité : *unkindly*

ANCIENT ['eɪnʃənt] adj., (qui existe depuis longtemps, syn. « vieux ») ANCIEN

Domes of **ancient** *churches still bathed in gold light.* (T. Williams)
Les dômes des églises **anciennes** baignaient encore dans la lumière dorée.

☞ L'erreur consisterait à traduire par « les anciennes églises », ce qui est un faux sens, car cela signifierait que les églises sont « désaffectées ».

C'est une **ancienne** église, qui est maintenant utilisée comme bibliothèque.
It **used to be** *a church and is now used as a library.*

« *ancient* » peut être utilisé avec des connotations humoristiques :
The Negro was blind in one eye and one leg was shorter than the other ; he wore an **ancient** *felt hat and his ribs showed through his torn shirt like a ship's under demolition.* (Gr. Greene)
Le nègre était borgne et il avait une jambe plus courte que l'autre ; il portait un chapeau de feutre **antédiluvien** et, par les déchirures de sa chemise, ses côtes saillaient comme la membrure d'un navire en démolition. (M. Sibon)

« *Ancient* » et « *old* » peuvent, dans certains cas, être interchangeables :
Le haut des maisons **anciennes** appartenait au passé romantique du Rhin. (P. MacOrlan)
The tops of the **ancient (old)** *houses belonged to the romantic past of the Rhine.*

ANCIEN

1. **old** est d'un usage plus large que **ancient**, et servira à exprimer de façon plus neutre l'ancienneté dans le temps, une ancienneté moins reculée.
There was something peculiarly oppressive about the **older**, *inner part of the camp, where a military slum had grown up with the haphazard ugliness of an industrial town in the nineteenth century.* (D. Lodge)
La partie la **plus ancienne**, la plus centrale du camp, où un fatras de bâtiments militaires avait poussé avec la laideur anarchique d'une cité industrielle du XIXe siècle avait quelque chose de singulièrement oppressant. (D. Verheyde)

La traductographie relève d'une tradition extrêmement **ancienne**. Depuis la nuit des temps, l'homme [...] a privilégié la communication interlinguistique par le biais des interprètes et ensuite des traducteurs. (Chr. Balliu)
Translation is a **long-standing** *tradition dating back to the* **ancient** *world. From time immemorial, man [... has] quite naturally sought to engage in interlingual communication, relying first on interpreters and then on translators.* (M.-J. Farren)

2. **former, ex** (qui a cessé d'être)

Elle voyait en lui un **ancien** révolutionnaire. (R. Nimier)
She saw in him a **former** *revolutionary.*

Qui vivait là ? [...] de vieilles cantatrices, d'**anciens** virtuoses de la scène. (M. Cardinal)
Who lived there ? [...] ageing opera singers, **former** *virtuosi of the stage.*

Il prétendit que son **ancienne** épouse était également impliquée dans l'affaire.
He alleged that his **ex**-*wife was also involved in the plan.*

ANGINA [æn´dʒaɪnə] (aussi *angina pectoris*) n., angine de poitrine

My grandmother has **angina**, *she can't climb stairs any more.*
Ma grand-mère a de **l'angine de poitrine**, elle ne peut plus monter les escaliers.

f., ANGINE
tonsilitis, sore throat.

ANNOY (to) [ə´nɔɪ] v., agacer, gêner, contrarier, tracasser

He was visibly **annoyed** *by the noise.*
Il était visiblement **agacé** par le bruit.

d'où l'équivalence avec : ENNUYER dans ce sens

Quand je me suis réveillé, Marie était partie. Elle m'avait expliqué qu'elle devait aller chez sa tante. J'ai pensé que c'était dimanche et cela m'a **ennuyé** : je n'aime pas le dimanche. (A. Camus)
When I woke up, Marie had gone. She'd explained to me that she had to go and see her aunt. I remembered that it was Sunday and that **annoyed** *me : I don't like Sundays.* (J. Laredo)

(S')ENNUYER
to bother, bore, be bored

Après le déjeuner, je **me suis ennuyé** un peu et j'ai erré dans l'appartement. (A. Camus)
After lunch I **was a bit bored** *and I wandered around the flat.* (J. Laredo)

Si ça ne **vous ennuie** pas, je préfère le faire demain.
If you **don't mind,** *I 'd rather do it tomorrow.*

J'espère que je ne **vous ennuie** pas avec toutes mes questions.
I hope I am not **bothering** *you with my questions.*

Pourquoi le fais-tu si ça **t'embête** ?
Why are you doing it if you find it such **a drag** *?* (fam.)

ANTICS [ˈæntɪks] n.,

1. Cabrioles, gambades
2. Bouffonneries, singeries

ANTIQUE [ænˈti:k] très vieux, ancien

Richmond is a lovely town blighted by the Army. Through it, in it and around it, Catterick Camp has spread like a pox, defacing the **antique** *beauty of the town and the fine contours of the Yorkshire hills with its squalid architectural improvisation.* (D. Lodge)
Richmond est une jolie ville défigurée par l'armée. S'y propageant, s'y installant et l'encerclant, le camp de Catterick s'est développé tel la petite vérole, dénaturant le charme **suranné** de la ville et les contours délicats des collines du Yorkshire par ses improvisations architecturales sordides. (D. Verheyde)

ANTIQUE
ancient

la Grèce antique : *ancient Greece*

ANTIQUES [ænˈti:ks] n., antiquités

ANTIQUARY [ˈæntɪkwərɪ], **ANTIQUARIAN** [ˌæntɪˈkweərɪən] n., collectionneur, amateur de choses anciennes, érudit.

[Les deux personnages viennent de se saluer.]
'Then what might your meaning be in calling me "Sir John" these different times, when I be plain Jack Durbeyfield, the haggler ?' [...]
'It was on account of a discovery I made some little time ago, whilst I was hunting up for pedigrees for the new country history. I am Parson Tringham, the **antiquary**, *of Stagfoot Lane.* (Th. Hardy)
— Alors, pourquoi donc que vous m'appelez tout le temps Sir John, alors que j'suis tout bonnement Jack Durbeyfield, le revendeur ?
— À cause d'une découverte que j'ai faite il y a peu de temps, en étudiant les généalogies pour la nouvelle histoire du comté. Je suis le pasteur Tringham, **l'érudit local**, j'habite dans Stagfoot-Lane.
(Note : c'est le contexte qui incite à ajouter « local »)

ANTIQUARY ANTIQUAIRE

ANTIQUAIRE
antique dealer

Bien sûr, il a rêvé d'être explorateur, comme tous les gamins. Et plus tard, comme il aime les beaux objets, **antiquaire**. (Cl. Courchay)
Naturally enough, he had thought of being an explorer, as all kids do. After that, as he likes beautiful things, he wanted to be an **antique dealer**. (Charlot et al.)

APPEAL [əˈpi:l] n., attrait, séduction

[Il s'agit de l'Australie] *The place's* **appeal** *is the challenge of physical contest with an intimidating nature.* (The Observer)
Ce qui fait l'**attrait** de l'endroit c'est qu'il incite à affronter physiquement une nature impressionnante. (J. Lezon)

m., APPEL
call

APPLICATION [æplɪˈkeɪʃən] n., demande (d'emploi), candidature

He tried first to get a job in commerce. A firm of industrial adhesive manufacturers showed interest in his **application** *for the post of assistant manager and personnel officer.* (J. Le Carré)
Il chercha d'abord un emploi dans le commerce. Une compagnie de fabricants de colle prit en considération sa **demande d'emploi** comme sous-directeur de la production et chef du personnel (Duhamel et Robillot).

APPLICATION (concentration, attention, soin) f., APPLICATION

She was playing with great **application.**
Elle jouait avec beaucoup **d'application.**

(mise en œuvre) f., APPLICATION

The agency is in charge of law **enforcement** *on the reservations.*
L'agence est chargée de **l'application** des lois dans les réserves.

APPLY (to) [əˈplaɪ] v., faire une demande

APPLY (to) (S')APPLIQUER

This does not ***apply*** to you.
Ceci ne ***s'applique*** *pas à vous.*

applied linguistics
la linguistique ***appliquée***

(s'efforcer de, vouloir) (S')APPLIQUER
to be out to, to be bent on

Décidément, on s'**appliquait** de toutes parts à modifier les Tropiques. (A. Demaison)
Indeed, people on all sides **were out to** *change the Tropics.*

APPOINTMENT [əˈpɔɪntmənt] n.,

1. Nomination
His **appointment** *to the head of the firm surprised everybody.*
Sa **nomination** à la tête de la société a surpris tout le monde.

2. Rendez-vous (*to make an appointment* : prendre un rendez-vous)
Je vous ai **pris un rendez-vous** chez le dentiste demain à 17 heures.
I' ve **made an appointment** *for you with the dentist tomorrow at five.*

Mais notez que dans certains cas (comme ci-dessous) la préposition « *for* » peut suffire pour exprimer en anglais ce qui est exprimé en français dans le verbe « prendre » :
Penny told him she had been ringing her hairdresser in Ipswich **for an appointment** *on Wednesday.* (P. Highsmith)
Penny lui dit qu'elle avait téléphoné à son coiffeur à Ipswich **pour prendre un rendez-vous** mercredi. (M. Sarfati)

APPOINTEMENTS
salary (payé au mois)

Les modestes a**ppointements** d'un employé de bureau
The modest **salary** *of a clerk*
cf. *Wages* (« salaire, paye ») qui est payé à la semaine et est plutôt associé aux travaux manuels.

APPRECIATE (to) [əˈpriːʃɪeɪt] v., se rendre compte, être conscient de

I **appreciate** *your difficulties of the moment (current difficulties) but we need the money now.*
Je **comprends** vos difficultés actuelles mais nous avons besoin de l'argent maintenant.

Only those with small children can **appreciate** *how little and how much they occupy the mind and the day.* (M. Drabble)
Seuls ceux qui ont des enfants en bas âge **savent** à quel point ils occupent votre esprit et votre temps de manière à la fois futile et intense.

to APPRECIATE APPRÉCIER

I **appreciate** *your collaboration.*
J'**apprécie** votre collaboration.

APPRÉCIER

Senate Democrats had never **been fond of** *the 1986 tax reform, which lowered tax rates in exchange for closing loopholes.* (The New Republic)
Les sénateurs démocrates n'avaient jamais **apprécié** la réforme fiscale de 1986, qui diminuait les taux d'imposition afin d'éviter l'évasion fiscale. (R. Alimi)

Health, after all, means the body's unconsciousness of itself. If you have it, you don't think about it. You define and **value** *it only when in pain, because it's the remembered opposite of that.* (The Observer)
Être en bonne santé, après tout, cela veut dire que le corps n'a pas conscience de lui-même. Si on a la santé, on n'y pense pas. On ne la définit et on ne **l'apprécie** que lorsqu'on souffre, parce qu'elle est cet état dont on se souvient et qui est le contraire de la souffrance. (J. Lezon)

APPREHENSION [æprɪˈhenʃən] n., compréhension, entendement

Mrs Yule read the footnote with that look of slow **apprehension** *which is so pathetic when it signifies the heart's good-will thwarted by the mind's defect.* (G. Gissing)
Mme Yule lut la note avec cette difficulté de **compréhension** évidente qui est si pathétique quand elle est le fait de la bonne volonté entravée par les insuffisances de l'esprit.

APPREHENSION (Syn. : inquiétude, crainte) f., APPRÉHENSION

She felt **apprehension** *for her son's safety.*
Elle était **inquiète** pour la sécurité de son fils.

It was with more than usual **apprehension**, *therefore that they [the unions] saw the strengthening of the national employers associations at this time. (H. Pelling)*
Ce fut donc avec plus **d'appréhension** que d'habitude, qu'ils assistèrent au renforcement des associations nationales d'employeurs à cette époque. (M. Babaz)

On notera la structure suivante :
J'avais quinze ans et beaucoup d'**appréhension** quand nous retournâmes au village. (T. Ben Jelloun)
I **was** *fifteen years old and I* **was** *very* **apprehensive** *about going back to the village.* (N. Cooney)

f., APPRÉHENSION
anxiety, fear, nervousness, misgivings

Miss Lavish had said so much about knowing Florence by heart, that Lucy had followed her with **no misgivings**. (E.M. Forster)
Miss Lavish s'était tellement vantée de connaître Florence par cœur que Lucy l'avait suivie **sans appréhension.**

APPROACH [ə'prəʌtʃ] n., façon d'aborder un problème, conception, optique, démarche

This difference between the state and the public schools is no longer a matter of fee-paying ; it now reflects two diametrically opposed **approaches to** *secondary education.* (The Sunday Telegraph)
La distinction entre établissements publics et privés ne concerne plus le problème du paiement des frais de scolarité. Elle reflète aujourd'hui **deux conceptions** diamétralement opposées **de** l'enseignement secondaire. (J. Cl. Sergeant)

to make approaches to : faire des avances à

APPROACH f., APPROCHE

Les chiens aboyaient à son **approche**.
The dogs barked at his **approach**.

APPROCHE

Divers types de recatégorisations, par exemple :

Tout à l'heure, avant de rentrer à l'hôtel, j'ai été surpris de constater que la façade de l'ancien musée des Colonies et les fontaines de la place étaient illuminées. Deux cars de touristes stationnaient au début du boulevard Soult. **À l'approche du** 14 juillet, le zoo restait-il ouvert la nuit ? (P. Modiano)
Just now, before I went back to the hotel, I was surprised to see that the façade of the former Colonial Museum and the fountains in the square were illuminated. Two tourist coaches were parked at the start of the Boulevard Soult. Did the zoo stay open at night **just before** *the fourteenth of July ?* (B. Wright)

to APPROACH [ə'prəʌtʃ] v., (S') APPROCHER de

A man he could recognize from twenty feet away as a journalist **approached** *his table.* (Gr. Greene)
Un homme qu'il put identifier à vingt mètres comme un journaliste **s'approcha de** sa table. (P. Nordon)

APPROPRIATE (to) [ə'prəuprɪɪt] v., attribuer, affecter (des fonds)

Parliament **appropriates** *funds to the various services of the state.*
Le Parlement **répartit** les crédits entre les différents services de l'état.

to APPROPRIATE S'APPROPRIER

He was accused of **appropriating** *the foundation's funds.*
On l'accusa de **détourner** les fonds de la fondation.

APT [æpt] adj.,

1. (syn. : *suitable, appropriate*) Approprié, juste
The Albert Hall's location is a particularly **apt** *one for concerts which owe their existence to enlightened Victorian Paternalism.* (The Independent)

L'Albert Hall est un lieu particulièrement **bien adapté** à ces concerts qui doivent leur existence au paternalisme éclairé des Victoriens (J. Cl. Sergeant)

2. To be apt to *(to be likely* ou *have a tendency to do sthg)*

Adults, however, **are** *far more* **apt** *than children* **to** *deceive themselves about their own TV compulsion.* (Time)

Cependant, les adultes **ont** davantage **tendance** que les enfants **à** se faire des illusions sur l'emprise que la télé exerce sur eux.

'One shouldn't take art too literally' Philip Quarles had said one evening, when they were talking about poetry.
'Not even if it's true ?' Walter had asked.
'It' **s apt to** *be too true. Unadulterated, like distilled water. When truth is nothing but the truth, it's unnatural, it's an abstraction that resembles nothing in the real world.'* (A. Huxley)

« L'art ne doit pas être pris trop littéralement » avait dit Philip Quarles un soir qu'ils parlaient de poésie.
- Pas même si c'est la vérité ? avait demandé Walter.
- Il lui **arrive d'**être trop vrai – sans aucune impureté, comme l'eau distillée. Quand la vérité n'est absolument que la vérité, elle est quelque chose d'antinaturel, c'est une abstraction qui ne ressemble à rien du monde réel. » (J. Castier)

APTE
suited, able

On estimait qu'il n'était pas **apte** à être professeur.
They thought he was not **suited** *to be a teacher.*

The Journal of Atomic Physics *of the University Of Hiroshima is printed in English as is the* Journal of Genetics and Biology *at the University of Nagasaki. No language on earth* **is better suited to** *play the part.* (Daily Mail)

Le *Journal of Atomic Physics* qu'édite l'université d'Hiroshima est publié en anglais tout comme le *Journal of Genetics and Biology* de l'Université de Nagasaki. Aucune langue au monde n'est plus **apte** à jouer ce rôle (J.-Cl. Sergeant).

ARAB ['ærəb] n., *'street* **arab**' (vx) : gamin des rues

ARAB n., ARABE

Nous allions partir quand Raymond, tout d'un coup, m'a fait signe de regarder en face. J'ai vu un groupe d'**Arabes** adossés à la devanture du bureau de tabac. (A. Camus)

We were just about to set off when Raymond suddenly pointed across the street. I looked and saw a group of **Arabs** *leaning against the front of the tobacconist's shop.* (J. Laredo)

ARAB adj., ARABE

The **Arab** *countries* : Les pays **arabes**

Arabic, n., (la langue) ARABE

They spoke in a mixture of French, English and **Arabic**. (V.S. Naipaul)
Ils parlaient un mélange de français, d'anglais, et d'**arabe**. (A. Saumont)

Arabic, adj., ARABE

Now the Egyptian began to sing an **Arabic** *song.* (V.S. Naipaul)
Puis l'Égyptien entonna un chant **arabe**. (A. Saumont)

Arabian, adj., (lieu)

The Arabian desert : le désert d'Arabie

☞ *The Arabian nights :* Les Mille et une Nuits

ARABE

téléphone **arabe** : **bush** *telegraph*

ARGUMENT ['ɑ:gjumənt] n.,

1. Discussion, débat.

The assessors — a senior civil servant, a psychologist and a more junior official — then mark the candidates on criteria such as intellectual penetration, maturity and the ability **to win an argument**. (The Economist)
Les membres du jury (un haut fonctionnaire, un psychologue et un fonctionnaire d'un grade moins élevé) notent ensuite les candidats sur des critères tels que la perspicacité intellectuelle, la maturité, et l'aptitude **à l'emporter dans une discussion**. (J. Lezon)

2. Dispute (syn. *row*)

They kept **having arguments** *over who should do the washing up.*
Ils ne cessaient de **se disputer** pour savoir qui devrait faire la vaisselle.

There was a little **domestic argument** *because Herr Bernstein didn't want his wife to go shopping in the car that afternoon.* (Chr. Isherwood)
Il y eut une petite **scène de ménage** parce que Herr Bernstein s'opposait à ce que sa femme allât faire ses courses en voiture cet après-midi là.

ARGUMENT m., ARGUMENT

Wouldn't any animal, if it were capable of choosing, prefer to be a few feet under the ground, dissolving like all flesh, when his time had come ? Christopher had used this **argument** *several times to no avail.* (P. Highsmith)
[La femme de Christopher aime faire empailler ses animaux domestiques quand ils sont morts, Christopher trouve cette pratique encombrante.]
Est-ce que n'importe quel animal, s'il en avait le choix, ne préférerait pas, le temps venu, être à quelques pieds sous terre, à se décomposer comme toute chair ? Christopher avait avancé cet **argument** plusieurs fois sans résultat. (M. Sarfati)

ARRANGE (to) [ə'reɪndʒ] v.,

1. Ranger, disposer.

Here, at the writing-table, I am confronted by a phalanx of metal objects — a pair of candlesticks [etc]. Every morning, Frl Schroeder **arranges** *them very carefully in certain unvarying positions.* (Chr. Isherwood)
Ici, à ma table de travail, j'affronte une cohorte d'objets métalliques : une paire de bougeoirs [etc.]. Chaque matin, Fräulein Schroeder prend le soin de les **disposer** dans un ordre invariable. (L. Savitsky)

2. Organiser

Every evening after school we met in the back garden and **arranged** *Indian battles.* (J. Joyce)
Chaque soir, l'école finie, nous nous retrouvions dans son jardin et **organisions** des batailles de Peaux Rouges.

to ARRANGE ARRANGER

1. (disposer)

She **arranged** *our flowers in a vase.*
Elle **arrangea** nos fleurs dans un vase.

2. (adapter)

He **arranged** *the piece for the piano.*
Il **arrangea** ce morceau pour le piano.

mais l'on peut fort bien avoir d'autres formulations :

[Texte trilingue sur une pochette de C.D. Deutsche Gramophon, l'original est le texte allemand.]
Gleichzeitig ging Beethoven auf den Vorschlag Clementis ein, das Violinkonzert in ein Klavierkonzert umzuarbeiten. (H.G. Klein)

At the same time Beethoven followed up Clementi's suggestion that he should **arrange** *the Violin Concerto as a piano concerto.* (J. Coombs)

En même temps, Beethoven souscrivit à la proposition de Clémenti de **remanier** le Concerto pour violon en Concerto pour piano. (J. Fournier)

(S')ARRANGER
(réparer) *to fix*

Il a **arrangé** la chaudière lui-même : *He* **fixed** *the boiler himself.*

Le barman m'a dit que si je désirais rencontrer Lenny, il pouvait **m'arranger** ça.
The barman told me that if I wanted to meet Lenny, he could **fix it up** *for me.*

Ne t'inquiète pas, tout finira par **s'arranger.**
Don't worry, things will **sort themselves out** *in the end.*

Cependant un trouble quelconque, venu de l'extérieur, menace l'ordre schtroumpf. [...] Mais avant que Payo n'écrive le mot fin, **tout s'arrange** bien sûr. (La Voix du Nord)
However, some kind of trouble coming from the outside world threatens the Smurf order of things. [...] But of course before Payo writes 'The End', everything is going to **turn out well**. (B. Jacquin)

— Venez quand cela vous **arrange**
'Come when it **suits** *you.'*

ARRANGEMENT(S) [əˈreɪndʒmənt] n., dispositions, préparatifs

Mrs Middleton had rung up from her house in Marlow as early as eight o'clock to inquire what **arrangements** *her husband had made for his annual Christmas visit to her.* (A. Wilson)
Dès huit heures du matin, Mrs Middleton avait téléphoné de sa demeure à Marlow pour s'enquérir des **dispositions** prises par son mari touchant son annuelle visite de Noël. (Cl. Elsen)

It was only a two-day crossing from Piraeus to Alexandria, but as soon as I saw the dingy little Greek steamer I felt **I ought to have made other arrangements.** (V.S. Naipaul)
Du Pirée à Alexandrie il y a seulement deux jours de traversée mais aussitôt que j'aperçus le minable petit vapeur grec je compris que **j'aurais dû chercher autre chose.** (A. Saumont)

ARRANGEMENT, *compromise* m., ARRANGEMENT

ARTICULATE [a:ˈtɪkjulɪt] adj.,

1. Qui prononce distinctement, qui s'exprime bien.

2. Distinctement prononcé, bien formulé.
They were, in truth, these figures, my 'granite outcroppings' ; but half-emerged from the soil, and scarcely more **articulate**. (E. Wharton)
Ils étaient, en réalité, ces personnages, mes « affleurements de granit » ; mais à demi sortis du sol, et à peine plus **distincts**.

articulated, jointed (membre) ARTICULÉ

ARTICULATE (to) ARTICULER

Il **articulait** chaque syllabe quand il parlait.
He **articulated** *each syllable when he spoke.*

ASPARAGUS [əˈspærəgəs] (U.) asperge(s)

asparagus fern ASPARAGUS

ASPERSION [əsˈpɜ :ʃən] n., calomnie, médisance

[Theodore Gumbril vient de pénétrer dans la boutique d'un tailleur, Mr Bojanus.]
His eye travelled professionally up and down Gumbril's long thin form, 'I notice that the garments you are wearing at present, Mr. Gumbril, look — how shall I say ? — well, a trifle negleejay, as the French would put it, a trifle negleejay.' Gumbril looked down at himself. He resented Mr. Bojanus's negleejay, he was pained and wounded by **the aspersion**. *Negleejay ? And he had fancied that he really looked rather elegant and distinguished.* (A. Huxley)
Son regard de professionnel examina la longue et mince silhouette de Gumbril. « Je m'aperçois que les vêtements que vous portez en ce moment, M. Gumbril, ont — comment dirais-je ? — eh bien, l'air quelque peu 'négligé', comme diraient les Français, quelque peu négligé ».
Gumbril baissa les yeux pour se regarder. Il n'appréciait pas le « négligé » utilisé par M. Bojanus, il était blessé par cette **calomnie**. « Négligé ? » lui qui s'était imaginé qu'il avait l'air élégant et soigné.

ASPERGER
to sprinkle, to spray.

ASSIST (to) [əˈsɪst] v., aider

ASSISTER
sit in on, to attend, to be present, to see

to sit in on : *to attend without taking an active part.*

L'étudiante Erasmus me demanda si elle pouvait **assister** à mon cours (simplement pour voir / sans participer).
The Erasmus student asked me if she could **sit in on** *my class.*

Elle **a assisté à** mon cours régulièrement.
She **attended** *my class regularly.*

The Austins used **to attend** *the eleven o'clock service.*
Les Austin **assistaient** à la messe de onze heures.

J'**assistais** au lever de soleil le plus classique qui fût. (J. Guéhenno)
I then **witnessed** *the most classical of sunrises.*

It was with more than usual apprehension therefore that they [the unions] **saw** *the strengthening of the national employers associations at this time.* (H. Pelling)
Ce fut donc avec plus d'appréhension que d'habitude, qu'ils **assistèrent** au renforcement des associations nationales d'employeurs à cette époque. (M. Babaz)

ASSISTANCE [əˈsɪstəns] n., peut parfois être rendu par « assistance », l'équivalent français le plus fréquent est « aide » (syn. « *help* »)

With the **assistance** *of a few respectable tradesmen [...] he succeeded in obtaining a situation as a compositor in the office of a daily newspaper.* (G. Gissing)
Grâce à l'**aide** de quelques commerçants respectables, il réussit à obtenir un emploi de typographe dans les bureaux d'un quotidien.

The novelist is a capitalist of the imagination. He or she invents a product which consumers didn't know they wanted until it is made available, manufactures it with the **assistance** *of purveyors of risk capital known as publishers.* (D. Lodge)
Le romancier est un capitaliste de l'imaginaire. Il, ou elle, invente un produit dont les consommateurs ne s'imaginaient pas avoir besoin avant qu'on ne le leur propose ; il le fabrique avec **l'appui** financier que lui apportent des bailleurs de capitaux à risque, nommés éditeurs. (M. et Y. Couturier)

f., ASSISTANCE
the people present, the audience

He looked up and saw us, **his audience**. *(V.S. Naipaul)*
Il leva la tête et contempla **l'assistance**. (A. Saumont)

L'assistance était clairsemée.
There were few **people present.**

ASSUME (to) [əˈsju :m] v.,

1. supposer, présumer
I assume *you know that...*
Je suppose que vous savez que...
Yet when the colonel's book — African Game Trail — *had appeared in 1913 there hadn't been a single reference to Temple. Punishment,* **he assumed**. (W. Boyd)
Et pourtant, lorsqu'en 1913, le colonel avait publié son livre, *Pistes de chasses africaines*, il n'y avait pas la moindre allusion à Temple. En guise de punition, **sans doute.** (Chr. Besse)

2. affecter, prendre (un air) (syn. : *to put on, to display*)
[La scène se passe dans un hôtel au début de ce siècle. Un homme vient de proposer à une femme de prendre sa chambre parce qu'elle veut avoir une vue.] *He was probably trying to become acquainted with them before they got into the swim. So she* **assumed a dazed expression** *when he spoke to her, and then said : 'A view ? Oh, a view ! How delightful a view is !'* (E.M. Forster)
Cet homme essayait sans doute de lier connaissance avant qu'elles-mêmes ne fussent dans le train. **Elle prit donc l'expression la plus vague** pour répondre à son interlocuteur :
— Ah ! Vraiment ! Une belle vue, c'est si agréable ! (Ch. Mauron)

ASSUME (to) (commencer à) ASSUMER

He **assumes** *his new responsibilities next week.*
Il **commence à assumer** ses nouvelles responsabilités la semaine prochaine.

ASSUMER
to take on

Dès que l'on **assume** des responsabilités, on s'expose à la critique.
As soon as you **take on** *responsibilities, you lay yourself open to criticism.*

[Bernard Pivot parle de son émission]. J'ai deux assistantes : l'une s'occupe de tout ce qui est édition. L'autre de ce qui est télévision, administration. [...] Mais en ce qui concerne la lecture des livres je l'**assume** seul. (La Voix du Nord)
I have two assistants. One is in charge of the publishing side. The other is in charge of the television and administration side. [...] But as far as the reading itself goes, **I do it all** *myself.*

ASSURE (to) [əˈʃuə^r] v., (certifier, affirmer, soutenir) ASSURER

Il **m'assura** qu'il avait expédié le colis
He **assured** *me he had sent the parcel.*

Le Tellier l'**assura** qu'il y ferait tout son possible. (St. Simon).
Le Tellier **assured** *him that he would do his utmost on the subject.*

ASSURER

1. (contrôler, vérifier) **to make sure, to ascertain** (lg.sout)

Il portait un pantalon gris foncé et des mocassins, et cette tenue, à une heure de l'après-midi, sur la plage écrasée de soleil, me donnait l'envie de venir à sa rencontre et de lui taper sur l'épaule pour m'**assurer** qu'il n'était pas un mirage. (P. Modiano)
He was wearing dark grey trousers and a pair of mocassins, and seeing him walking in such an attire on a sun-drenched beach at one o'clock in the afternoon made me want to go up to him and tap his shoulder **to make sure** *he was not a mirage.* (Y. Boutier)

[« *He* » veut faire une surprise à sa femme : « Penny ».]
He was in luck. Penny was not home yet. Having **ascertained** *this, Christopher carried the dummy from the car into the house via the back door.* (P. Highsmith)
Il avait de la chance, Penny n'était pas encore rentrée. S'en étant **assuré**, Christopher transporta la figure de cire de la voiture à la maison par la porte de service. (M. Sarfati)

2. (affirmer, soutenir) **to claim, to insist**

À Siasconcet, à l'est de l'île, [...] certains témoins **assurent** avoir vu les plus grandes vedettes de Broadway et d'Hollywood faire la queue à la pompe, au temps où l'on poussait le snobisme jusqu'à ne pas avoir l'eau courante. (Le Matin Magazine)
At Siasconcet, on the eastern part of the island [...] some witnesses **claim** *to have seen the most renowned stars from Hollywood or Broadway queuing up at the water pump at the time when people were such snobs as to refuse a domestic water supply.*

J'aurais dû annoncer mon départ trois mois à l'avance, telle était la règle, **m'assurait-il**. (Ionesco)
I should have warned him that I was leaving three months in advance, that was the rule, **he insisted.**

3. (garantir par une assurance)

« As-tu pensé à **assurer** ton nouvel appartement ? »
'Did you think of **taking out insurance** *on your new flat ?'*

ATTEND (to) [ə'tend] v.,

1. Assister à (une conférence, etc.)

The Austins used **to attend** *the eleven o'clock service.*
Les Austin **assistaient à** la messe d'onze heures.

2. Suivre, écouter (quelqu'un) (syn. *to listen*)

[La souris raconte une histoire à Alice.]
'You're not **attending** *!' said the Mouse to Alice severely. 'What are you thinking of ?'* (L. Carroll)
— Tu **n'écoutes pas !** s'écria la souris d'un ton sévère. À quoi penses-tu ? (J. Papy)

3. Soigner, donner des soins

'There's been an accident,' said George curtly. 'Is there a room I can carry this lady into ? She must **be attended to** *at once.'* (A. Christie)
« Il y a eu un accident, fit Georges sèchement. Y a-t-il une pièce où je puisse transporter cette dame ? Il faut lui **donner des soins** immédiatement / Son état requiert des soins d'urgence.

ATTENDRE
to wait (for), to expect

[Leamas attend l'arrivée d'un homme à la frontière. Un collègue lui fait remarquer.]
You can't **wait** *forever, sir. Maybe he'll come some other time.* (J. Le Carré)
Vous ne pouvez pas l'**attendre** indéfiniment [...]. Peut-être viendra-t-il une autre fois. (M. Duhamel et H. Robillot)

Nous l'**attendons** d'un moment à l'autre.
We are **expecting** *him (at) any time.*

Happening to call one evening when Céline did not **expect** *me, I found her out.* (Ch. Brontë)
Rendant par hasard visite à Céline un soir où elle ne m'**attendait** pas, je la trouvais sortie. (S. Monod)

ATTENTION [ə'tenʃən] n.,

1. Soin, le fait de s'occuper de (qqn, qqch)

The injuries he suffered in the accident were such that he required **medical attention** *straight away.*
Les blessures qu'il avait subies lors de l'accident étaient telles qu'il fallut lui **administrer des soins** immédiatement.

2. Garde-à-vous

Strings of flags had been run up its masts and its crew lined the decks **at attention**. (W. Boyd)
Le grand pavois courait le long des mâts, et l'équipage était rassemblé **au garde-à-vous** sur les ponts. (Chr. Besse)

ATTENTION f., ATTENTION

Vous ne **faites** pas **attention** à ce que je dis.
You are not **paying attention** *to what I am saying.*

En sortant des ateliers, j'aperçus le grand homme qui étudiait un moteur **avec tant d'attention** que je le comparais à un médecin qui compte les pulsations. (Ph. Soupault)
As I was leaving the workshops, I caught sight of the great man studying an engine **so attentively** *that I compared him to a doctor taking a patient's pulse.* (Y. Boutier)

'Comrades !' cried an eager youthful voice. **'Attention**, *comrades ! We have glorious news for you. We have won the battle for production !'* (G. Orwell)
— Camarades ! cria une jeune voix ardente. **Attention**, camarades ! Nous avons une grande nouvelle pour vous. Nous avons gagné la bataille de la production ! (Audiberti)

'Attention, *please ! Would passengers for flight G139 please report to Gate B.'*
« **Votre attention**, s'il vous plaît ! Les passagers du vol G139 sont priés de se présenter à la porte B. »

☞ **ne pas prêter attention** : cf. **to ignore**

A board above the bank at the last village had warned them in three languages : 'Zone of sleeping sickness. **Be careful of** *the tsetse flies.'* (Gr. Greene)
Au dernier village, un écriteau dominant la rive les avait avertis en trois langues : « Zone de maladie du sommeil. **Attention** aux mouches tsé-tsé. »

« **Attention**, ça glisse, il a gelé cette nuit. »
'Be careful, *the path is slippery with last night's freeze.*

[Capitaine Haddock]
« **Faites attention**, Tintin, il est armé ! Restez caché ! » (Hergé)
'Look out, *Tintin, he's got a gun ! Don't show yourself !'*

« **Attention** ! » cria-t-il lorsqu'il vit arriver la voiture à toute vitesse.
'Watch out !' *he shouted when he saw the car speeding towards them.*

ATTENTIVE [ə'tentɪv] adj., attentionné

Attentive *as ever, Kuno took it for granted that he was to teach me to ski. I should have much preferred to mess about alone, but my attempts at polite dissuassion were in vain.* (Ch. Isherwood)
Toujours aussi **prévenant/attentionné**, Kuno estima qu'il lui incombait de m'apprendre à skier. J'aurais de loin préféré me débrouiller tout seul mais mes tentatives pour l'en dissuader poliment furent vaines.

ATTENTIVE ATTENTIF

an **attentive** *reader :* un lecteur **attentif**

ATTIRE (to) [ə'taɪəʳ] (vx, lg. sout.), vêtir, vêtements, tenue. (Le nom est d'un usage plus fréquent que le verbe.)

Friday night all, children included, donned their holiday **attire**, *and ran about the house inviting each other's compliments.* (G. Gissing)

Le vendredi soir, tous, y compris les enfants, endossèrent leurs **vêtements** de vacances et parcoururent la maison pour se faire admirer.

ATTIRER
to attract, to draw, (séduire) to lure

Every novelist has been visited by the insinuating wraiths of false 'good-situations', siren-subjects **luring** *his cockle-shell to the rocks.* (E. Wharton)
Tout romancier a été visité par les spectres insinuant de fausses « bonnes situations », sujets sirènes qui **attirent** sa coquille de noix sur les récifs. (P. Leyris)

AUDIENCE [ˊɔːdɪəns] n., public, auditoire

For an hour, the incumbent tried to convince his shivering **audience** *that even in the East, [...] he and his Christian Democratic Union offer the best hope for economic progress.* (Newsweek)
Pendant une heure, le titulaire essaya de convaincre son **auditoire** tremblant que même à l'Est, [...] lui et son Parti Chrétien Démocrate offraient le meilleur espoir de progrès économique.

He looked up and saw us, **his audience**. *He raced up the gangway, not using the hand-ropes. Vanity !* (V.S. Naipaul)
Il leva la tête et contempla **l'assistance**. Puis il monta la passerelle à toute allure sans se servir des mains courantes. Vanité ! (A. Saumont)

f., AUDIENCE

Accorder une **audience** à quelqu'un.
To grant sb an **interview.**

Lorsqu'il fut jugé, sa femme refusa d'assister à **l'audience.**
When he was tried his wife refused to be present at the **hearing.**

AXE [æks] n., une hache

un AXE
an axis

[Alice parle à la Duchesse, qui est obsédée par les exécutions sommaires.]
'You see the earth takes twenty-four hours to turn round on its **axis.***'*
'Talking of **axes***' said the Duchess, 'chop off her head'.* (L. Carroll)
« Voyez-vous, la terre tourne sur elle-même pendant 24 heures **sans relâche**.
— À propos de **hache**, dit la Duchesse, coupez-lui donc la tête ! » (J. Papy)

Le texte anglais offre un bel exemple d'interférence intralinguistique entre deux formes homophones : Alice dit « *axis* » et la duchesse comprend « *axes* », le pivot de ce transfert étant le signifiant [ˊæksɪs]. La traduction des jeux de mots est souvent délicate parce que l'on ne retrouve généralement pas le même rapport homophonique dans la langue d'arrivée. Jacques Papy résoud le problème de façon remarquable en modifiant le premier terme : de « axis » [axe] on passe à « sans relâche », ce qui lui permet de restituer un jeu de mots en français.

B

m., BABY FOOT
pin tables

[Dans un centre de formation.]
Dans une ambiance chaleureuse, on débattait de sujets d'importance. **Baby-foot**, bécane et rock'n roll, les centres d'intérêts étaient multiples. (V. Ravalec)
In a friendly atmosphere we used to discuss a variety of important subjects. **Pin tables**, *bikes and rock'n roll — multiple centres of interest.* (A. Stevens-Balandras)

BACCALAUREATE [bækəˈlɔːrɪɪt] n., peut avoir le sens de « licence » en Amérique, en Irlande.

Edmund has passed a Pontifical **Baccalaureate** *in Philosophy in Dublin with Second Class Honours, A.*
Edmund a obtenu une **Licence** ecclésiale de philosophie à Dublin avec la mention bien.

m., BACCALAURÉAT

L'équivalent anglais est le 'G.C.S.E. A' Level' (*General Certficate of Secondary Education, Advanced Level*) souvent abrégé en *'A' Level'*. Dans la traduction d'un texte français on peut ou bien opter pour cette équivalence ou reporter le terme français. Le G.C.S.E. a remplacé le G.C.E.

When supporters of the comprehensive schools argue their case, it includes reference to those areas — such as University entrance or **G.C.E.** *results — where direct comparison with public schools is possible.* (The Sunday Telegraph)
Lorsque les partisans de l'école unique défendent leur cause, ils font référence à des domaines — l'entrée à l'Université ou les résultats au **G.C.E.** par exemple — où il est possible d'établir une comparaison directe avec les *public schools.* (J. Cl. Sergeant)

BACHELOR [bætʃələʳ] n.,

1. Célibataire
Old suitors surfaced from every side and Sally found herself being pursued by several young and not so young **bachelors** *of unquestionable eligibility.* (J.B. Keane)
D'anciens prétendants réapparurent, et Sally se trouva courtisée par plusieurs **célibataires,** jeunes et moins jeunes, qui étaient incontestablement de bons partis.

A confirmed **bachelor** : un **célibataire** endurci.

2. Bachelor *of Arts (B.A.) :* **licencié** ès lettres.
Bachelor *of Science (B. Sc.)* : **licencié** ès sciences.

m., BACHELIER

Il existe une formule qui est de l'ordre de la description :
« *A boy who has passed the baccalauréat* » ou si l'on veut donner un équivalent britannique : « *A boy who has done his A' levels.* »

BAIL [beɪl] n., caution (justice)

He was freed (let out) **on bail.**
Il a été libéré (mis en liberté provisoire) sous **caution.**

The money he had saved in the bank was spent for **bail** *and fine.* (C. McCullers)
Ses économies servirent à payer les amendes et les **cautions**. (M.M. Fayet)

un BAIL
a lease

Nous devons résilier notre **bail** deux mois avant de partir.
We have to cancel our **lease** *two months before leaving.*

BALANCE [bæləns] n., équilibre

1. (ss pr.)
For what seemed a long moment of time she struggled frantically **to regain her balance,** *then she crashed over backwards, her head and shoulders meeting the carpeted floor with a violence that turned her sick and faint.* (J.H. Chase)
Pendant ce qui lui sembla une éternité, elle se débattit frénétiquement **pour retrouver son équilibre**, et puis elle s'écrasa sur le dos, la tête et les épaules heurtant le tapis avec une violence qui lui donna la nausée (L. Escoube et M. Duhamel)

2. (ss fig.)
'Is money the only criterion ?'
'I don't know a better one'
'What about happiness ?'
'Happiness ?' Wilcox looked startled, **caught off balance** *for the first time.* (D. Lodge)
— Est-ce que l'argent est le seul critère ?
— Je n'en connais pas de meilleur
— Et le bonheur ?
— Le bonheur ? Wilcox eut l'air étonné, se sentant **pris en défaut** pour la première fois. (M. et Y. Couturier)

BALANCE (de précision) f., BALANCE

Letter-balance : pèse lettres

f., BALANCE
scales, weighing machine, a set of *weighing scales*

L'employé déposa le paquet sur la **balance** et déclara qu'il faisait plus de cinq kilos.
The clerk placed the parcel on the **weighing scales** *and declared it weighed over ten pounds.*

He steps on to **the bathroom scales**. *Ten stone, two ounces. Quite enough for a man only five feet, five and half inches tall.* (D. Lodge)
Il monte sur le **pèse-personne**. Soixante-quatre kilos. C'est bien assez pour un homme qui ne mesure qu'un mètre soixante quatre. (M. et Y. Couturier)

BALLOT [bælət] n.,

1. (aussi '*ballot paper*') Bulletin de vote

2. (tour de) Scrutin
postal ballot : vote par correspondance

m., BALLOT

1. **bundle, package**
2. **nitwit, silly ass**

BAND [bænd] n., orchestre (musique populaire, danse, jazz), fanfare (à contraster avec « *orchestra* » : grande musique, grand bal)

Jazz **band** : un **orchestre** de jazz
The village **band** : la **fanfare** municipale

On a temporary dais the Schutztruppe brass **band** *blared forth martial music.* (W. Boyd)
Sur une estrade improvisée, la **fanfare** de la Schutztruppe claironnait des airs martiaux. (Chr. Besse)

American high schools generally have a marching **band** *that performs at football games and other festivities.*
Les lycées américains ont souvent une **fanfare** qui joue lors des matchs de football et autres manifestations.

f., BANDE

1. (groupe) **band, gang**

Il y avait une **bande** de jeunes au bout de la rue.
There was a **gang** *of youngsters at the end of the street.*

2. **stripe, strip, bank**

On notera la différence entre « *stripe* » et « *strip* » :

+ « **a stripe** » désigne une bande de largeur régulière généralement formant contraste (par sa couleur ou sa texture) avec le support sur lequel elle se situe :

Monsieur le sous-préfet a mis son bel habit brodé, son petit claque, sa culotte collante à **bande** d'argent. (A. Daudet)
Monsieur the sub-prefect has donned his fine embroidered coat, his little cocked hat, his close-fitting breeches with a silver **stripe**.

+ « **a strip** » désigne simplement une longue portion étroite de quelque chose sans cette idée de contraste par rapport au support :

Hormis ces trois enfants, toute la longue plage est déserte. C'est une **bande** de sable assez large, uniforme. (A. Robbe-Grillet)
Apart from these three children, the whole long beach is deserted. It is a fairly wide, even **strip** *of sand.* (B. Wright)

[Description de paysage] D'étroites **bandes de terre** situées entre des lacs et de grandes lagunes.
Narrow **strips of land** *between lakes and large lagoons.*

3. (sur autoroute) la bande d'arrêt d'urgence : **the hard shoulder**

la bande centrale : **the central reservation**

La voiture était coincée sur **la bande centrale** entre deux buissons.
The car was stuck between two bushes on **the central reservation**.

4. **a bandage**

Il retira soigneusement **la bande** qui lui recouvrait la cuisse.
He carefully removed **the bandage** *covering his thigh.*

5. Bande dessinée : **comic strip, strip cartoon**

BANK [bæŋk] n.,

1. Talus

There was nobody but ourselves in the field. When we had lain on the **bank** *for some time without speaking I saw a man approaching from the far end of the field.* (J. Joyce)

Il n'y avait personne d'autre dans le champ. Nous étions restés étendus sur le **talus** un moment sans parler lorsque je vis un homme arriver de l'autre extrémité du champ. (J. Aubert)

2. Berge, rive

I hid my books in the long grass near the ashpit at the end of the garden where nobody ever came, and hurried along the canal **bank**. (J. Joyce)

Je cachai mes livres dans les longues herbes, près de la fosse aux cendres, au fond du jardin : personne n'y venait jamais. Puis je partis vite, longeant la **berge** du canal. (J. Aubert)

BANK f., BANQUE

BAR (to) [ba:^{r}] v., exclure, interdire

[Le journaliste compare une nouvelle loi à l'ancienne. Dans cette phrase, il explique ce que les membres du Congrès avaient le droit de faire sous l'ancienne loi.]

Members [of Congress] could accept gifts from personal friends and family members but would be **barred from** *accepting others' gifts, even items of nominal value like T-shirts or baseball caps* (New York Times)

Les membres du Congrès avaient le droit d'accepter des cadeaux d'amis et de membres de la famille, mais il **était interdit** d'accepter des cadeaux d'autres personnes, même si ces présents étaient d'une valeur aussi insignifiante que des tee-shirts ou des casquettes de base-ball. (M. Génuard)

BAR (to) BARRER

Now all she needed was to get to the door. **Barring her way** *was a wild-faced man holding a severed sheep's head.* (P.Bowles)

Ce qu'il lui fallait faire maintenant c'était se rapprocher de la portière. Tenant une tête de mouton fraîchement découpée, un homme à l'air farouche lui **barrait le passage.**

BARRACKS [bærəks] n., (d'aspect pluriel utilisé avec un vb singulier) caserne, quartier

At Camp Holloway, in the Central Highlands, youngsters play outside the old U.S. **barracks** *and youthful army recruits march in cadence under Vietnam's red-and-gold flag.* (Time)

Au camp Holloway, sur les plateaux du centre, les gamins jouent à l'extérieur de la vieille **caserne** américaine et de jeunes recrues marchent au pas cadencé sous le drapeau rouge et or du Vietnam.

f., BARAQUE

(abri en planches) *shed, hut.*
(servant de boutique) *stand, stall*
« baraque foraine » : *fairground stall, booth.*

Il vivait dans une **baraque** délabrée à l'écart de toute autre habitation.
He was living in a dilapidated **hut** *miles away from anybody.*

Les gens faisaient la queue devant les **baraques** foraines heureux de tenter leur chance.
People were queuing up at the fairground **stalls** *eager to try their luck.*

[...] *the ever present pulse of music from the neighbouring native* **huts**. *(E. Waugh)*
[...] l'éternel battement de la musique dans les **baraquements** indigènes du voisinage. (D. Aury)

Father McGahern had been in charge of the parish for a long time — ever since it had been a raw, unfinished housing estate, with a **prefabricated hut** *for a church.* (D. Lodge)
L'abbé McGahern s'occupait de cette paroisse depuis longtemps — depuis l'époque où elle n'était qu'un lotissement en cours de finition avec un **baraquement préfabriqué** pour église.

BASKET [bɑ:skɪt] n., panier

BASKETS

Il portait des **baskets.**
He wore **sneakers, tennis shoes, basketball boots.**

BASIN [beɪsn] cuvette, lavabo, récipient

Stanley took a sip. 'Hallo !' he said in an astonished voice, 'you've forgotten the sugar.' 'Oh, sorry !' But even then Beryl didn't help him ; she pushed the **basin** *across.* (K. Mansfield)
Stanley but une petite gorgée. « Tiens ! dit-il d'une voix étonnée, tu as oublié le sucre.
— Oh, désolée ! » Mais Beryl ne le servit pas pour autant ; elle lui avança le **sucrier**. (M. Merle)

BASIN (géog.) BASSIN

Nulle part en France, le voyageur ne rencontre de contrastes auussi grandioses que ceux offerts par le grand **bassin** du Couësnon. (Balzac)
Nowhere in France does the traveller meet contrasts of such grandeur as those offered by the great **basin** *of the Couesnon.*

BASSIN

[À la piscine]
Il avait nagé six longueurs du **bassin** et puis il s'était offert un Coca.
He had swum six lengths of the **pool** *and then treated himself to a coke.*

un bassin dans un parc : *ornamental pool, pond*
[...] her gaze [was] fixed on the sun-sheened waters of the **ornamental pond**. (W. de la Mare)
Le regard fixé sur le **bassin**, elle observait le miroitement de l'eau au soleil.

bassin de radoub : *dry dock*

BAZAAR [bəˈzɑ :ʳ] n., vente de charité.

She asked me was I going to Araby. *I forgot whether I answered yes or no. It would be a splendid* **bazaar** *; she said she would love to go.* (J. Joyce)

Elle me demanda :
— Allez-vous à l'Arabie ?
Je ne me rappelle plus si je répondis oui ou non.
— Ce doit être une **foire de charité** splendide, dit-elle, et j'aimerais tant y aller. (H. de Pasquier)
Elle me demanda si j'allais à l'Arabie. Je ne sais plus si je répondis oui ou non. Ce serait une **kermesse** merveilleuse, dit-elle ; elle aurait bien aimé y aller. (J. Aubert)

BAZAAR m, BAZAR
(En Orient) Quartier de petites boutiques (et / ou) marché

[In Darjeeling] The lower town is dominated by the **bazaar**. *From the bazaar radiate dirty alleys and steep trails.* (B. Mukherjee)
La ville basse est dominée par le **bazar.** De là rayonnent des ruelles crasseuses et des sentiers raides. (Y. Boutier)

Now he drove very fast, down the bush-lined highways, past the wide round-abouts, through the bumpy lanes of the Indian **bazaar** *— houses, shops and warehouses — to the city centre.* (V.S. Naipaul)
À présent il conduisait très vite, sur la chaussée qui longeait la brousse, traversant les larges carrefours, se dirigeant par les rues défoncées du **bazar** indien — maisons, boutiques et entrepôts — vers le centre de la ville. (A. Saumont)

m., BAZAR

1. (magasin où l'on vend de tout) **general store**

2. (désordre)
Quel **bazar** dans cette chambre *!*
What **a mess** *in this room !*

BENEFIT [benɪfɪt] n.,

1. Profit, avantage.
Despite alcohol's **benefits**, *many doctors, including Dr. Gaziano, hesitate to recommend that people drink to protect their hearts.* (New York Times)
Malgré ses **effets bénéfiques** sur le cœur, de nombreux médecins, dont le Dr. Gaziano, hésitent à prescrire l'usage de l'alcool. (M. Génuard)

2. Allocation, prestation.
unemployment benefit : allocation / indemnité de chômage

BENEFIT (moral, intellectuel) m., BÉNÉFICE

Let's give him the **benefit of the doubt.**
Accordons-lui le **bénéfice du doute**.

(financier) m., BÉNÉFICE
profit

Nous n'avons fait aucun **bénéfice** quand nous l'avons vendu.
We didn't make any **profit** *when we sold it.*

BENEVOLENT [bɪˈnevələnt] adj., bienveillant

BÉNÉVOLE
unpaid, voluntary

The letters and documents rescued from Joyce's apartment in Paris during the German occupation are expected to shed new light on his friendship with Paul Leon, who was his **unpaid** *secretary.* (The European)
On s'attend à ce que les lettres et documents récupérés dans l'appartement parisien de Joyce pendant l'occupation allemande apportent un nouvel éclairage sur son amitié avec Paul Léon qui fut son secrétaire **bénévole**.

BENIGN [bɪˈnaɪn] adj., bienveillant, affable ; docile, humble

The tramp had come in, **benign** *and rested and ready for his coffee and rolls.* (V.S. Naipaul)
Le vagabond était entré, bien reposé, **tranquille**, prêt à absorber son café et ses tartines. (A. Saumont)

Presently the colonel came in, with his stiff, halting step. [...] He looked **benignly** *at Linda.* (V.S. Naipaul)
Bientôt le colonel entra de sa démarche raide et dandinante. [...] Il s'adressa à Linda **avec bonhomie**. (A. Saumont)

BENIGN BÉNIN

a **benign** *tumour*
Une tumeur **bénigne**

BÉNIN
slight, minor, mild, harmless

I remember going to the British Museum one day to read up the treatment for some **slight ailment** *of which I had a touch — hay fever, I fancy it was.* (J.K. Jerome)
Je me souviens d'être un jour allé au British Museum pour me renseigner sur le traitement d'une **affection bénigne** dont j'étais atteint ; il s'agissait, je crois, du rhume des foins. (D. Lescanne)

[Un homme lit un dictionnaire de médecine.] *Bright's disease, I was relieved to find, I had only in a* **modified form**. (J. K. Jerome)
Le mal de Bright, je fus soulagé de le voir, je n'en souffrais que sous une **forme bénigne**. (D. Serval)

BIAS [ˈbaɪəs] n.,

1. Inclination, tendance, option spécifique
I sent my article to that [...] chap who advertised in the T.L.S. a couple of months ago. Starting up a new historical review with an international **bias.** (K. Amis)
J'ai envoyé mon article à ce type qui avait passé une annonce dans le T.L.S. il y a quelques mois, pour le lancement d'une nouvelle revue d'histoire visant à avoir une **audience** internationale.

2. Parti pris, prévention

BIAS m., BIAIS

The cloth was cut on the **bias.**
Le tissu était coupé dans le **biais.**

m., BIAIS
expedient

Par ce **biais**, il espérait parvenir à ses fins.
Using this **expedient** *he hoped to achieve his ends.*

BIGOT [ˈbɪgət] adj., fanatique, sectaire

BIGOT m., BIGOT

BIGOTED [ˈbɪgətɪd] adj., (*bigotry* : intolérance, fanatisme) sectaire

It was always the women, and above all the young ones, who were the most **bigoted** *adherents of the Party, the swallowers of slogans, the amateur spies and nosers out of unorthodoxy.* (G. Orwell)
C'étaient toujours les femmes, et surtout les jeunes, qui étaient les membres les plus **fanatiques** du Parti : elles gobaient les slogans, se faisaient espionnes amateurs et dépisteuses d'hérésies.

BLANK [blæŋk] adj., (visage) sans expression

Leamas knew his dossier, knew the photograph on the inside of the cover, the **blank**, *hard face beneath the flaxen hair.* (J. Le Carré)
Leamas connaissait son dossier et aussi la photo qui ornait l'intérieur de la couverture : le visage dur, **inexpressif**, les cheveux blond filasse. (M. Duhamel et H. Robillot)

BLANK BLANC

blank verse : vers blanc

BLANC
white

The whole of Crescent Bay was hidden under a **white** *sea-mist.* (K. Mansfield)
La Baie du Croissant toute entière était enfouie sous la **blancheur** d'une brume marine. (M. Merle)

BLESS (to) [ˈbles] v.,

The operation had been **blessed** *by the United Nations.*
Les Nations Unies avaient **donné leur bénédiction** à l'opération.

BLESSER
to injure, to wound

Il avait été **blessé** à la jambe.
He had been **wounded** *in the leg.*

BLOUSE [blauz] n., peut être rendu par « blouse » au sens de : « chemisier assez large », mais les équivalents les plus fréquents sont : « chemisier, corsage ».

une BLOUSE
an overall

BRANCH [brɑːntʃ] n., succursale

[Part of the President's success was due to his] habit of traveling to the homes of reporters for informal late-night chowdowns. Newsweek*'s Joe Klein joked that he 'felt like opening a* **branch** *of Domino's pizza'.* (The New Republic)
[Son succès était en partie dû à] l'habitude qu'il avait de se rendre au domicile des reporters en fin de soirée pour des petites bouffes décontractées. Joe Klein de *Newsweek* disait en plaisantant qu'il « avait envie d'ouvrir une **succursale** des Pizzas Domino ».

BRANCH f., BRANCHE

The bird was hopping from **branch** *to* **branch**.
L'oiseau sautait de **branche** en **branche.**

BRASSIERE (aussi : BRA) [ˈbræsɪəʳ] n., soutien-gorge

f., BRASSIÈRE
(Baby's) *vest* (G.B.), *undershirt* (U.S.)

BRAVE [breiv] adj., « brave » au sens de courageux

The young lady in the dining-room had a **brave** *face, black hair, blue eyes, and in her lap a big volume.* (H. James)
La jeune personne qui se trouvait dans la salle à manger avait un visage **intrépide**, les cheveux noirs, les yeux bleus et sur ses genoux reposait un épais volume.

But something within me said that by offering myself **bravely** *as the sole subject of such experience, by accepting, by inviting, by surmounting it all, I should serve as an expiatory victim.* (H. James)
Mais quelque chose en moi me disait qu'en m'offrant **courageusement** comme seul sujet d'une telle expérience, en l'acceptant, en le provoquant et en le surmontant totalement, je ferais office de victime expiatoire. (M. Nemer)

BRAVE

Attention que la place de l'adjectif en français a une incidence sémantique :

1. (Postposé) : courageux
Un homme **brave** : a **brave / courageous** *man*

2. (Antéposé) : honnête et bon avec simplicité
Ce sont de **braves** gens : *They are* **good/decent** *people.*
C'est un **brave** type : *He is a* **decent** *chap.*
C'est une **brave** fille : *She's a* **nice** *girl.*

He was a **good** *man, and I often recall the kind treatment I received at his hands.* (K. Carson)
C'était un **brave** homme et je me rappelle souvent la bienveillance avec laquelle il me traita.

Like many **good** *serious young men who never flirt, he was caught by the first determined young woman who wanted him, and at twenty-eight was already the slave of a house.* (J. Cary)
Comme beaucoup de **braves** jeunes gens sérieux qui ne flirtent jamais, il tomba entre les mains de la première jeune femme décidée qui jeta son dévolu sur lui, si bien qu'à vingt-huit ans il était déjà l'esclave d'un foyer.

« Dites, commissaire !... Croyez-vous qu'on l'ait tué ?... Je suis folle... Je... ».
Une **brave** femme, d'une quarantaine d'années, aux allures de bonne ménagère, que confirmait la propreté de son intérieur. (G. Simenon)
'Tell me, superintendent !... Do you think he was murdered ?... I am going mad... I...'
She was a **decent-looking** *woman of about forty, who looked like a good housewife, as was confirmed by the spotless house.*

BRAZIER [ˈbreɪzɪəʳ] n., brasero

Guy was momentarily reminded of Holy Saturday at Downside ; early gusty March mornings of boyhood ; the doors wide open in the unfinished butt of the Abbey ; half the school coughing ; fluttering linen ; the glowing **brazier** *and the priest with his hyssop, paradoxically blessing fire with water.* (E. Waugh)

L'espace d'un instant, Guy se revit le Samedi Saint à Downside ; les bourrasques de mars dans les petits matins de son enfance ; les portes béantes dans le fond inachevé de l'Abbaye ; la moitié de l'école qui toussait ; le linge qui flottait au vent ; le rougeoiement du **brasero** et le prêtre, l'hysope à la main, bénissant paradoxalement le feu avec de l'eau.

m., BRASIER

Généralement, à l'heure du dîner, nous nous trouvions tout près du Cours, chez Desnones, le charron, qui était aussi maréchal. [...] De la rue on entendait grincer le soufflet de la forge et l'on apercevait à la lueur du **brasier** [...] des gens de campagne qui avaient arrêté leur voiture pour causer un instant. (A. Fournier)
By supper-time, we were generally quite close to the School, in the smithy of Desnones, the wheelwright, who was also a blacksmith. From the street you could hear the smithy bellows squeaking and in the light of **the blazing fire** *you could see some country people who had pulled up their carts for a little chat.* (J. Lezon)

BREAK (a) [breɪk], une pause

I need a break : Il faut que je m'arrête.

un BREAK

estate car (Brit.)
station wagon (U.S.)

BRIBE [braɪb] n., pot de vin

BRIBE (to) [braɪb] v., soudoyer

He **bribed** *the two guards to look the other way.*
Il **a soudoyé** les deux gardes pour qu'ils regardent de l'autre côté.

(de conversation) BRIBES
snatches

Les autres journalistes se retrouveront au Booby, avenue Charles-de-Gaulle, la boîte *in* du N'Djamena *by night,* où l'on peut glaner les quelques **bribes** d'information qui traînent. (L'Express)
The others will meet at the Booby, avenue Charles-de-Gaulle, the in night-club of N'Djamena by night where you can glean the few **bits** *of information which might be floating around.*

BRIGADIER [brɪgəˈdɪəʳ] n., général de brigade

m., BRIGADIER
sergeant

BRUSHING [brʌʃɪŋ] n., le fait de brosser, de balayer

un BRUSHING
a blow-dry

Le prix moyen pour une coupe et un **brushing** à Londres est de vingt livres.
The standard price for a cut and **blow-dry** *in London is £ 20.*

C

CABINET [ˈkæbɪnɪt]

1. Conseil des ministres, gouvernement
a **cabinet** *reshuffle* : un remaniement **ministériel**

2. Meuble, vitrine

m., CABINET

1. (notaire) **office**
2.(médecin, dentiste) **surgery**
3. lavatory, toilet, loo (fam.)

CADET [kəˈdet] n., élève officier (d'une école militaire)

CADET (En fonction adjectivale) adj., CADET

The **cadet** *branch of the royal family*
La branche **cadette** de la famille royale

(l'enfant le plus jeune) n., CADET

The old man's **younger son**, *Charles's father, was left well provided for, both in land and money.* (J. Fowles)
Le **fils cadet** du vieillard, le père de Charles, se retrouva pourvu d'une coquette somme, en fortune comme en argent.

Dès que le c**adet** rentre, on l'envoie faire le tour des commerçants. (J. Romains)
As soon as **the younger son** *comes home he is sent round the shops.*

CAMPING [ˈkæmpɪŋ] n., le camping, le fait de camper

Camping *is prohibited near the river.*
Il est interdit de **camper** près de la rivière.

m., CAMPING
a campsite, camp site

L'été dernier nous avons trouvé un beau **camping** à cent mètres d'une plage.
Last summer we found a nice **campsite** *a hundred yards from the beach.*

+ « Camping-car » : **camper** ou **motorhome**

CANDID [ˈkændɪd] adj., franc

CANDIDE
naïve, artless, ingenuous

Vous êtes vraiment **candide** pour avoir cru qu'ils allaient vous embaucher comme ça.
It was **naïve** *of you to think that they were going to employ you in the first place.*

CANVAS [ˈkænvəs] n., (grosse) toile

Adam groped for the banister and slowly descended the stairs, impeded by the two **canvas** *holdalls he carried.* (D. Lodge)
Adam chercha la rampe à tâtons et descendit lentement l'escalier, gêné par les deux fourre-tout de **toile** qu'il portait.

m., CANEVAS

1. (ss. pr.) **canvas work**
Elle faisait du **canevas.**
She was doing **canvas-work tapestry**.

2. (ss. fig.) **framework, outline**
Le **canevas** de mon roman est tout prêt, il ne me reste plus qu'à l'écrire.
The **outline** *of my novel is ready, I only have to write it now.*

CAPABLE [ˈkeɪpəbl] adj.,

C'est lorsqu'il se rapporte à de l'inanimé que cet adjectif est un faux ami, il signifie alors : « susceptible de » :

Are real human beings becoming simply extended humours **capable of** *use, and does this cut one off from them a bit ?*(L. Durrell)
Les êtres humains dans la réalité se réduiraient-ils alors à être de simples incarnations d'humeurs **susceptibles de** servir les besoins de l'artiste et est-ce que cela nous en sépare quelque peu ?

CAPACITY [kəˈpæsɪtɪ] n.,

1. Compétence
The challenge facing the West is to resuscitate its investment and training. If the intellectual **capacity** *isn't there, the investments won't come.* (Newsweek)
Le défi auquel est confronté l'Occident, c'est de ranimer les investissements et de développer la formation professionnelle. Si les **compétences** intellectuelles sont absentes, les investissements ne viendront pas.

2. Qualité, titre
'They don't want me in any **capacity**. *Army, Navy, Air force, Foreign Office, one and all say the same thing — I'm too old.'* (A. Christie)
— Ils ne veulent de moi **nulle part**. L'armée de terre, l'armée de l'air, la marine, les Affaires étrangères, partout c'est la même réponse : j'ai dépassé la limite d'âge. (Chuquet et Paillard)

3. *There was a* **capacity attendance** *due to the popularity of the singer.*
C'était plein en raison de la popularité du chanteur.

CAPACITY f.,CAPACITÉ

The **capacity** *of the tank is two gallons.*
La **capacité** du réservoir est de neuf litres.

f., CAPACITÉ
ability, power

It was the first subject I had ever approached with full confidence in its value, for my own purpose, and a relative faith in my **power** *to render at least a part of what I saw in it.* (E. Wharton)
C'était le premier sujet que j'eusse jamais abordé en ayant pleine confiance en sa valeur pour ce que je voulais en faire, et une foi relative dans ma **capacité** de rendre au moins partiellement ce que j'y voyais. (P. Leyris)

Most of the people around me wore rubber flipflops, and had straw mats to lie on, though how they **can** *bear to spreadeagle themselves under this brutal sun baffles me.* (D. Lodge)
Autour de moi, la plupart des gens étaient chaussés de tongs en caoutchouc et équipés de nattes de paille pour pouvoir s'allonger. Encore que leur **capacité** à rester étendus de tout leur long sous ce soleil de plomb me parut stupéfiante. (D. Verheyde)

CAPITAL [ˈkæpɪtl] (adj., vieilli) excellent, fameux

A **capital** *joke :* une plaisanterie **excellente**.

[*She* = une chatte]
She is such a nice soft thing to nurse — and she's **such a capital** *one for catching mice.* (L. Carroll)
C'est si doux de la dorloter... et puis, elle est **sans rivale**, pour ce qui est d'attraper les souris. (H. Parisot)

CAPITAL CAPITAL

Capital *punishment* : la peine **capitale**

CAPITAL

The seven **deadly** *sins* : les sept péchés **capitaux**

CAPITAL n. f., CAPITALE

[After Clinton had been elected] the **capital** *seemed fun again.* (The New Republic)
[Après l'élection de Clinton] la **capitale** était redevenue un endroit où l'on s'amusait.

CAPTAIN [ˈkæptɪn] (dans la marine et l'aviation) ; commandant

CAPTAIN m., CAPITAINE

CAR [kɑ :ʳ] n., voiture, automobile

un CAR
coach, bus, van

Deux **cars** de touristes stationnaient au début du boulevard Soult. (P. Modiano)
Two tourist **coaches** *were parked at the start of the Boulevard Soult.* (B. Wright)

Le **car de ramassage scolaire** passe devant chez nous chaque matin à 8 heures.
The **school bus** *passes by our house at half past eight each morning.*

Car de police : *police* **van**.

CARGO [ˈkɑ :gəu] n., chargement, cargaison

The Man-Shan *was on her way from the southward to the treaty port of Fu-chan, with some* **cargo** *in her lower holds.* (J. Conrad)
Le *Man-Shan* venait du sud et faisait route vers le port de Fou-Tchéou avec un **chargement** dans ses cales. (J.F. Ménard)

m., CARGO
cargo ship, freighter

CARPET [ˈkɑ:pɪt] n., tapis, moquette

The club also had the red **carpet** *out.*
Le club avait également déroulé le **tapis** rouge.

[C'est un cafard qui parle] *Now we can walk all over the* **carpets** *with comparative impunity, because the clients of the Hotel Duke are too stoned blind to see us.* (P. Highsmith)
Aujourd'hui nous pouvons parcourir les **moquettes** en toute impunité car les clients de l'hôtel Duke sont trop défoncés pour nous voir. (G. Hardin)

f., une CARPETTE
a rug

CARTON [ˈkɑ:tən], boîte en carton

a carton of cigarettes : une cartouche de cigarettes

CARTOON [kɑ:ˈtu:n], dessin animé, dessin humoristique, caricature, bande dessinée

m., CARTON

(matière) **cardboard**
cardboard box

CASE [keɪs] n., affaire, dossier

The **case** *is officially closed.*
Le **dossier** est officiellement classé.

CASK [kɑ:sk] n., tonneau, fût

m., un CASQUE
a helmet

CASTOR ou **CASTER** [ˈkɑ:stə^{r}] n.,

1. Roulette
'Come up, Imogen, I must talk to you !' A disturbance of springs and squeaking **castors** *began : then bedclothes were pushed aside and Imogen's head appeared.* (A. Higgins)
« Lève-toi, Imogen, il faut que je te parle. » Il y eut un remue-ménage de ressorts et de **roulettes** qui grinçaient ; puis les couvertures furent écartées, et la tête d'Imogen parut.

2. Saupoudroir : salière, poivrière
(a pair of) castors : un huilier
Castor-sugar : sucre en poudre.

m., un CASTOR
a beaver

Un jour en marchant dans un bois nous avons vu un groupe de **castors** qui construisaient un barrage (en travers d'un ruisseau).
One day walking in a wood we saw a group of **beavers** *making/building a dam across a stream/brook.*

Par métonymie, *beaver* désigne « la fourrure du castor » et « un chapeau réalisé dans cette fourrure ».

Needless to say, Charles knew nothing of the **beavered** *German Jew quietly working, as it so happened, that very afternoon in the British Museum library.* (J. Fowles)
Il va sans dire que Charles ignorait tout du Juif allemand **à la toque de castor** qui travaillait en silence à la bibliothèque du British Museum, comme c'était justement le cas cet après-midi là. (Jury de CAPES)

Par métaphore, *beaver* peut servir à désigner une personne qui travaille beaucoup, comme dans l'expression : '*an eager beaver*'= « un bourreau de travail »

CATCH [kætʃ] n.,

1. Prise, pêche
Islanders and Grimsby men, Russian and Falmouth mackerel fishers, are forever competing for shrinking **catches**. (Time)
Les habitants des îles et les gens de Grimsby, les Russes et les pêcheurs de maquereaux de Falmouth se disputent sans cesse des **prises** de moins en moins importantes.

2. *There's a* **catch** : Il y a un **problème**.

le CATCH

All-in wrestling *was something I'd never given any thought to and I hadn't any idea how it was run.* (J. Wain)
Le catch était une chose à laquelle je n'avais jamais réfléchi et je n'avais pas la moindre idée de la façon dont il est organisé.

CAUTION [ˈkɔːʃən] n., prudence, précaution

f., CAUTION
bail ; security, guarantee

1. (justice) **bail**
He has been freed **on bail** *:* Il a été libéré **sous caution**.

2. (affaires) **security, guarantee**
[Bernard est propriétaire d'un appartement, qu'il loue]
Une vingtaine d'appels ont suffi. Grâce aux deux mois de **caution** et au loyer payable d'avance, Bernard a, du jour au lendemain, encaissé 36 000 francs. (Nouvel Observateur)
It just took him about twenty phone calls. Thanks to the standard two-months **advance payment** *and to the entire six months rent being paid ahead of time, Bernard collected 36,000 francs overnight.*

sujet à caution : *uncertain, unconfirmed*

CAUTION (to) [ˈkɔːʃən] v., mettre en garde

CAUTIONNER
to support

CAVE [keiv] n., caverne, grotte *(cf a grotto* : plus souvent une grotte artificielle, comme décoration dans un parc par exemple.)

The **caves** *are readily described. A tunnel eight feet long, five feet high, three feet wide, leads to a circular chamber about twenty feet in diameter. This arrangement occurs again and again, throughout the group of hills, and this is all, this is a Marabar Cave.* (E.M. Forster)

Les **grottes** sont vite décrites. Un tunnel de huit pieds de long, cinq pieds de haut et trois de large conduit à une chambre circulaire d'environ vingt pieds de diamètre. Cette disposition se répète sans cesse tout au long des collines. C'est tout. Voilà une grotte de Marabar. (C. Mauron)

Caveman : homme des cavernes.
Cave dweller : homme des cavernes, troglodyte.
To go caving : faire de la spéléologie

f., CAVE
cellar

Il a une **cave** excellente.
He keeps an excellent **cellar**.

CHAGRIN [ˈʃægrin] n., contrariété, dépit

To his great **chagrin** *his proposal was rejected.*
À son grand **dépit** sa proposition fut repoussée.

m., CHAGRIN
grief, sorrow

Une femme mince, au visage très jeune, mais fatigué, accueillit Malicorne. Un enfant de deux ans se tenait dans ses jupes, les yeux humides et regardant le visiteur avec une curiosité qui, déjà, lui faisait oublier **son chagrin**. (M. Aymé)
A slim woman with a very young but tired face greeted Malicorne. A watery-eyed, two year old child was hanging onto her skirt but the curiosity with which he watched the visitor made him quickly forget **his sorrows.** (N. Cooney)

[...] in college I was unjustly accused of being a politician, because I was privy to the secret **griefs** *of wild unknown men.* (F.S. Fitzgerald)
[...] à l'Université, on m'a injustement accusé de politicailler parce que j'étais le confident des **chagrins** secrets de garçons déréglés et inconnus. (V. Llona)

CHANCE [tʃɑ:ns] n., ne correspond qu'en partie à « chance », au sens de « hasard », « probabilité ».

[Il s'agit d'un jeune homme qui a connu la misère et des emplois peu rémunérés.] **A fortunate chance** *lifted him to a somewhat higher estate when he found employment as an assistant to a traveling photographer.* (J. Korg)
Sa situation se trouva quelque peu améliorée lorsqu'**un heureux hasard** lui permit de trouver un emploi d'assistant auprès d'un photographe itinérant.

by chance : par hasard
The present world chaos is not just by **chance**. (Newsweek)
Le chaos actuel du monde n'est pas seulement dû au **hasard**.

[À la mort de la reine Victoria] *Never again would a queen reign so long, or people* **have a chance** *to see so much history for their money.* (J. Galsworthy)
Jamais plus une reine ne règnerait si longtemps et jamais plus les gens n'**auraient l'occasion** de voir enterrer autant d'histoire pour le même prix.

a **chance** *encounter :* une rencontre **fortuite**

CHANCE f., CHANCE

George had arranged his career in a quite exceptional way. It is true that **chance** *had served him ; but then he had known how to make use of chance to the highest advantage. The chance that had served him lay in the facts that Mary Peel had*

fallen gravely in love with him, that her sole surviving relative was a rich uncle, and that George's surname was the same as hers, and her uncle's. (A. Bennett)
George avait organisé sa carrière d'une manière tout à fait exceptionnelle. Il est vrai que la **chance** l'avait servi, mais il avait su quant à lui en profiter au maximum. Cette chance, c'était que Mary Peel était tombée sérieusement amoureuse de lui, qu'elle n'avait plus pour seul parent qu'un riche oncle, et que le nom de famille de George était le même que celui de Mary et de son oncle.

f., CHANCE
luck, opportunity

avoir des chances de : **to be likely to**
The more comfort is brought into the world, the more it **is likely to** *be valued.* (A. Huxley)
Plus on introduit de confort dans le monde, plus il **a de chances** d'être apprécié.

Voici un extrait qui permet de contraster la valeur de *'chance'* avec celle de *'be fortunate'* :
I believe married life is no easy thing even when the people are well matched. [...] You may **be fortunate** *; I only say that the* **chances are very much against it,** *marrying from such motives as you confess.* (G. Gissing)
Je crois que la vie conjugale n'est pas facile même quand les conjoints sont bien assortis. [...] Vous aurez peut-être de la **chance** ; tout ce que je dis, c'est que **ça ne me semble pas du tout devoir être le cas** en vous mariant pour les motifs que vous avouez. (Coustillas et Calbris)

CHANDELIER [ʃændəˈlɪə^r] n., lustre

A two-light **chandelier** *hung from the ceiling, weighed down on one side by a patent gas-saving mantle and a glass shade.* (A. Bennett)
Au plafond pendait un **lustre** à deux branches, qui penchait d'un côté sous le poids conjugué d'un manchon à incandescence et d'un abat-jour en verre.

CHANDELIER
candlestick, candelabra (s'il y a plusieurs branches)

À chaque extrémité de la cheminée il y avait un **chandelier.**
There was a **candlestick** *at either end of the mantelpiece.*

CHARACTER [ˈkærɪktə^r] n.,

1. Un personnage
There are only two **characters** *in the play.*
Il n'y a que deux **personnages** dans cette pièce.

There were eccentric **characters** *in the hotel. The Paris slums are a gathering-place for eccentric people.* (G. Orwell)
Il y avait des **personnages** étranges à l'hôtel. Les taudis de Paris sont le point de chute de gens bizarres. (Y. Boutier)

2. Un original
He is quite a **character**.
C'est un **original** / un phénomène.

3. Les caractéristiques, la nature.
[À l'intérieur d'un musée américain] *Near the map, several dime-store indians — whose faces were actually modelled on the features of the store owners — are lined up, but their backs are turned to the exhibition's visitors. Their gaze is*

directed instead to a wall display of 20th century photographs of Americain Indians who stare back at them. The point being made is that the real **character** *of American Indians in Maryland has been erased, and replaced by stereotypes.* (The Economist)
À côté de la carte, plusieurs effigies d'Indiens comme on en trouvait dans les bazars (et dont les visages étaient en fait inspirés des traits des propriétaires de ces magasins) mais ils tournent le dos aux visiteurs de l'exposition. Ils ont le regard tourné vers le mur sur lequel sont exposées des photographies d'Indiens d'Amérique qui ont été réalisées au XXe siècle et ceux-ci les dévisagent en retour. Le message que l'on essaie de faire passer c'est que la **nature** véritable des Indiens du Maryland a été gommée pour être remplacée par des stéréotypes.

4. Aspect, air
His cheekbones also gave his face a harsh **character**. (J. Joyce)
Ses pommettes donnaient également à son visage un **air** dur. (Y. Fernandez)

m., CARACTÈRE

Il a **mauvais caractère**.
He is **bad-tempered**.
He is a **disagreeable sort**.

La petite annonce disait : « **maison de caractère** dans village paisible ».
The ad said : '**Traditional house** *available in peaceful village.'*

CHARGE[tʃɑ:dʒ] n.,

1. Prix
The **charge** *is £5 :* le **prix** est de cinq livres.

2. Responsabilité
[Le chef de gare est absent. « *He* » désigne le sous-chef de gare] *He was half irritated at having to do the station master's chores, which he'd done poorly, and half thrilled at the prospect of* **being in charge.** (J. Irving)
Il était partagé entre d'une part l'irritation à l'idée de devoir faire les corvées qui incombaient au chef de gare (il s'en était acquitté médiocrement) et d'autre part le plaisir que lui causait la perspective **d'être le chef.**

3. Personne dont on a la charge
Through the open window we saw our stand-in parson, the Rev. Browell, making his way along the road with great deliberation, and repeating at intervals, to no one in particular : 'we're in God's hands, we're in God's hands'. He had a bustling, purposeful air about him, like a teacher marshalling **his charges**. (M. Muggeridge)
Par la fenêtre ouverte, nous aperçûmes notre pasteur par intérim, le révérend Browell, qui s'avançait sur la route d'un pas fort décidé, en répétant à intervalles réguliers, sans s'adresser à qui que ce soit en particulier : « Nous sommes entre les mains de Dieu, nous sommes entre les mains de Dieu ». Il émanait de sa personne une énergie et une détermination qui faisaient penser à un instituteur occupé à mettre **son petit monde** au pas.

4. Accusation
All of his efforts and money were used to keep his friend out of jail because of such **charges** *as theft, committing public indecencies, and assault and battery.* (C. McCullers)
Tous ses efforts et tout son argent furent consacrés à sauver son ami de la prison lorsqu'il était **inculpé** de vol ou d'outrages à la pudeur ou de coups et blessures. (M.M. Fayet)

CHARGES f., CHARGES

The rent was £ 200 per month **service / maintenance charges** *included.*
Le loyer était de deux mille francs par mois, **charges** comprises.

f., CHARGE
burden

Je ne voudrais pas être **une charge** pour mes enfants quand je vieillirai.
I wouldn't like to be **a burden** *to (dependent upon) my children when I grow old.*

Un témoin **à charge** : *a witness* **for the prosecution**

CHARGE (to) [tʃɑ:dʒ] v.,

1. Faire payer
How much do you **charge** *for... ?*
C'est combien ? Vous **demandez** / Vous prenez combien pour... ?

[Conversation entre un médecin et un marchand d'aspirateurs]
'People have to get ill, they don't have to buy vacuum cleaners'.
'But you **charge** *them more'.* (Gr. Greene)
— Les gens ne peuvent s'empêcher de tomber malades. Ils ne sont pas forcés d'acheter des aspirateurs.
— Mais vous les **faites payer** davantage. (M. Sibon)

To the left in the lobby is an even darker hole called Dr Toomuch's Dance Floor. They **charge** *two dollars admission, payable at the inside-the-lobby door.* (P. Highsmith)
À gauche dans le hall se trouve un antre encore plus sombre, qu'on appelle Dancing du Dr Toomuch. L'entrée **coûte** deux dollars, payables à la porte dans le hall. (G. Hardin)

2. Accuser (de), inculper
Now, in a plea bargain, Mr Gilloly has alleged that his ex-wife was also involved in the plan. Miss Harding denies it and has not been **charged**. (The Economist)
Lors de négociations entre le juge et l'avovat de la défense, M. Gilloly a prétendu que son ancienne épouse était impliquée dans l'affaire. Celle-ci nie les faits et n'a pas été **inculpée**. (R. Alimi)

[Un journaliste dénonce les abus de l'administration contre un maraîcher exproprié]
Only at the end of the article were the villains named. Bureaucratic clerks in all their hideous, inhuman behaviour were **charged with** *the deed ; but they were only the instruments of tyranny.* (A. Wilson)
Ce n'est qu'à la fin de l'article que les scélérats étaient dénoncés. La responsabilité de cet acte était **imputée** à des employés de bureau, seuls capables d'un comportement aussi horrible et inhumain, mais ils n'étaient que les instruments de la tyrannie.

CHARGE (to) CHARGER

With relief she saw that the door on to the platform was open ; she would have only to get by those who filled the entrance. She began her cries of 'Pardon !' once more and **charged**. (P. Bowles)
[Dans un train] Elle vit avec soulagement que la porte donnant sur la plate-forme était ouverte ; il lui suffirait de franchir ceux qui en bloquaient l'accès. Elle se remit à crier « Pardon ! » et **fonça**.

The captain drew his sword and the batalion **charged on** *the enemy.*
Le capitaine tira son sabre et le bataillon **chargea** l'ennemi.

CHARGER (de)

« On a frappé » dit Henri ; il se précipita vers la porte ; c'était les Dubreuilh, **chargés de** paniers et de cabas (S. De Beauvoir)
'That was a knock' Henri said rushing to the door ; it was the Dubreuilhs, **loaded down with** *baskets and bags.*

Il [l'empereur Frédéric II] confia un certain nombre de nouveaux-nés à des nourrices **chargées de** les nourrir et de les baigner. (F. Truffaut)
He entrusted a certain number of new-born babies to nurses **with orders (instructions)** *to feed and bath them.*

CHARIOT [ˈtʃærɪət] n., char

The crowd was thrilled when Ben hur appeared on his **chariot.**
Un frisson parcourut la foule quand Ben hur apparut sur son **char.**

m., CHARIOT
a cart, a trolley

Un chariot *rempli de betteraves montait péniblement la côte.*
A cart loaded with beet was crawling up the slope.

Il se gara et ensuite prit un **chariot** qui se trouvait devant le supermarché.
He parked and then took a **shopping trolley** (G.B.) / **shopping cart** (U.S.) *from in front of the supermarket.*

[Dans l'avion] *The girl and the man, the two of them, pushed a little* **trolley** *of drinks down the aisle.* (V.S. Naipaul)
La fille et l'homme ont poussé ensemble dans l'allée un petit **chariot** de boissons. (A. Saumont)

CHASE [tʃeɪs] n., poursuite

f., CHASSE

1. **hunting**, terme le plus général, mais utilisé également pour la chasse à courre.

Une petite cavalcade, composée de trois hommes et de deux pages, rentra par le pont de la ville sans produire d'autre effet sur les promeneurs du quai qu'un [...] mouvement de la langue pour exprimer cette idée [...] :
— Voici Monsieur qui revient de la **chasse**. (A. Dumas)
A little cavalcade, composed of three men and two pages, re-entered the city by the bridge, without producing any other effect upon the strollers of the bank beyond a [...] movement of the tongue to express [...] :
'There is Monsieur returning from **hunting**.*'* (Th. Pederson)

+ chasse à l'homme : **manhunt**

2. **shooting**, chasse au fusil pour le petit gibier

CHASE (to) [tʃeɪs] v., poursuivre

CHASSER

1. (Sport) **shooting, hunting**

2. (Chasser d'un lieu) **to drive away, to chase away, off, out**

Il vécut alors enfermé dans sa chambre. Le froid **l'en chassa** bientôt. (Aveline)
He then took to living shut up in his bedroom. The cold soon **drove him out**.

m., CHASSEUR

It is Vic's impression that English Wildlife is getting streetwise, moving from the country into the city where the living is easier — where there are no traps, pesticides, **hunters and sportsmen**. (D. Lodge)
Vic a l'impression que les animaux sauvages commencent à s'urbaniser en Angleterre : ils quittent la campagne pour s'établir en ville où la vie est plus facile — pas de pièges, pas de pesticides ni de **chasseurs ou d'amateurs de gibiers**. (M. et Y. Couturier)

CHEMIST [ˈkemɪst] n., pharmacien

The **chemist** *read the prescription and went to the storeroom for the medicines.*
Le **pharmacien** lut l'ordonnance et puis alla chercher les médicaments dans sa réserve.

CHEMIST m., f., CHIMISTE

Son fils trouva un emploi de **chimiste** en Allemagne.
His son found a job as **a chemist** *in Germany.*

CHIMNEY [ˈtʃɪmnɪ] n., f., CHEMINÉE

1. (Cheminée extérieure)
Depuis sa mansarde, il ne voyait que des toits, des **cheminées** et des antennes de télévision.
All he could see from his attic was roofs, **chimney tops/stacks** *and television aerials.*

2. (Le conduit de la cheminée)
'Well, sir, I should like, if you will allow me, to draw your attention to an ingenious little contrivance — an absolute cure for smoky **chimneys**' (G. Gissing)
« Eh bien, monsieur, j'aimerais, si vous voulez bien me le permettre, attirer votre attention sur une ingénieuse petite invention — un remède infaillible contre les **cheminées** qui tirent mal ».

f., CHEMINÉE

mantelpiece (cheminée intérieure dont une partie forme tablette)
Un soir, à cause d'une panne d'électricité, la pièce était éclairée par une lampe à huile posée sur **la cheminée**. (P. Modiano)
One evening, because of a power cut, the room was lit by an oil-lamp on **the mantelpiece**.

hearth, fireplace (cheminée intérieure où brûle le feu)
Un feu pétillait dans la **cheminée**
A fire was crackling in the **hearth/fireplace/grate**.

funnel (cheminée de bateau)
A large crowd of several hundred people had turned out to welcome and admire the Königsberg, In the morning sun its slim lines and three tall **funnels** *stood out with emphatic sharpness.* (W. Boyd)
Plusieurs centaines de personnes étaient venues accueillir et admirer le Königsberg dont les lignes élancées et les trois **cheminées** prenaient tout leur relief dans la lumière du matin. (Chr. Besse)

air shaft, ventilation shaft (cheminée d'aération)

[C'est un cafard qui parle]
The hotel has six floors, and I usually take the elevator, or the lift as people say lately, imitating the English. Why climb those grimy cement **air shafts**, *or creep up staircase, when I can leap the mere half-inch gap between floor and lift and whisk myself safely into the corner beside the operator at the controls ?* (P. Highsmith)
Il y a cinq étages dans cet hôtel, et d'habitude, je prends l'ascenseur (ou le *lift* comme on dit depuis peu pour faire comme les Anglais). Pourquoi escalader ces crasseuses **cheminées d'aération** en ciment, ou se traîner d'escalier en escalier quand je puis, d'un bond, franchir le petit espace d'un demi-pouce entre le palier et l'ascenseur, et me glisser prestement, en toute sécurité, dans le coin près du garçon installé aux commandes ? (G. Hardin)

CHIPS [tʃips]

1. Copeau, éclat.

Cf. l'expression : *He's a chip off the old block.* : C'est bien le fils de son père.

2. Des frites (syn. : *French fries*)

*'This isn't the prettiest part of Warley', Mrs Thompson said, waving her hand in a gesture which included a big mill, a fish-and-***chip** *shop, and a seedy-looking Commercial Hotel.* (J. Braine)
« Ce n'est pas le coin le plus joli de Warley », dit Mrs Thompson avec un geste qui embrassait une grande fabrique, un débit **Frites** et Poissons et un Hôtel du Commerce à l'aspect miteux. (Chauffeteau et Vivier)

3. Puce d'ordinateur

CHIPS
crisps

Il nous apporta quelques **chips** avec notre verre.
He brought us a few **crisps** *with our drinks.*

CHORD [kɔ:d] n., accord

Myriam, dolled up in gold and jet for Friday night, picks at her food indifferently and offers a spoonful to the kid ; the reach of her slender white braceleted arm across the steaming table rings a barbaric **chord** *into the scene.* (J. Updike)
Miriam, parée d'or et de jais pour le vendredi soir, chipote avec sa nourriture et en tend une cuiller au gamin ; son bras blanc et mince, couvert de bracelets, lorsqu'il se déploie à travers les vapeurs montant de la table, jette dans la scène des **accords** barbares.

CHORD f., CORDE

to touch the right **chord**
toucher la **corde** sensible

CORDE
rope

CHRIST [kraɪst] (Juron), Merde (alors) ! Bon Dieu !

[« *He* » désigne un espion, le premier locuteur est une femme.]
'He knows one of the Vopos there, the son of his landlord. It may help. That's why he chose this route'.
'And he told you that ?'
'He trusts me. He told me everything.'
'Christ'. (J. Le Carré)

— Il connaît un des Vopos, le fils de son propriétaire. Ça peut être utile. Et c'est pourquoi il a décidé de passer par ici.
— Et il vous l'a dit, à vous ?
— Il a confiance en moi, il m'a tout raconté.
— **Eh ben, merde alors !** (M. Duhamel et H. Robillot)

CHRIST LE CHRIST

The first Christian translators were the four Evangelists who recorded in Greek what **Christ** *and his disciples had said in Aramaic.* (L. Kelly)
Les premières traducteurs chrétiens furent les Évangélistes qui consignèrent en grec ce que le **Christ** et ses disciples avaient dit en araméen.

m., CHRISTIANISME
christianity

Le terme « *christianism* » n'existe pas, c'est un barbarisme.

CHUTE [ʃu:t] n., glissière, toboggan

refuse-chute : vide-ordure

f.,CHUTE
fall

CIRCULATION [sɜ:kju'leɪʃən] n., tirage d'un journal, diffusion

Men's Health *has grown in* **circulation** *to 1.3 million in nine years.* (The New York Times)
Le **tirage** de *Men's Health* est passé à 1,3 millions d'exemplaires en neuf ans.

CIRCULATION (du sang, de l'information) f., CIRCULATION

'She's got poor blood **circulation***.'*
« Elle a une mauvaise **circulation** du sang. »

(automobile) f., CIRCULATION
traffic

Il y a beaucoup de **circulation** sur les routes au début du week-end.
There's a lot of **traffic** *on the roads at the beginning of the week-end.*

CITY ['sɪtɪ], ville

city centre : centre (de la) ville

CITY (à Londres) la CITÉ

The stewardess thought he was interesting. [...] She guessed he was single, which was half true. Somewhere long ago there had been a divorce ; somewhere there were children, now in their teens, who received their allowance from a rather odd private bank **in the City**. (J. Le Carré)
L'hôtesse lui trouva l'air intéressant. [...] Elle se dit qu'il devait être célibataire, ce qui n'était qu'à moitié vrai. Quelque part, il y a longtemps, il y avait eu un divorce ; quelque part, il y avait des enfants, maintenant adolescents, qui recevaient une pension d'une banque privée un peu bizarre située **dans la Cité de Londres**.

CITÉ
(housing) estate

La **cité** Monthiers se trouve prise entre la rue d'Amsterdam et la rue de Clichy. (J. Cocteau)
The Monthiers **estate** *is hemmed in between the rue de Clichy and the rue d'Amsterdam.*

CIVET ['sɪvɪt] n., (petit mammifère ressemblant à la martre), civette

m., CIVET
stew

CLERICAL ['klerɪkəl] adj., de bureau

The Odd Women *(1893) deals in part with an institution founded on charitable principles to train women and girls for* **clerical** *work.* (P.M. Yarker)
Femmes en trop (1893) est en partie l'histoire d'une institution charitable destinée à former les femmes et les jeunes filles à des emplois **de bureau.**

'The groans of this sick person', he said, 'distract my attention. And without that it is extremely difficult to guard against **clerical errors** *in this climate'.* (J. Conrad)
« Les gémisssements de ce malade, dit-il, m'empêchent de me concentrer. Et sans concentration, il est extrêmement difficile d'éviter les **erreurs d'écriture** sous ce climat. » (C. Pappo-Musard)

CLERICAL CLÉRICAL

Father Quigley pulled the ends of his black **clerical** *waistcoat down over his hard narrow stomach.*(B. Moore)
Le père Quigley tira les pointes de son gilet noir **d'ecclésiastique** sur son ventre étroit et ferme.

CLIENT ['klaɪənt] (professions libérales, services) m., CLIENT

L'appellation est valorisante dans un magasin.

[La femme de Christopher voudrait que des reporters viennent chez eux photographier sa collection d'animaux empaillés.]
'I'm a respected sollicitor — still going up to London once or twice a week. I don't want my private address to be bruited about. My **clients** *and colleagues for the most part know my London whereabouts, only !'* (P. Highsmith)
« Je suis un avoué respecté. Je continue à aller à Londres une ou deux fois par semaine. Je ne veux pas que mon adresse personnelle soit divulguée partout. Mes **clients** et mes collègues, pour la plupart, ne connaissent que mes coordonnées londoniennes. » (M. Sarfati)

Women's hair dressers obey some obscure law of nature which rules that, contrary to what is the case in other spheres, the more expensive the firm the less is the privacy given to the **clients**. (I. Murdoch)
Les salons de coiffure pour dames semblent obéir à une mystérieuse loi naturelle en vertu de laquelle, à l'inverse de ce qui se produit dans les autres domaines, plus le magasin est luxueux moins l'on accorde d'intimité aux **clientes**.

m., CLIENT

customer (appellation générale)
J'écoutais le barman dont le visage s'est effacé de ma mémoire. Il parlait à un autre **client**. (P. Modiano)

I listened to the barman, whose face I have completely forgotten. He was talking to another **customer**. (B. Wright)

practice (clientèle d'un homme de loi, d'un médecin)

In '37, when she [Queen Victoria] came to the throne, [...] James [was] a stripling of twenty-six, just laying the foundations of his **practice** *in the Law.* (Galsworthy)

En '37 quand elle était montée sur le trône, [...] James, qui était alors un jeune homme de 27, commençait tout juste à se faire une **clientèle** d'homme de loi.

fare (taxi)

'I've never seen any of those taxis in use ; they just wait here, day by day and year by year, for **fare** *who never come. I sometimes wonder how they live.'* (J. Braine)

Je n'ai jamais vu ces taxis servir. Ils sont toujours là, ils attendent, jour après jour, année après année, des **clients** qui ne viennent pas. Je me demande parfois comment ils vivent.

COLLEGE [ˈkɒlɪdʒ] n., université

The abnormal mind is quick to detect and attach itself to this quality when it appears in a normal person, and so it came about that **in college** *I was unjustly accused of being a politician, because I was privy to the secret griefs of wild, unknown men.* (F.S. Fitzgerald)

Un esprit anormal est prompt à découvrir cette qualité et à s'y attacher, quand elle se montre chez quelqu'un de normal ; voilà pourquoi, **à l'université,** on m'a injustement accusé de politicailler parce que j'étais le confident des chagrins secrets de garçons déréglés et inconnus. (V. Llona)

m., COLLÈGE

(G.B.) **secondary school,** (U.S.) **high school**.

D'Angleterre où il a passé cinq ans au **collège** et à l'Université, il est venu se fixer à Paris où il a épousé une jeune fille de la colonie chilienne. (P. Morand)

From England where he spent five years at a **secondary school** *and at University, he came and settled in Paris where he married a young lady from the Chilean community.* (Jury de CAPES)

COLON [ˈkəulən] n., deux-points (en ponctuation)

m., COLON
settler

COMEDIAN [kəˈmi:dɪən] n., acteur comique

m., COMÉDIEN
actor

Ce qui fascine chez Marilyn, plus que sa beauté éblouissante, plus que son talent de **comédienne** — bien réel ! — c'est l'innocence qui transparaît à travers sa sensualité. (Le Monde)

What is so fascinating about Marilyn, more than her very real talent as an **actress**, *is the innocence which shows through her sensuality.*

COMMAND [kəˈmɑ:nd] n.,

1. Ordre (syn. : *order*), commandement (cf. ci-après)

[Hathaway voit des panneaux de publicité subliminale partout.]

Hathaway started to protest, and Franklin raised his hand firmly. 'Listen. For the last time, if you can show me one of these signs, and prove it's transmitting subliminal **commands**, *I'll go to the police with you. But you haven't got a shred of evidence, and you know it'.* (J.G. Ballard)
Hathaway commença à protester, mais Franklin l'arrêta d'un geste ferme de la main. « Écoutez. Pour la dernière fois, si vous pouvez me montrer un de ces panneaux et prouver qu'il transmet des **ordres** subliminaux, je vous accompagnerai à la police. Mais vous n'avez pas la moindre preuve et vous le savez. »

He had twenty men **under his command** : il avait vingt hommes **sous ses ordres**.
(cf. aussi à « *diminutive* » : « *responding nimbly to foreign command* »)

2. Maîtrise, connaissance
This [= l'étude de la grammaire] *entails having a native or near-native* **command** *of the language in question.* (R. Quirk)
Ceci suppose que l'on ait une **maîtrise** de la langue concernée, analogue à celle d'un locuteur natif ou presque.

f., COMMANDE

1. order
Un bon de **commande** : *an* **order** *form*

[Au café] Un homme au physique d'ancien moniteur de ski est venu prendre la **commande**. (P. Modiano)
A man with the physique of a former ski instructor came to take our **order**. (B. Wright)

2. Les **commandes** d'un avion : *a plane's* **controls**

COMMAND (to), COMMANDING [kə'mɑ:nd] [kə'mɑ:ndɪŋ], dominer, être important, surveiller

[Le portrait de Big Brother] *The black-moustachio'd face gazed down from every* **commanding** *corner.* (G. Orwell)
De tous les carrefours **importants**, le visage à la moustache noire vous fixait du regard. (Audiberti)

The figures upon the high terrace were those of two women wearing dark furs, and the collars of these fur coats were turned up about their faces so that from this distance below them they gave an impression of being two exotics giant birds that **were commanding** *a precipice.* (T. Williams)
Les silhouettes là-haut sur la terrasse étaient celles de deux femmes portant des manteaux de fourrure sombre dont les cols étaient relevés et masquaient leurs visages de sorte que de loin et en contrebas elles faisaient penser à deux étranges oiseaux gigantesques **postés** au bord d'un précipice.

COMMAND (to) COMMANDER

COMMANDMENT [kə'mɑ :ndmənt] (religieux)m., COMMANDEMENT

The ten **Commandments**
Les dix **commandements**

(militaire) m., COMMANDEMENT
command

Les hommes descendaient de wagon [...] et se rangeaient par quatre à la sortie des quais où de jeunes officiers [...] prenaient leur **commandement**. (F. Carco)

The men got down from the waggons [...] and formed fours at the end of the platforms where young officers [...] took them **in command.**

COMMEND (to) [kə'mend] v., faire l'éloge de

COMMANDER
to command, to order

Il parlait vite, avec sécheresse, comme quelqu'un qui doit improviser un discours et qui préfère **commander.** (Ph. Soupault)
He spoke quickly and sharply like someone who has to improvise a speech and prefers **to give orders.**

« C'est moi qui **commande** ici ! » aimait-il à rappeler en cas de discussion.
'I am **the boss** *around here !' he was fond of reminding when there was an argument.*

COMMODIOUS [kə'məudɪəs] adj., (Lg st, vx) « vaste, spacieux » (plus souvent : *large, roomy, spacious*)

They have a **commodious** *house.*
Ils ont une maison **spacieuse.**

adj., COMMODE
convenient, etc.

J'ai retourné ma chaise et je l'ai placée comme celle du marchand de tabac parce que j'ai trouvé que c'était plus **commode**. (A. Camus)
I turned my chair round like the tobacconist's because I found it more **comfortable** *that way* (J. Laredo)

Une manière **commode** de faire la connaissance d'une ville est de chercher comment on y travaille, comment on y aime et comment on y meurt. (A. Camus)
Perhaps the **easiest** *way of making a town's acquaintance is to ascertain how the people in it work, how they love, and how they die.* (St. Gilbert)

Après le déjeuner, je me suis ennuyé un peu et j'ai erré dans l'appartement. Il était **commode** quand maman était là. Maintenant il est trop grand pour moi et j'ai dû transporter dans ma chambre la table de la salle à manger. (A. Camus)
After lunch I was a bit bored and I wandered around the flat. It was **just right** *when mother was here. But now it's too big for me and I've had to move the dining-room table into my bedroom.* (J. Laredo)

f., COMMODE
a chest of drawers

COMMODITY [kə'mɒdɪtɪ] n., produit, article, denrée

Why the classic novel should have collaborated with the spirit of capitalism is perfectly obvious to Robyn. Both are expressions of a secularized Protestant ethic. [...] This is true of the novel considered both as **commodity** *and as mode of representation.* (D. Lodge)
Que le roman classique ait puissamment contribué à la montée de l'esprit capitaliste, cela ne fait aucun doute aux yeux de Robyn. Ils sont l'un et l'autre l'expression d'une éthique protestante sécularisée. [...] Cela est vrai du roman en tant que **marchandise** et en tant que mode de représentation. (M. et Y. Couturier)

[Il s'agit d'un texte traitant de l'introduction du thé en Angleterre au XVIIIe siècle.]
To ensure the servants weren't tempted by this priceless **commodity**, *the 'caddy' was kept locked and only the mistress of the house held the key and prepared tea when guests came to visit.* (Hello Britain)
Afin d'être sûr que les domestiques ne puissent être tentés par cette précieuse **denrée**, la boîte était enfermée à clé par la maîtresse de maison et seule elle y avait accès lorsqu'elle avait besoin de préparer le thé pour les invités.

f., COMMODITÉ
convenience, comfort

The westernized Indian had shortened Darjeeling to Darj and endowed it with **the comforts** *of a newer, stranger exile.* (B. Mukherjee)
L'indien occidentalisé avait abrégé le nom de Darjeeling en Darj et avait doté l'endroit des **commodités** d'un exil plus neuf et plus étrange. (Y. Boutier)

COMMOTION [kə'məuʃən] n., remue-ménage

You never saw such a **commotion** *up and down a house in all your life, as when my uncle Podger undertook to do a job.* (J.K. Jerome)
Quand mon oncle Podger entreprenait de faire un petit arrangement, c'était du haut en bas de la maison un **remue-ménage** comme personne n'en a jamais vu de sa vie. (D. Serval)

As Morgan approached the quarter he became aware of sounds of muted **commotion**. *He could hear the babble of excited voices and a soft chanting wail of lamenting women.* (W. Boyd)
En approchant, Morgan perçut les bruits d'une sourde **agitation**, des conversations excitées et une mélopée de femmes en pleurs. (Chr. Besse)

f., COMMOTION
(plus souvent) *a shock*

COMPLACENCY [kəm'pleɪsnsɪ]

With infinite **complacency** *men went to and fro over this globe about their little affairs, serene in their assurance of their empire over matter.* (H.G. Wells)
Avec une **suffisance** infinie, les hommes allaient deci-delà par le monde, vaquant à leurs petites affaires, dans la sereine sécurité de leur empire sur la matière. (H. Davray)

f., COMPLAISANCE

1. **kindness**
2. (Plus souvent) **leniency**, **indulgence**.
3. **Self-satisfaction**, **complacency**.

COMPLAINT [kəm'pleɪnt] n.,

1. Une maladie, une affection
2. Une plainte, une réclamation

une COMPLAINTE
a lament, a mournful song

COMPLEMENT ['kɒmplɪmənt] n.,

1. « Complément » du verbe, le plus souvent « attribut ».

The type of nominal construction I propose to deal with occurs in main clauses as well as relative clauses, and it breaks down into the following basic constituents :
1) an abstract noun which generally functions as the sentence subject.
2) a finite form of the verb "to be"
3) a **complement.** (J.D. Gallagher)
Le type de construction nominale dont je vais traiter se rencontre dans les propositions principales ou les relatives ; ses constituants immédiats sont les suivants :
1) un nom abstrait qui fonctionne généralement comme sujet de la phrase
2) une forme conjuguée du verbe « *to be* »
3) **un attribut**

2. *[Staff etc]* le personnel tout entier, effectif complet *; with full complement* : au grand complet.

The third-class carriage **had its complement** *of passengers, all going to Brighton for a holiday, all noisily talkative and joyously perspiring.* (G. Gissing)
Le wagon de troisième classe **était rempli** de voyageurs qui tous allaient en vacances à Brighton, ils bavardaient tous bruyamment et transpiraient allègrement.

m., COMPLÉMENT
rest, remainder

COMPLEMENT(to) ['kɒmplɪmənt] v.,

They **complemented** *each other perfectly, what he lacked in personality she made up with poise.*
Ils se **complétaient** admirablement, elle compensait par son assurance son manque de personnalité.

COMPLETE (to) [kəm'pli:t] v.,

1. Terminer
'What's he saying ?' said the American. Leamas didn't reply. Picking up a spare pair of binoculars, he gazed fixedly toward the East German controls.
'Document check **completed,** *admitted to the second control.'* (J. Le Carré)
— Qu'est-ce qu'il a dit ? demanda l'Américain. (Sans daigner répondre, Leamas s'empara de la paire de jumelles de réserve et la braqua sur les postes de contrôle de Berlin-Est.) Qu'est-ce qu'il a dit ?
— Vérification **terminée.** On l'admet au deuxième point de contrôle. (Duhamel et Robillot)

2. Mener à terme
The negotiations had taken a month **to complete.** (L. Lee)
Il avait fallu un mois pour **mener** les négociations à **terme**.

Voici un exemple réunissant les deux sens :
His business had been successfully **completed** *the day before, he had some money left, so he decided to savour the carnival atmosphere that currently pervaded the town. The German colony was flourishing, the Central railway had just been* **completed.** (W. Boyd)
Son affaire ayant été **conclue** avec succès la veille, il lui restait de l'argent et il décida donc de profiter de l'ambiance de carnaval qui régnait ces jours-là dans la ville. La colonie allemande était en pleine prospérité : le chemin de fer du Centre venait d'être **terminé.** (Chr. Besse)

3. Remplir (un formulaire)
The **completed** *form was to be returned to the Registrar of the School.*
Le formulaire une fois **rempli** devait être retourné au Secrétariat de l'Établissement.

COMPLETE (to) COMPLÉTER

She eventually managed to **complete** *her set of mugs.*
Elle a fini par réussir à **compléter** sa collection de chopes.

COMPLÉTER
to supplement, to make up (a collection)

(par contre « se compléter » ; cf **to complement**)

COMPOSITOR [kəm'pɒzɪtə^r] n., équivaut à l'acception du mot français « compositeur » qui a le sens de « typographe », ce dernier mot est d'un usage plus fréquent.

With the assistance of a few respectable tradesmen, with whom his work in former days had brought him into connection, he succeeded, after the lapse of a couple of weeks, in obtaining a situation as **compositor** *in the office of a daily newspaper.* (G. Gissing)
Grâce à l'aide de quelques commerçants respectables, avec qui son travail l'avait mis en rapport autrefois, il réussit, au bout de quelques semaines, à obtenir un emploi de (**compositeur**) **typographe** dans les bureaux d'un quotidien.

(musique) m., COMPOSITEUR
composer

Le moins que l'on puisse dire c'est que Beethoven est un **compositeur** célèbre.
The least one can say is that Beethoven is a famous **composer**.

COMPREHENSIVE [kɒmprɪ'hensɪv], global, d'ensemble ; complet, exhaustif, détaillé

They have built popular capitalism with a **comprehensive** *programme of privatization and increased home ownership.* (The Times)
Ils [les gouvernements de Mme Thatcher] ont constitué un capitalisme populaire grâce à un **vaste** programme de privatisations et de développement de l'accès à la propriété.

comprehensive *school* : école **unique** ; collège **polyvalent**.

COMPRÉHENSIF
understanding

CONCOURSE ['kɒŋkɔ:s] n.,

1. (espace) Hall (dans un grand bâtiment, lieu public)
There's a newstand at the other end of the **concourse**.
Il y a un kiosque à l'autre bout du **hall.**

2. Rassemblement, foule
Never had there been such a large **concourse** *of people in the town.*
Jamais il n'y avait eu une telle **foule** dans la ville.

CONCOURSE m., CONCOURS

An unexpected **concourse** *of events brought them together.*
Un **concours** de circonstance inattendu les réunit.

m., CONCOURS
competitive examination

Je n'avais aucune envie de rentrer dans le triste endroit transformé en séchoir pour m'y trouver en tête-à-tête avec l'examen de la fin de l'année. Ce **concours** de l'École Normale qui devait être désormais ma seule préoccupation. (A. Fournier)
I rebelled at going back to that dismal place which had been turned into a drying-room only to find myself face to face with the thought of examinations : the Normal School **competitive exam** *which from now on till the end of the year was to be my one preoccupation.*

CONCRETE [ˈkɒnkri:t] (n.,) béton

The theatre had a façade of glaring white **concrete** *and a big illuminated sign over the entrance.* (J. Braine)
La façade en **ciment** du théâtre était d'une blancheur éclatante, et au-dessus de l'entrée il y avait une grande enseigne lumineuse. (Chauffeteau et Vivier)

CONCRETE adj., CONCRET

CONCURRENT [kənˈkʌrənt] adj., concomitant, concordant

The houses on either side were high and large, but very old, and tenanted by people of the poorest class, as their neglected appearance would have sufficiently denoted without the **concurrent** *testimony afforded by the squalid look of the few men and women who, with folded arms and bodies half doubled, occasionally skulked along.* (Ch. Dickens)
Des deux côtés de la rue, les maisons étaient grandes et hautes, mais très vieilles et louées à des gens de la classe la plus pauvre, ce que leur aspect négligé eut déjà suffisamment indiqué même sans le témoignage **complémentaire** apporté par l'allure sordide des rares personnes, hommes et femmes, qui rôdaient dans les parages, les bras croisés, et le corps presque plié en deux. (S. Monod)

CONCURRENT
rival

A **rival** *firm* : Une firme **concurrente**

CONDUCTOR [kənˈdʌktə^{r}] n.,

1. (G.B.) Contrôleur, receveur d'autobus ; (U.S) chef de train (cf. Brit. *guard*).
He pushed a way to the upper deck of the bus, [...] He gave his money to the ***conductor***. (Sillitoe)
Il se fraya un chemin jusqu'à l'impériale de l'autobus [...] Il donna son argent au **receveur**. (Chuto)

2. Chef d'orchestre

CONDUCTOR (d'électricité, de chaleur) m., CONDUCTEUR

Copper is a good **conductor**.
Le cuivre est un bon **conducteur**.

(automobile, autobus, train) m., CONDUCTEUR
driver

Ne parlez pas au **conducteur.**
Don't speak to the **driver.**

CONFECTION [kən'fekʃən] (lg. sout.), friandise, bonbons, pâtisserie

CONFECTIONER [kən'fekʃənəʳ], confiseur, pâtissier

CONFECTIONERY [kən'fekʃənərɪ], friandises, confiserie (produit et boutique)

f., CONFECTION

Il porte des vêtements **de confection**.
He wears **ready-made** *clothes.* (≠ *made to measure*)

Il est **dans la confection**.
He is in the **ready-made clothes business**.

la **confection** de quelque chose : *the* **making**, *the* **preparation** *of something*

CONFERENCE ['kɒnfərəns] n.,

1. Congrès
He was speaking at the Scottish T.U.C. **Conference** *in Aberdeen after it overwhelmingly condemned the budget.* (The Daily Telegraph)
Il parlait au **Congrès** de la Confédération des Syndicats écossais à Aberdeen, après que celle-ci ait rejeté le budget à une majorité écrasante.

An international **conference** *on translation*
Un **congrès** international sur la traduction

2. Rassemblement
The first men's **conference** *of the Promise Keepers as the organisation he founded was called, took place in a stadium in Boulder, Colorado.* (The Economist)
Le premier **rassemblement** des Promise Keepers (Accomplisseurs de Promesses), nom de l'association qu'il a fondée, s'est tenu dans le stade de Boulder, dans le Colorado.

CONFERENCE f., CONFÉRENCE

Press conference : conférence de presse
Summit conference : conférence au sommet
the disarmament conference : la conférence pour le désarmement
the peace conference : la conférence pour la paix

f., CONFÉRENCE
lecture

la « conférence » où un individu s'adresse à un public pour lui transmettre ses réflexions sur un sujet.

faire une conférence : t*o give, to deliver a lecture*

☞ a lecturer :
1. Un conférencier
2. Un maître de conférence

CONFIDENCE ['kɒnfɪdəns] n.,

1. Confiance (syn. : *trust*)
The agreement affirms that China will preserve the western-style institutions and capitalist economy of Hong Kong for at least 50 years. Since it was signed in 1984, **confidence** *in the agreement has plummeted.* (Christian Science Monitor)

L'accord stipule que la Chine conservera les institutions de style occidental et l'économie capitaliste de Hong Kong pendant au moins 50 ans. Depuis la signature de cette convention en 1984, la **confiance** qu'on lui accorde a beaucoup baissé.

a vote of confidence : un vote de confiance
a vote of no confidence : motion de censure

2. Confiance en soi (plus souvent : *self-confidence*), assurance.
But he only squeezed up his eyes, slyly, and rolled his head on the pillow. He didn't believe a word she said.
'We know all about that !' smiled the boy. Linda was so astonished at the **confidence** *of this little creature...* (K. Mansfield)
Mais pour toute réponse il plissa les yeux avec espièglerie et roula sa tête sur l'oreiller. Il ne croyait pas un mot de ce qu'elle disait.
« On connaît tout ça ! » sourit le petit. Linda fut si médusée de l'**assurance** de ce petit être... (M. Merle)

3. *A confidence man* : un escroc

CONFIDENCE f., CONFIDENCE

In college I was unjustly accused of being a politician, because I was privy to the secret griefs of wild unknown men. Most of the **confidences** *were unsought.* (F.S. Fitzgerald)
À l'Université, on m'a injustement accusé de politicailler parce que j'étais le confident des chagrins secrets de garçons déréglés et inconnus. La plupart de ces **confidences**, je ne les avais pas recherchées. (V. Llona)

f., CONFIDENCE
secrets

CONFIDENT [ˈkɒnfɪdənt] adj., sûr de soi, assuré

*He is too self-***confident** *:* il est trop **sûr** de lui.

m., un CONFIDENT
confidant

Bennett was to remain his **confidant.** (L. Dickson)
Bennett devait rester son **confident**.

CONFINE (to) [kənˈfaɪn] v.,

1. Limiter, borner, restreindre.
We began the last chapter by describing time as ' one of the basic notions of science', and went on to speak at some length about time. Perhaps you noticed that we were unable to **confine** *the discussion to time and time alone. We were speaking also of positions and distances, of motion, of matter.* (Physical Science Study Committee)
Nous avons commencé le chapitre précédent en décrivant le temps comme « l'une des notions de base de la science », puis nous avons continué à parler du temps presque tout au long de ce chapitre. Peut-être avez-vous remarqué que nous avons été incapable de **limiter** la discussion au temps seulement. Nous avons parlé, aussi, de positions et de distances, de mouvement et de matière. (J.P. Mathieu)

So far the reaction of Mr Rushdie himself and of his British and American publishers has been admirably robust : they **have confined themselves to** *regretting the offence caused and have not let themselves be intimidated into withdrawing or censoring the book.* (Financial Times)

Jusqu'à présent M. Rushdie et ses éditeurs britanniques et américains ont fait preuve d'une admirable fermeté. Ils se sont **contentés** d'exprimer leurs regrets pour l'offense causée sans pour autant céder à l'intimidation en retirant ou en censurant le livre. (J. Cl. Sergeant)

He had never left Australia before and his knowledge of his own country **was confined to** *his sheep-rearing ranch.* (The Guardian)
Il n'avait jamais quitté l'Australie auparavant et la connaissance qu'il avait de son pays **se limitait à** son ranch où il faisait l'élevage de moutons.

2. Emprisonner, enfermer.
to be confined : accoucher

(syn. : être proche de) CONFINER à
to verge on

Ce comportement **confine** à la bêtise.
This behaviour is **verging on** *stupidity.*

CONFINÉ

He climbs into his Ford distastefully, but its **stale air** *is his only haven.* (S. Bellow)
Il monte sans entrain dans sa Ford, mais **l'atmosphère confinée** qu'il y trouve est son seul havre. (J. Rosenthal)

CONFIRMED [kənˈfɜ :md] v., 'endurci, invétéré'

He is a **confirmed** *bachelor.*
C'est un célibataire **endurci.**

Her husband was a **confirmed** *drunkard.*
Son mari était un ivrogne **invétéré.**

[*'He'* représente un chiromancien, c'est-à-dire quelqu'un qui devine le caractère d'un individu à partir de l'examen de sa main.]
'He tells me I have a pure psychic hand, and that if my thumbs had been the least bit shorter, I should have been a **confirmed** *pessimist, and gone into a convent.'* (O. Wilde)
« Il me dit que j'ai une main purement psychique, et que si j'avais eu le pouce un tout petit peu plus court, j'aurais été une pessimiste **invétérée** et je serais entrée dans un couvent. » (P. Nordon)

CONFIRM (to) CONFIRMER

She was baptised when she was eight months old and **confirmed** *when she was thirteen.*
Elle fut baptisée à l'âge de huit mois et **confirmée** (reçut la confirmation) à treize ans.

N'oublie pas de **confirmer** ta réservation.
Don't forget to **confirm** *your booking.*

Cf. aussi à « contester »

CONFIRMER
to bear out, to support

Ceci **confirme** notre première impression.
This **bears out** *(confirms) our first impression.*

CONFRONT (to) [kənˈfrʌnt] v., affronter, faire face

Anti-American demonstrations have occurred in six Arab states, but Egypt, Syria and Morocco have sent troops to help the U.S. and its European allies **confront** *Saddam.*

Des manifestations anti-Américaines ont eu lieu dans six états arabes, mais l'Égypte, la Syrie et le Maroc ont envoyé des troupes pour aider les États-Unis et leurs alliés européens à **affronter** Saddam.

to CONFRONT CONFRONTER

Ils ont **confronté** l'accusé avec le témoin.
They **confronted** *the accused with the witness.*

CONFUSED [kən'fju:zd] adj., dérouté, désorienté

'The victims are often very **confused** *and afraid, and the resources (for domestic violence) can be a maze.'* (The International Examiner)
" Les victimes, souvent, ont peur et sont **désorientées**. En outre, les recours (contre la violence dans les foyers) peuvent être déroutants (M. Génuard)

'They were learning to draw,' the Dormouse went on [...]'and they drew all manner of things — everything that begins with an M [...], such as mouse-traps, and the moon, and memory, and muchness — you know you say things are ''much of a muchness'' — did you ever see such a thing as a drawing of a muchness'.
'Really, now you ask me', said Alice, **very much confused**, *'I don't think —.'* (L. Carroll)
« Elles apprenaient aussi à dessiner, poursuivit le Loir, et elles dessinaient toutes sortes de choses... tout ce qui commençait par un L, tels les lance-pierres, la lune, la lucidité, la lurette – vous savez que l'on dit de certains événements plus ou moins éloignés dans le passé, qu'ils se sont produits il y a une belle lurette – ; avez-vous jamais vu un dessin représentant une lurette ? »
« À dire vrai, maintenant que vous me le demandez, avoua Alice, **qui ne savait plus du tout où elle en était**, je ne pense pas » (H. Parisot)

Robyn was silent. She felt **confused**, *battered, exhausted by the sense impressions of the last hour.* (D. Lodge)
Robyn ne répondit rien. Elle était **troublée,** abattue, épuisée par la masse d'impressions sensorielles dont elle avait été bombardée depuis une heure. (M. et Y. Couturier)

CONFUS

1. (embrouillé) **confused**, **muddled**, **unclear**
2. (gêné) **embarrassed**, **ashamed**
   Il était **confus** d'avoir dit cela.
   He was **embarrassed** *at having said that.*

CONSCIENCE ['kɒnʃəns] (conscience morale) f., CONSCIENCE

Don't you have a clear **conscience** *?*
Tu n'as pas la **conscience** tranquille ?

(conscience immédiate) f., CONSCIENCE
consciousness

He regained / recovered **consciousness** *right away.*
Il a repris **connaissance** tout de suite.

Every year fewer and fewer words, and the range of **consciousness** *always a little smaller.* (G. Orwell)
Chaque année, de moins en moins de mots, et le champ de la **conscience** de plus en plus restreint. (Audiberti)

CONSERVATIVE [kən´sɜ:vətɪv] adj.,

1. Traditionnel
The menu was **conservative***, like a good commercial hotel's, and ran mostly to joints and pudding.* (R. Gordon)
Le menu était **traditionnel**, comme celui d'un bon hôtel du commerce, et se composait essentiellement de rôtis et de puddings.

2. Prudent
a **conservative** *estimate* : une estimation **prudente**
at a conservative estimate : au bas mot, au minimum

CONSERVATIVE — CONSERVATEUR

The **Conservative** *Party*
Le parti **conservateur**

CONSERVATORY [kən´sɜ:vətrɪ] n., serre

There was also a **conservatory** *opening out of the dining-room to which the gardener brought potted flowers in their season.* (H. G. Wells)
Il y avait également une **serre** qui donnait sur la salle-à-manger et dans laquelle le jardinier apportait des fleurs en pot selon la saison.

CONSERVATORY — m., CONSERVATOIRE

(Musique, art dramatique) dans ce sens on rencontre également : « conservatoire », les deux termes sont plutôt utilisés dans un contexte « continental » ; dans un contexte anglo-saxon on parlera plutôt de « *music-academy* ». cf. supra

---

CONSIGNMENT [kən´saɪnmənt] n., envoi, expédition

In Africa, when you pick up a book worth reading, out of the deadly **consignment** *which good ships are being made to carry out all the way from Europe, you read it as an author would like his book to be read.* (K. Blixen)
En Afrique, quand on prend un livre qui vaut la peine d'être lu, parmi les **cargaisons** mortelles que l'on fait transporter à de bons navires depuis la lointaine Europe, on lit ce livre comme un auteur aimerait qu'on le lise.

f., CONSIGNE

1. left-luggage, (office) (G.B.) ; **check-room** (U.S.).
consigne automatique : *left-luggage lockers*

Dans l'immense salle de la **consigne**, j'ai fouillé toutes mes poches à la recherche du ticket qui me permettrait de rentrer en possession de ma valise. (P. Modiano)
In the enormous **left-luggage** *hall I searched all my pockets for the ticket that would enable me to regain possession of my suitcase.* (B. Wright)

2. orders, instructions
Carter had given his Cabinet officers the vague **injunction** *to 'be bold' and then treated the presidency as a multiple-choice exam in which he could check off policy options on the memos his staff prepared for him* (The New Republic)
Carter avait donné à ses collaborateurs la **consigne** vague d'« être audacieux » puis il avait traité la présidence comme un test à choix multiple dans lequel il était possible de cocher les options politiques sur les notes de service préparées par ses conseillers. (R. Alimi)

CONTEMPLATE (to) [ˈkɒntempleɪt] v., envisager

If the judgment were to be accepted as determining the law it would mean that henceforth even the most peaceful picketing was illegal – a state of affairs not **contemplated** *by those who had drawn up the Conspiracy and Property Bill over twenty years earlier.* (H. Pelling)
Si on considérait le jugement comme ayant force de loi, cela voulait dire que désormais, même le piquet de grève le plus pacifique était illégal — ce que n'avaient pas **envisagé** les promoteurs de la loi sur la conspiration et la protection de la propriété, vingt ans plus tôt. (M. Babaz)

Syn : *to think of*

L'an dernier, il est retombé malade et ses médecins **envisageaient** une autre transplantation.
Last year he fell ill again and his doctors **thought of** *doing another transplant.*

CONTEMPLER
to gaze

They **gazed**, *squinting in the sun, at the flying red thing [a kite].* (H. Hood)
En clignant des yeux, ils **contemplèrent** cette chose rouge qui volait [un cerf-volant].

Un de mes amis, qui, cet été, **contemplait** du haut de l'Acropole la majesté des lieux et savourait quelques instants de répit entre deux arrivages de touristes, sentit soudain quelqu'un lui donner une petite tape dans le dos. C'était son plombier. (P. Daninos)
Last summer, a friend of mine, who was **gazing down at** *the majestic landscape from the top of the Acropolis, making the most of a few moments' respite between one batch of tourists and another, suddenly felt someone tap him on the shoulder. It was his plumber.* (M. Wood)

f., CONTEMPLATION

Puis il s'assit et regarda [...]. Au bout de dix minutes de cette **contemplation** attentive, il alla droit au bureau, s'agenouilla, en palpa le bois satiné, en étudia les baguettes de cuivre. (L. Leblanc)
Then he sat down and looked around. [...] After ten minutes of careful **scrutiny**, *he went straight to the desk, knelt down, ran his hand along the smooth wood and studied the copper strips.* (Y. Boutier)

CONTENT [kənˈtent] adj., satisfait

[Une jeune fille veut une rose qui coûte cher.]
'Then Amy ' said her brother ' try and **be content with** *peonies and dandelions '.* (E. Gaskell)
" Dans ce cas, Amy, dit son frère, essaie de **te contenter de** pivoines et de pissenlits ".

Antonapoulos was not ill any more, but a change had come in him. He **was** *irritable and* **no longer content to** *spend the evenings quietly in their home.* (C. McCullers)
Antonapoulos n'était plus malade, mais son humeur avait changé. Il était irritable et **refusait de** passer les soirées dans leur chambre. (M.M. Fayet)

CONTENT
glad, pleased, satisfied

Elle était **contente** d'avoir une rose.
She was **glad** *to have a rose.*

[À propos d'un jeune acteur de cinéma] Loin des plateaux, c'est un garçon comme un autre. Et il peut malgré tout être **content** de sa vie. Car il est riche, célèbre et il apporte le bonheur dans beaucoup de foyers. (Télé 7 Jours).
Away from the set, he is just like any other young boy. And in spite of everything he can be **satisfied** *with his life. Because he is rich and famous and he brings happiness into the house of lots of people.* (J. Bird)

CONTENTER

Il est difficile à contenter.
He is hard to **please**.

se CONTENTER de

Il **se contentait** de ce qu'on lui donnait.
He **was content** *with (***contented himself** *with) what he was given.*

A French candidate would never talk to voters on their door-steps, as his British counterpart does. To get his views over to a wider audience, he has **to content himself with** *stuffing letter boxes, distributing party tracts in metros and other public places.* (The Economist)
Jamais un candidat français ne chercherait à parler aux électeurs sur le pas de leur porte, comme le font ses homologues britanniques. Pour que son message soit largement diffusé, il doit **se contenter de** bourrer les boîtes aux lettres, de distribuer des tracts aux stations de métros et autres lieux publics. (R. Alimi)

Aujourd'hui, ce bar m'évoque un puits et cet hôtel un gigantesque blockhaus, mais, sur le moment, je **me contentais** de boire, à l'aide d'une paille, un mélange de grenadine et de jus d'orange. (P. Modiano)
Today, I see that bar as a well, and the hotel as a gigantic blockhouse, but at that moment I **was content to** *drink a mixture of grenadine and orange juice through a straw.* (B. Wright)

[se contenter de + verbe] a souvent pour équivalent les adverbes « *just* » ou « *merely* » :

The clients of the Hotel Duke are too stoned blind to see us, or they haven't the energy to step on us if they did see us — or they **just** *laugh.* (P. Highsmith)
Les clients de l'hôtel Duke sont trop défoncés pour nous voir, ou alors, s'ils nous voient, n'ont pas la force de lever le pied pour nous écraser — ou bien ils **se contentent de** rire. (G. Hardin)

Ronnie could have followed the general progress of the conversation had he cared to. He did not care to, was **merely** *waiting, waiting for the group to dissolve.* (K. Amis)
Ronnie aurait pu, s'il l'avait voulu, suivre le cours général de la conversation. Mais ça ne l'interessait pas, et il se **contentait** d'attendre... que le groupe se disperse.

CONTEST (to) [kən'test]

CONTESTER

CONTESTER
to question, to dispute

[Il s'agit du Sahara.]
Dans ce capharnaüm du départ, [...] on peut maintenant pointer des repères, tels la Grande Dune d'El-Mrâyer, aperçue par certains, **contestée** par d'autres ensuite, puis définitivement confirmée, en l'occurrence par Gardères. (Th. Monod)
Despite the initial state of confusion in this sea [...] there are some points of reference such as the Great Dune of El-Mrâyer, noticed by some explorers. Its existence was later **questioned** *by others, but definitively confirmed by Gardères.* (C. Markes)

CONTROL (to) [kən'trəul]

Les notions fondamentales évoquées par « *control* » sont celles de « pouvoir, autorité, maîtrise ». Ce sens a, peu à peu, gagné le terme français au XXe siècle, les puristes condamnent cet usage lorsqu'il crée des maladresses.

She had no **control** *over her children.*
Elle n'avait aucune **autorité** sur ses enfants.

self-**control** : **maîtrise** de soi

Why climb those grimy cement air shafts, or creep up staircase after staircase, when I can leap the mere half-inch gap between floor and lift and whisk myself safely into the corner beside the operator **at the controls** *?* (P. Highsmith)
Pourquoi escalader ces crasseuses cheminées d'aération en ciment, ou se traîner d'escalier en escalier quand je puis, d'un bond, franchir le petit espace d'un demi-pouce entre le palier et l'ascenseur, et me glisser prestement, en toute sécurité, dans le coin près du garçon installé **aux commandes** ? (G. Hardin)

Inflation is well **controlled**.
L'inflation est bien **maîtrisée**.

CONTROL (to) CONTRÔLE / CONTRÔLER

Il y a un certain nombre de cas où l'usage coïncide dans les deux langues.

1. (au sens de « maîtrise » et « réglementation »)
birth **control** : le **contrôle** des naissances
price **controls** : le **contrôle** des prix
control *tower :* tour de **contrôle**

2. (au sens de « vérification / vérifier ») Ceci est considéré par les puristes comme étant le sens fondamental de « contrôle / contrôler » en français.
'The next question', said Wilcox, 'is quality **control** *in the machine shop'.* (D. Lodge)
La question suivante, dit Wilcox, concerne le **contrôle** de qualité dans l'atelier des machines. (M. et Y. Couturier)

CONTRÔLER
to check, to monitor

'Where's the car now ? What's it doing ?'
'Currency check, *Customs,' Leamas snapped.* (J. Le Carré)
— Où est passée la voiture ? Mais qu'est-ce qu'elle fabrique ?
— **Contrôle** des devises, douanes ! aboya Leanas. (Duhamel et Robillot)

But this year, as before, there are few reliable mechanisms for **monitoring** *campaign fund-raising and spending.* (New York Times)
Mais, cette année, comme les autres années, il existe peu de méthodes fiables pour **contrôler** les collectes de fonds ainsi que les dépenses. (M. Génuard)

CONVICTION [kən'vɪkʃən] n., condamnation

The investigation of Malcolm X's murder ended with **the conviction** *of three black Muslim men in 1966, and the case is officially closed* (Newsweek)
L'enquête sur le meurtre de Malcom X, s'est terminée avec **la condamnation** de trois Musulmans noirs en 1966, et le dossier a été officiellement classé.

CONVICTION certitude, f., CONVICTION

My conviction is *that he is guilty.*
Je suis convaincu qu'il est coupable.

COPY [ˈkɒpɪ] n., exemplaire

Why did you buy two **copies** *of the same paper ?*
Pourquoi as-tu acheté deux **exemplaires** du même journal ?

COPY f., COPIE

1. (Ce qui a été copié) (syn. : *duplicate, replica*)
Ce n'est qu'une **copie**, pas l'original.
It's only a **copy,** *not the original.*

2. (Devoir) **paper**
J'ai des tas de **copies** à corriger.
I've got heaps of **papers** *to correct.*

CORD [kɔ:d] n., équivaut rarement à « corde », le plus souvent à « cordon » de rideau, de vêtement. « *Umbilical* cord : cordon ombilical ».

Although no air came in, the blind **cord** *swung out and back and the blind lifted.* (K. Mansfield)
Bien qu'il ne vînt aucun air du dehors, le **cordon** de la jalousie avait un petit mouvement de balançoire et la jalousie se soulevait. (M. Merle)

f., CORDE

1. (ss. pr.) **rope**
2. (ss. fig.)
Ce n'est pas dans **mes cordes** : *it's not* **my line**.
Il a plus d'une **corde** à son arc : *he has more than one* **trick** *up his sleeve.*

COUCH [kautʃ], canapé, divan

f., COUCHE

diaper (de bébé)
nappy (fam.)

COUNSEL [ˈkaunsəl] n., (invariable), avocat, conseiller

The **counsel** *for the defence* : **l'avocat** de la défense
The **counsel** *for the prosecution* **: l'avocat** du ministère public

COUNSEL m., CONSEIL

I **took counsel** *with him.*
Je l'ai **consulté**.

m., CONSEIL

plus souvent : cf. **advice**
également **council** : *town council* : conseil municipal

COUNTENANCE [ˈkauntɪnəns] n., visage, physionomie

CONTENANCE

1. capacity
2. bearing, attitude

COURTIER [ˈkɔːtiəʳ] courtisan

m., COURTIER
broker

CRAYON [ˈkreiən] n., crayon de couleur, pastel

m., CRAYON
pencil

CREDIT [ˈkredit] n., honneur

[Un garçon pense à la fille qu'il aime.]
But what could he offer her worthy of her acceptance ? Only his small dingy self, he concluded, with nothing to his **credit** *except a second-class degree, some repute in Rugby football, and the slenderest of bank balances.* (J. Buchan)
Mais que pouvait-il lui offrir qu'elle pût décemment accepter ? Tout juste sa sordide petite personne, conclut-il, avec rien d'autre à son **actif** qu'un diplôme universitaire de second ordre, une réputation de bon aloi au rugby et un solde bancaire des plus minces.

CREDIT m., CRÉDIT

Do you realize that if you buy something **on credit** *you pay more than its actual price ?*
Vous rendez-vous compte que si vous achetez quelque chose **à crédit** vous payez plus que le prix réel ?

a **credit** *card :* une carte de **crédit**

CRÉDITS
funds

Les **crédits** attribués pour un projet.
The **funds** *allocated for a scheme.*

CRICK [krik], une crampe

a **crick** *in the neck :* un **torticolis**

un CRIC
a jack

La première fois que j'ai eu une crevaison, il me fallut un certain temps avant de trouver le **cric**.
The first time I had a puncture, it took me some time to find the **jack**.

CRUDE [kruːd], grossier, brut

crude *oil* : pétrole **brut**

(non cuit) CRU
raw

CRUDITY [ˈkruːditi], grossiéreté

CRUDITÉS
raw vegetables

salade de crudités : *mixed salad*

CURRENT [ˈkʌrənt] adj., « courant » au sens de « en cours, actuel, du moment »

I like to keep myself informed of **currrent events.**
J'aime me tenir au courant de **l'actualité.**

CURRENT COURANT

a **current** *account* : un compte **courant**

(au sens de 'commun') adj., COURANT
common

[Il s'agit de quelqu'un d'instable.]
These ups and downs were no more than a kind of emotional daily gymnastics to a lively temperament, much in need of exercise, and to which too little was happening ; it is a **common** *phenomenon with energetic young men in Africa.* (K. Blixen)
Ces hauts et ces bas n'étaient rien de plus qu'une sorte de gymnastique émotionnelle nécessaire quotidiennement à un tempérament actif, ayant besoin de beaucoup d'exercice et à qui il arrivait trop peu de choses ; c'est un phénomène **courant** chez des jeunes gens pleins d'énergie que l'on rencontre en Afrique.

Tenez-moi **au courant** : *Keep me* **informed**.

CURRENTLY [ˈkʌrəntli] adv., actuellement, à présent.

The gypsies are **currently** *worried about two things. One is that hostility toward them appears to be growing ; the other is that* [...] (Time)
Les gitans sont **actuellement** préoccupés par deux problèmes : tout d'abord l'hostilité à leur égard semble augmenter ; d'autre part [...]

COURAMMENT
commonly, fluently

Il parle anglais **couramment** : *He speaks English* **fluently.**

CURT [kɜːt] adj., sec, cassant

A **curt** *remark :* une remarque **sèche.**

COURT
short

CUSTOMS [ˈkʌstəmz] n., douane

CUSTOM [ˈkʌstəm] clientèle

CUSTOM f., COUTUME

CYGNET [ˈsɪgnɪt] jeune cygne

m., SIGNET
marker, bookmark

[Des jeunes filles observent leur professeur.]
How well they knew the little blue book with red edges that he tugged out of his coat-tail pocket ! It had a green silk **marker** *embroidered in forget-me-nots.* (K. Mansfield)
Si elles le connaissaient, le petit livre bleu, rouge sur tranche, qu'il extrayait de la poche de sa queue-de-pie ! Avec son **signet** de soie verte brodée de myosotis. (M. Merle)

D

DAIS [ˈdeɪɪs] n., estrade (salle de classe, officiels)

I glanced up at Brown who as Chairman of the Council sat above us on the **dais** *at the far end of the room.* (J. Braine)
Je levai les yeux vers Brown, qui, en tant que Président du Conseil de District, siégeait en hauteur sur une **estrade** à l'autre bout de la salle.

[Herr Zimmermann est le professeur.]
Herr Zimmermann moved his pince-nez higher up his nose, searched the classroom with tired eyes, discovered an empty seat just in front of me, stepped down from his **dais** *and — to the amazement of the class — accompanied the Newcomer to his appointed place.* (F. Uhlman)
Herr Zimmerman remonta son pince-nez, parcourut la salle de ses yeux fatigués, découvrit un siège vide juste devant moi, descendit de son **estrade** et, à l'étonnement de toute la classe, accompagna le nouveau venu jusqu'à la place qui lui était assignée. (L. Lack)

m., un DAIS
a canopy

DAMAGE [ˈdæmɪdʒ] dégâts

He made them pay for the **damage**.
Il leur fit payer les dégâts.

DAMAGE(S) m., DOMMAGES

damages *to the crops* : **dommages** aux récoltes
damages : **dommages et intérêts**

DOMMAGE
pity, shame

Quel dommage ! : *What a pity !*

DANCING [ˈdɑ:nsɪŋ] n., la danse, le fait de danser

m., DANCING
a dance hall

[Dans un hôtel] *To the left in the lobby is an even darker hole called Dr Toomuch's* **Dance Floor**. (P. Highsmith)
À gauche dans le hall se trouve un autre antre encore plus sombre, qu'on appelle **Dancing** du Dr Toomuch. (G. Hardin)

Dance floor : piste de danse ; mais dans ce cas le traducteur est amené à utiliser le terme « dancing » par extension parce qu'il s'agit du nom du lieu.

DATE [deɪt] n., rendez-vous (fam.) souvent de nature sentimentale

Dennis Barlow went to work after dinner. [...] His colleague, Miss Myra Poski, was waiting for relief, hatted and freshly painted.

'I hope I'm not late.'
'You're sweet. I've a **date** *at the Planetarium or I'd stay and fix you some coffee.'* (E. Waugh)
Après dîner Dennis Barlow alla travailler. Sa collègue, Miss Myra Poski, attendait la relève, chapeau en tête et fraîchement maquillée.
— J'espère que je ne suis pas en retard.
— Vous êtes un chou. **J'ai rendez-vous** au Planetarium ; sans ça je serais restée pour vous préparer du café. (D. Aury)

DATE f., DATE

The **date** *of the execution has not been fixed yet.*
La **date** de l'exécution n'a pas encore été fixée.

DEBONAIR [ˌdebəˈnɛər] jovial, joyeux, désinvolte, élégant

Rosemary met him on time. It was one of her virtues that she was never late, and even, at this hour of the morning she was bright and **debonair**. (G. Orwell)
Rosemary fut à l'heure au rendez-vous. C'était une de ses qualités que de ne jamais être en retard, et même à cette heure de la matinée elle avait l'air vive et **élégante**.

DÉBONNAIRE
easy-going, kind(ly)

DECADE [ˈdekeɪd] n., une décennie (10 ans)

James Miller's biography of the philosopher Michel Foucault is likely to inflict another setback on the French, who have been confronted, **during the past decade**, *with the fall from grace of several of their cultural heroes.* (New York Times)
La biographie du philosophe Michel Foucault par James Miller va très probablement représenter une nouvelle déconvenue pour les Français qui ont vu, ces **dix dernières années** un certain nombre de leurs héros culturels tomber en disgrâce. (Ruth Alimi)

DECADE (10 jours) f., DÉCADE

DECEIVE (to) [dɪˈsi:v] v., tromper

DÉCEVOIR
to disappoint

[Le narrateur est un adolescent, « *she* » représente une dame.]
She pressed me to take some cream crackers also, but I declined because I thought I would make too much noise eating. She seemed to be somewhat **disappointed** *at my refusal and went over quietly to the sofa* [...]. (J. Joyce)
Elle insista pour que je prenne quelques biscuits également, mais je refusai car je craignai de faire trop de bruit en les mangeant. Elle parut quelque peu **déçue** de mon refus et se dirigea sans bruit vers le sofa [...].

DECENT [ˈdi:sənt] adj.,

1. Brave, sympathique
He is a **decent** *chap* : c'est un **brave** / chic type.

Between ourselves, you know, Crofton (he's a **decent** *chap, of course), but he's not worth a damn as a canvasser.* (J. Joyce)
Entre nous, vous savez, Crofton (c'est un **chic** type, bien sûr), il ne vaut pas un clou pour le porte-à-porte. (J. Aubert)

2. Comme il faut, correct
The Paris slums are a gathering of people who have fallen into solitary, half-mad grooves of life and given up trying to be normal or **decent**. (G. Orwell)
Les taudis de Paris sont le point de chute de gens bizarres, qui ont sombré dans la solitude et la demi-démence et n'essaient plus de mener une vie normale et **respectable**.

The only **decent** *garment he wore was a black overcoat which was too small for his body.* (T. Williams)
Le seul vêtement **convenable** qu'il portait était un manteau noir, trop petit pour lui.

DECENT DÉCENT

DECEPTION [dɪ'sepʃən] n., tromperie

f., DÉCEPTION
disappointment

On my asking who Mr Kurtz was, he said he was a first-class agent ; and seeing my **disappointment** *at this information, he added slowly, laying down his pen, 'He is a very remarkable person'.* (J. Conrad)
Je lui demandai alors qui était ce M. Kurtz et il me répondit que c'était un agent de première classe ; puis voyant ma **déception** à cette nouvelle, il ajouta lentement, en posant sa plume : « c'est une personne très remarquable ». (C. Pappo-Musard)

DECIDED [dɪ'saɪdɪd] adj., net, marqué

The vicarage family received **decided** *modification, upon its transference into the rectory. The vicar, now the rector, fetched up his old mother and his sister, and a brother from the city.* (D.H. Lawrence)
La composition de la famille du pasteur se trouva **sérieusement** modifiée quand elle emménagea au presbytère. Le pasteur, devenu titulaire, fit venir de la ville sa vieille mère, sa sœur et son frère.

(tempérament) DÉCIDÉ
determined

Like many good serious young men who never flirt, he was caught by the first **determined** *young woman who wanted him, and at twenty-eight was already the slave of a house.* (J. Cary)
Comme beaucoup de braves jeunes gens sérieux qui ne flirtent jamais, il tomba entre les mains de la première jeune femme **décidée** qui jeta son dévolu sur lui, si bien qu'à vingt huit ans il était déjà l'esclave d'un foyer.

DECIDEDLY [dɪ'saɪdɪdlɪ] adv., franchement

The optimistic presentation of **decidedly** *bad news on the front page turned his passive gloom into active irritation.* (A. Wilson)
La présentation optimiste en première page de nouvelles **franchement** mauvaises transforma sa morosité passive en irritation active.

really, emphase verbale (*'do'*), cf. *'definitely'* ci-après

Décidément ! Je n'ai pas de chance aujourd'hui.
I **really** *have no luck today / I am not in luck today.*

It was about then that I realized I **really did** *want to marry into the university.*
C'est à peu près vers cette époque que j'ai compris que c'était **décidément** un universitaire que je voulais épouser.

DEFEND (to) [dɪˈfend] v., (protéger contre un danger, un ennemi) DÉFENDRE

(interdire) DÉFENDRE
to prohibit, to forbid

DEFIANCE [dɪˈfaɪəns] n., défi

f., DÉFIANCE
mistrust

Ce n'était pas un acte de **défiance** à votre égard.
It was not an act of **mistrust / distrust** *against you.*

DEFILE (to) [dɪˈfaɪl] v., salir, souiller ; profaner

He (Goldstein) was the primal traitor, the earliest **defiler** *of the Party's purity.* (Orwell)
Il était le traître fondamental, le premier **profanateur** de la pureté du Parti. (Audiberti)

DEFILE (to) [diˈfaɪl] v., DÉFILER

DÉFILER
to march past

DEFINITE [ˈdefɪnɪt] précis, net, catégorique

An even more **definite** *taboo can be found in Judaism. The Megillath Taanith (Roll of Fasting), which is assigned to the first century A.D., records the belief that three days of utter darkness fell on the world when the Law was translated into Greek.* (G. Steiner)
Le judaïsme recèle un tabou encore plus **extrême**. Le Megillath Taanith, qu'on estime remonter au premier siècle, rapporte que le monde s'obscurcit pendant trois jours quand la Loi fut traduite en grec. (Lotringer)

DEFINITE DÉFINI

La division du travail entre **l'article défini** et le démonstratif n'est pas la même dans les deux langues. (Vinay et Darbelnet)
The frequency of occurrence of the **definite article** *and demonstratives is unevenly distributed between English and French.* (Sager et Hamel)

DEFINITELY [ˈdefɪnɪtlɪ] adv., nettement, manifestement

Winston could not **definitely** *remember a time when his country had not been at war.* (G. Orwell)
Winston ne pouvait se souvenir **avec précision** d'une époque pendant laquelle son pays n'avait pas été en guerre. (A. Audiberti)

After forty days without a fish the boy's parents had told him that the old man was now **definitely** *and finally salao, which is the worst form of unlucky.* (E. Hemingway)
[Quand au bout de quarante jours il n'eut pas pris un seul poisson] les parents du jeune garçon déclarèrent que le vieux était **décidément** et sans remède salao, ce qui veut dire aussi guignard qu'on peut l'être. (J. Dutourd)

DÉFINITIF

cf. final

Si les Schtroumpfs ont des particularités (untel est farceur, pendant que l'autre est paresseux, grognon, gourmand...), elles sont permanentes, **définitives** et clairement indiquées. Aucune difficulté à se repérer dans ce contexte étrangement cloisonné. (La voix du Nord)
If the Smurfs have certain particularities (this one likes to play pranks, while that one is lazy, or greedy, or is always grumbling), they are permanent, **final / unchanging**, *and clearly stated. It's very easy to find one's bearings in this strangely partitioned world.*

DÉFINITIVEMENT
definitively, for good, permanently

La boutique est **définitivement** fermée.
The shop is **permanently** *closed.*

Loh venait de quitter **définitivement** le collège, elle était en vacances à T. Beach. (M. Duras)
Loh had just finished school **for good**, *she was on holiday in T. Beach.* (C. Wecksteen)

DEGREE [dɪˈgriː] diplôme, souvent « licence »

He had a **degree** *in History.*
Il avait une **licence** d'histoire.

DEGREE m., DEGRÉ

La température extérieure est de 30 **degrés**.
The outer temperature is 30 **degrees** *centigrade.*

Most of the jobs in Banking could have been done by an office boy were it not for the high **degree** *of secrecy involved and this Banking was one of several sections of the Service which were regarded as laying-out places for officers shortly to be buried.* (J. Le Carré)
N'était son **caractère** ultra-secret, n'importe quel grouillot aurait pu faire le travail, si bien que la Section Bancaire était peu à peu devenue le poste honorifique que l'on offre aux agents promis à un prochain limogeage. (Duhamel et Robillot)

DELIBERATE [dɪˈlɪbərɪt] adj., lent

Mrs Hudson was a little heavier than when I first knew her, and her movements were more **deliberate**. (W. S. Maugham)
Mme Hudson était un peu plus forte qu'autrefois et ses gestes un peu plus **lents**. (Y. Boutier)

DELIBERATE décidé, DÉLIBÉRÉ

DELIBERATELY [dɪˈlɪbərɪtlɪ] adv., lentement

DELIBERATELY DÉLIBÉRÉMENT

The music went on and on, minute after minute, with astonishing variations, never once repeating itself, almost as if the bird were **deliberately** *showing off its virtuosity.* (G. Orwell)
La musique continuait, encore et encore, minute après minute, avec des variations étonnantes qui ne se répétaient jamais, comme si l'oiseau, **délibérément**, voulait montrer sa virtuosité. (A. Audiberti)

DELICATESSEN [ˌdelɪkəˈtesn] n., épicerie fine, charcuterie-traiteur

Delicatessens *on Sunday night, when all other stores are shut, will overcharge you ferociously.* (S. Bellow)
Les traiteurs, le dimanche soir, quand tous les autres magasins sont fermés, vous font payer horriblement cher.

f., DÉLICATESSE
delicacy

The narrative hung together but awkwardly, and in truth gave a very indistinct notion of how she had comported herself at the various stages of their irregular courtship. Her behaviour had been marked by far more **delicacy** *and scruple than she succeeded in representing.* (G. Gissing)
Son récit manquait de cohésion et, à la vérité, ne donnait qu'une idée imprécise de la façon dont elle s'était comportée tandis que se déroulait cette cour peu ordinaire. Sa conduite avait été empreinte de bien plus de **délicatesse** et de scrupules qu'elle n'en faisait valoir. (Coustillas et Calbris)

« Elle est jolie », affirme André. A certains jours je suis d'accord : **délicatesse** des oreilles et des narines, tendresse nacrée de la peau. (S. de Beauvoir)
'She is pretty', André asserts. Some days I agree : she has **delicate** *ears and nostrils, her skin has a pearly softness.* (J. Lezon)

There were servants who worked in the ward but they couldn't be expected to do the more **sensitive** *tasks, and also a lot of the soldiers resented any more intimate contact with them.* (W. Boyd)
Il y avait des domestiques qui travaillaient dans le service mais on ne pouvait pas leur faire faire les tâches **délicates**, et, de plus, de nombreux soldats n'aimaient pas qu'ils s'occupent de certains soins plus intimes.

DELIVER (to) [dɪˈlɪvər] v.,

1. distribuer (le courrier), livrer (des marchandises)
livraison gratuite : *free delivery*

Is it possible to have one's purchases **delivered** *?*
Est-il possible de se faire **livrer** ses achats ?

2. prononcer (un discours)
After all the apocalyptic **warnings delivered** *on so many solemn occasions from so many solemn throats, we confidently expected the sky to darken, Big Ben to be silenced.* (M. Muggeridge)
Après tous les **avertissements** apocalyptiques, **lancés** en tant de circonstances solennelles par tant de voix pleines de solennité, nous ne doutions pas un instant que le ciel allait s'obscurcir, Big Ben être réduit au silence. (D. Verheyde)

DÉLIVRER
to free

DEMAND [dɪ'mɑ:nd] n., exigence, revendication

[*'This affair'* : l'affaire Rushdie, déclenchée par la publication des *Satanic Verses*]
The Christian establishment is in fact very awkwardly placed in this affair : it disapproves strongly of incitement to murder but clearly feels some sympathy with the Moslem **demand** *for censorship of the ' blasphemy '.* (Financial Times)
La hiérarchie religieuse se trouve du reste dans une situation très délicate dans cette affaire, car, tout en condamnant sans ambages l'incitation au meurtre, elle se solidarise en partie de toute évidence avec les musulmans qui **réclament** l'instauration d'une censure pour « blasphème ». (J.Cl. Sergeant)

Diets, those resentful parodies of eating, hope eventually to stifle and subdue the lowly **demands** *of appetite.* (The Observer)
Les régimes, ces parodies pleines de hargnes de l'acte de manger, espèrent finalement étouffer et réduire les modestes **exigences** de l'appétit.

DEMAND f., DEMANDE

This article is **in great demand.**
Cet article est **fort demandé**.

f., DEMANDE
demand, application

Nos dépliants sont envoyés **sur demande.**
Our brochures are sent **on request**.

Trois **demandes** de mise en disponibilité éloignent Jean-Marc de H de Paris pendant près de quatre ans. (M. Duras)
Three **applications** *for leave of absence keep Jean-Marc de H away from Paris for nearly four years.* (Jury de CAPES)

DEMONSTRATE (to) ['demənstreit] v., manifester

Thousands of people **demonstrated** *in the streets against the war.*
Des milliers de personnes **manifestèrent** dans les rues contre la guerre.

DEMONSTRATE (to) DÉMONTRER

What this did to a constitution enfeebled by long nights pouring over textbooks does not bear recalling : but 'good' and 'nourishing' — as two books published this week **demonstrate** — *it certainly was not.* (The Sunday Times)
Quel était l'effet [d'un tel régime alimentaire] sur un organisme affaibli par de longues nuits passées à étudier des livres de classe, mieux vaut l'oublier ; mais ce n'était certainement pas « bon » ni « nourrissant », comme le **démontrent** deux livres parus cette semaine.

Other displays in the installation **demonstrate** *the persuasiveness of racism in Maryland's white society.* (The Economist)
D'autres objets de l'exposition **montrent** l'omniprésence du racisme dans la société blanche du Maryland. (R. Alimi)

DEMONSTRATION [ˌdemən'streiʃən] n., manifestation

Anti-American **demonstrations** *have occurred in six Arab states.*
Des **manifestations** anti-américaines ont eu lieu dans six états arabes.

He's gone to a **demo**.
Il est allé à une **manif**.

Mais notez que :
une **manifestation** sportive : *a sporting* **event**.
Les **manifestations** du 14 juillet : *The* **ceremonies** *in celebration of July 14th.*

DEMONSTRATION f., DÉMONSTRATION

The **demonstration** *was convincing.*
La **démonstration** était convaincante.

DEMONSTRATOR [ˈdemənstreitər] n., manifestant

Other **demonstrators** *hurled bricks wrapped in Women's lib posters through the windows of Broadcasting House and the Labour Party H. Q., Transport House.* (Sunday Times)
D'autres **manifestants** jetèrent des briques enveloppées dans des affiches du M.L.F. en direction des fenêtres de la maison de la Radio et de la Maison des Transports, siège du Parti Travailliste.

DEMONSTRATOR (préparateur) m., DÉMONSTRATEUR

DEPARTMENT [dɪˈpɑːtmənt] n.,

1. Rayon (dans un grand magasin)
Where is the shoe **department** ?
Où est le **rayon** des chaussures ?

2. Service, division d'une administration, d'un gouvernement
[...] *a brief given by the* **Department** *of health.* (The Sunday Times)
[...] dossier que lui avait donné le **Ministère** de la santé.

DEPARTMENT m., DÉPARTEMENT

The **Department** *of French welcomes you to the College as students of French.*
Le **Département** de français est heureux de vous accueillir à l'Université comme étudiants de français.

DEPEND (to) [dɪˈpend] v.,

1. Se fier à, compter sur

My father said the three thirty was the only train you could **depend on**. *It was the only train that had a connexion to make.* (P. Kavanagh)
Mon père disait que le train de trois heures trente était le seul auquel on pouvait **se fier** parce qu'il avait une correspondance à assurer.

He's reliable, you can **depend on** *him, that's all I meant, said Dr Hasselbacher with impatience.* (G. Greene)
C'est un homme sûr, on peut **compter sur** lui, c'est tout ce que j'avais à l'esprit, dit le docteur Hasselbacher, agacé. (M. Sibon)

2. Être sûr, certain

'His arrival seems to embarrass rather than delight her.'
'Depend upon it, *the fellow has come to propose a convenient division of her personal property'.* (G. Gissing)
— Son arrivée semble plutôt l'embarrasser que la réjouir.
— **Soyez-en sûr**, le drôle est venu lui proposer un partage de ses biens personnels, qui lui convienne à lui.

DEPEND on (to) DÉPENDRE DE

Israel **depends on** *the U.S. for military aid.*
Israël **dépend des** États-Unis pour l'aide militaire.

DEPORT (to) [dɪˈpɔ:t]

1. Se comporter, se conduire
Why was she **deporting herself** in such a way ?
Pourquoi **se comportait**-elle ainsi ?

2. Expulser

DEPORT (to) DÉPORTER

DÉPORTER

1. to send to a concentration camp

2. to carry, to push off course
La voiture fut **déportée** par le vent.
The car was **blown off** *its course by the wind.*

DEPOSE (to) [dɪˈpəuz] (un roi, etc) (destituer) DÉPOSER

La plupart des conjurés, dit Tcherkoff, se fussent contentés de **déposer** le Tsar et de l'enfermer. (J.P. Sartre)
Most of the conspirators, Tcherkoff says, would have been content with **deposing** *and locking up the Czar.*

DÉPOSER

1. to leave
J'avais **déposé** ma valise à la consigne et quand j'étais sorti de la gare j'avais hésité un instant. (P. Modiano)
I had **put** *my suitcase in the left luggage, and outside the station I hesitated for a moment.* (B. Wright)

2. to drop
Où est-ce que je vous **dépose** ?
Where shall I **drop** *you ?*

Je peux vous **déposer** quelque part ?
Can I **give** *you* **a lift** *?*

DEPUTY [ˈdepjutɪ] n., adjoint, suppléant

Today at the City of Dublin Hospital the **Deputy** *Coroner (in the absence of Mr Leverett) held an inquest on the body of Mrs Emily Sinico.* (J. Joyce)
Aujourd'hui, à l'hôpital de la ville de Dublin, le Coroner **suppléant** (remplaçant M. Leverett) a mené une enquête concernant la mort de Mme Emily Sinico.

During the anniversary celebrations, some journalists were entertained at the home of Brigadier General Nguyen Huu Hanh, who was briefly **Deputy** *Chief of Staff of the South Vietnamese army, though rumored to have ties with the Viet Cong communist insurgents.* (Time)
Au cours des cérémonies anniversaires, un certain nombre de journalistes furent reçus chez le général de brigade Nguyen Huu Hanh, qui avait été pendant une courte période chef d'état major **en second** de l'armée du Sud-Vietnam, et ce malgré les liens qu'on lui attribuait avec les rebelles communistes du Viet Cong.

deputy *mayor* : maire **adjoint**, **adjoint** au maire

m., DÉPUTÉ
(G.B.) *Member of Parliament, M.P* ; (U.S.) *representative*

DERANGED [dɪˈreɪndʒd] adj., DÉRANGÉ

to be mentally **deranged**
avoir le cerveau **dérangé**

DÉRANGER
to disturb, to trouble

Avec une discrétion appuyée, elle dit à Jean que, surtout, elle risquait de **déranger** beaucoup sa belle-fille en se présentant « à un mauvais moment ». (J. Duranteau)
With marked discretion she said to Jean that, above all, she might **disturb** *her daughter-in-law very much if she turned up 'at the wrong moment'.*

DESCENT [dɪˈsent] n., origines

[Le narrateur décrit les élèves de sa classe]
We even had a Prince Hubertus Schleim - Gleim-Lichtenstein, but he was so stupid that even his princely **descent** *couldn't save him from being a laughing stock.* (F. Ulhman)
Nous avions même un prince Hubertus-Gleim-Lichtenstein, mais il était si stupide que même son **ascendance** princière ne pouvait le préserver d'être la risée de tous. (L. Lack)

DESCENT f., DESCENTE

The plane began its **descent** *into New York.*
L'avion amorça sa **descente** sur New York.

f., DESCENTE
coming / going down

[En montagne] La **descente** fut moins pénible que la montée.
Coming down *was easier than going up.*

descente de lit : *bedside* **rug**
une **descente** de police : *a police* **raid**

DESERT Attention qu'il y a en anglais trois paronymes ayant des prononciations et des sens différents : **desert, deserts** et **dessert**

DESERT [ˈdezət] n., m., DÉSERT

The Sahara **desert**.
Le **désert** du Sahara

adj., DÉSERT
deserted, empty

L'endroit était **désert**.
The place was **deserted**, **empty**.

en revanche on dit :

a **desert** *island :* une île **déserte**

DESERTS [dɪˈzɜːts] n., (vient du verbe : *'to deserve'*) le dû, le mérite

DESSERT [dɪˈzɜːt] m., DESSERT

She asked me what I would have for **dessert**.
Elle me demanda ce que je voulais comme **dessert**.

DESIGN (to) [dɪˈzaɪn] v., concevoir

'My point is simply this', says Vic. 'We're producing too many different things in short runs, meeting small orders. We must rationalize. Offer a small range of standard products at competitive prices. Encourage our customers **to design** *their systems around our products.* (D.Lodge)
« Je m'explique, dit Vic. Nous produisons trop de choses différentes mais en quantité insuffisante, et pour répondre à des commandes trop faibles. Il faut faire un effort de rationalisation. Offrir un choix limité de produits standards à des prix compétitifs. Encourager nos clients à **développer** leurs systèmes autour de nos produits. » (M. et Y. Couturier)

DÉSIGNER
to point to

DETENTION (d'un prisonnier) f., DÉTENTION

retenue (à l'école)

(le fait de posséder) f., DÉTENTION

La **détention** d'or est illégale dans certains pays.
The **possession** *of gold is illegal in some countries.*

DETER (to) [dɪˈtɜːʳ] v., dissuader

DÉTERRER
to unearth

DEVELOP (to) [dɪˈveləp] v.,

1. Elaborer, mettre au point
Nintendo has teamed up with Fidelity Investment, an American fund manager, **to develop** *software that will allow users to play the stockmarket or to manage property* (The Economist)
Nintendo s'est associé a Fidelity Investment, un cabinet américain de gestion de biens, pour **mettre au point** un logiciel qui permettra aux utilisateurs de jouer à la bourse et de gérer des biens immobiliers.

2. Mettre en valeur, exploiter (cf. ci-dessous '*development*')

DEVELOP (to) (photos) DÉVELOPPER

DEVELOPMENT [dɪˈveləpmənt] n., mise en valeur, exploitation

It is an area that first drew visitors in any number a century ago with **the development** *of the mineral water springs at Llandrinod Well.* (The Guardian)
C'est une région qui a vraiment commencé à attirer les visiteurs il y a un siècle avec l'**exploitation** des sources d'eau minérale de Llandrinod Well.

Any new **developments** *?*
Il y a **du nouveau** ?

DEVELOPMENT m., DÉVELOPPEMENT

The **development** *of photos :* le **développement** des photos

He hoped this would be propitious to the **development** *of their intelligence.*
Il espérait que cela favoriserait le **développement** de leur intelligence.

DEVICE [dɪ'vaɪs] n.,

1. Moyen

2. Dispositif, appareil, système

A safety **device** *is incorporated* : un **dispositif** de sécurité est incorporé.
an explosive **device** : un **engin** explosif.

☞ *The child was* **left to his own device**.
L'enfant était **livré à lui-même.**

m., DEVIS
an estimate

Vous devriez demander un **devis** avant de vous lancer dans ces travaux.
You should ask for an **estimate** *before you undertake (start) these works.*

[Dans un centre de formation] Alors le matin, c'était français — comment faire la nique aux polyvalents sans fautes d'orthographe. Et l'après-midi, calcul — les mille et un trucs pour enfler en douceur Mme Martin sur le **devis** de la salle de bain. (V. Ravalec)
So in the mornings it was reading and writing. How to screw tax inspectors without spelling mistakes. And in the afternoons maths. A thousand and one ways to rip Madame Martin off on the quiet on her bathroom **estimate**. (A. Stevens-Balandras)

f., DEVISE

1. a slogan, a motto

From where Winston stood it was just possible to read, picked out on its white face in elegant lettering, the three **slogans** *of the party :*

WAR *IS PEACE*
FREEDOM *IS SLAVERY*
IGNORANCE *IS STRENGTH*

(G. Orwell)

De son poste d'observation, Winston pouvait encore déchiffrer sur la façade l'inscription artistique des trois **slogans** du parti :

LA GUERRE C'ESTLA PAIX
LA LIBERTE C' EST l'ESCLAVAGE
L'IGNORANCE C'EST LA FORCE

(A. Audiberti)

2. *(Foreign)* **currency.**

'Where's the car now ? What's it doing ?'
'Currency *check, Customs,' Leamas snapped.* (J. Le Carré)
— Où est passée la voiture ? Mais qu'est-ce qu'elle fabrique ?
— Contrôle **des devises**, douanes ! aboya Leamas. (Duhamel et Robillot)

DEVISE (to) [dɪ'vaɪz] v., imaginer, inventer

DEVISER
to converse

Thus **conversing**, *they entered sufficiently deep into the wood to secure themselves from the observation of any casual passenger along the forest-track.* (N. Hawthorne)
Devisant de la sorte, elles pénétrèrent suffisamment dans le bois pour se soustraire aux regards de quiconque viendrait à emprunter le chemin forestier.

DIET [ˈdaɪət] n., régime

Not only did the report warn that the typical British **diet** *put all of us at risk of heart disease — still Britain's number one killer — various cancers and diabetes, inter alia, but it made a number of recommendations.* (Sunday Times)
Non seulement le rapport mettait en garde contre le fait que le **régime** alimentaire britannique traditionnel nous mettait tous en danger de contracter des maladies cardiaques (lesquelles constituent encore le premier facteur de mortalité en Grande Bretagne) sans parler de divers cancers et diabètes, mais il faisait également un certain nombre de recommandations.

[Il s'agit d'un chat.] *Two years ago he had been placed on* **a special diet** *because of kidney problems said to have been aggravated by eating too many biscuits.* (The Weekly Telegraph)
On l'a mis **au régime** il y a deux ans à cause de problèmes rénaux qui auraient empirés parce qu'il mangeait trop de biscuits.

to be on a diet : être au régime
to go on a diet : suivre un régime, se mettre au régime

f., DIÈTE

être **à la diète** : *to be on* **a low diet**

DIGITAL *sound* [ˈdɪdʒɪtəl] son **numérique**

DIGIT [ˈdɪdʒɪt] chiffre

DIGITAL

empreintes **digitales** : **finger** *prints*

DILAPIDATED [dɪˈlæpɪdeɪtɪd] adj., (maison, bâtiment) délabré, vétuste, cf. « ruine »

DILAPIDER
(un héritage, une fortune) *to squander, to waste*

DIMINUTIVE [dɪˈmɪnjutɪv] adj., tout petit, minuscule

[Le locuteur est un assistant anglais employé par la municipalité pour faire des cours.] *Later, the mayor, a wine merchant, came to see how his investment was developing (the local council paid for my lunches) and it was hard to know whether he was more astonished or resentful at the sight of* **diminutive** *French citizens responding nimbly to foreign command.* (Peter Lennon)
Par la suite, le Maire, qui était négociant en vin, vint voir comment se comportait son investissement (le Conseil Municipal payait mes repas) et on n'aurait trop su dire s'il était étonné ou froissé de voir de tout **petits** citoyens français répondre promptement à des ordres étrangers.

Mrs Gravister sailed slowly away. The little brown basset trotted ahead, straining his leash. One had the impression of a great ship being towed into harbour by **a diminutive** *tug.* (A. Huxley)
Mrs Gravister s'éloigna majestueusement. Son petit basset brun trottait devant elle en tirant sur sa laisse, si bien que l'on avait l'impression d'un grand bateau pénétrant dans un port tiré par un **minuscule** remorqueur.

un DIMINUTIF
a pet name

DINER [ˈdaɪnəʳ] n.,

1. (U.S.) Petit restaurant, snack-bar

He has been angry ever since he left that **diner** *full of mermaids.* (J. Updike)
Il est en colère depuis qu'il a quitté ce **snack-bar** plein de sirènes. (J. Rosenthal)

2. Wagon-restaurant

DINER (personne qui prend un repas) m., DÎNEUR

m., DÎNER
dinner

DIRE [ˈdaɪəʳ] (*dire straits* : situation désespérée) terrible

As costly as putting down Saddam would be today, coping with the menace he might present in the future would be even more **dire.**
Aussi coûteux que renverser Saddam puisse être aujourd'hui, il serait beaucoup plus **pénible** encore de faire face à la menace qu'il pourrait représenter dans l'avenir.

n., DIRE

Il ne fait que confirmer les **dires** de nombre de médecins américains. (Télé 7 Jours)
He is merely confirming **what has been said** *by a good many American doctors.*

DIRECT (to) [daɪˈrekt] v., imposer, ordonner

The Health Department fined Memorial Sloan-Kettering $16,000, the maximum amount permitted, for eight violations of state regulations on health care, and **directed** *the cancer center to submit a plan to correct its deficiencies by Nov. 27.* (New York Times)
Le Ministère de la Santé a condamné Memorial Sloan-Kettering à une amende de 16.000 dollars, montant maximal autorisé, pour huit infractions aux règlements de l'état en matière de santé, et a **ordonné** au centre de recherche sur le cancer de lui soumettre un projet de redressement pour le 27 novembre. (M. Génuard)

DIRECTION [dɪˈrekʃən] ordres, directives

directions *for use* : **mode** d'emploi

His fear was great and instant, and the smell of it went from his body to his nostrils. At that very moment one of them spoke, giving **directions***. So trapped was he that he was filled suddenly with strength and anger.* (A. Paton)
Sa peur fut grande et instantanée, et son odeur monta de son corps jusqu'à ses narines. À ce moment précis, l'un d'eux parla, donnant des **ordres**. Il était si bien pris au piège qu'il sentit tout à coup monter sa force et sa colère.

DIRECTION f., DIRECTION

Il dérivait en **direction** du sud.
He was drifting in the **direction** *of the south.*

DIRECTOR [dɪˈrektəʳ] n.,

1. (théâtre) metteur en scène, (cinéma) réalisateur

In his recent autobiography, Yoshi Kubota, the well-known **director** *of many of the best films to come out of Japan in the last 20 years, reveals some of the tricks of the trade that helped him become so famous.* (N. Lefkowitz)
Dans une autobiographie récemment parue, Yoshi Kubota, **qui a réalisé** plusieurs des meilleurs films produits par le Japon au cours des vingt dernières années, révèle certaines des astuces qui l'ont aidé à devenir si célèbre.

2. Administrateur
Board of **directors** : conseil **d'administration**

DIRECTOR m., DIRECTEUR

Pour un institut, un centre de recherche :
The Director of the British Institute in Paris
The Director of the European Studies Research Institute

m., DIRECTEUR

(scolaire) **head**
(entreprise) **manager**, parfois '*director*'

DISAGREEMENT [ˌdɪsəˈgriːmənt] n., désaccord

m., DÉSAGRÉMENT
nuisance

DISCHARGE (to) [dɪsˈtʃɑːdʒ] v.,

1. Remplir (une fonction)
Whether slightly demented or not, Reardon gave no sign of inability to **discharge** *his duties.* (G. Gissing)
Qu'il eût l'esprit légèrement dérangé ou non, Reardon ne paraissait pas incapable de **remplir** ses fonctions.

2. Licencier (un employé), libérer (un soldat)

DISCHARGE (to) (des marchandises) DÉCHARGER

When we landed we watched the **discharging** *of the graceful three-master which we had observed from the other quay.* (J. Joyce)
Une fois débarqués, nous regardâmes le **déchargement** du gracieux trois-mâts que nous avions observé de l'autre quai. (J. Aubert)

(syn.) **to unload**

DISCRETION [dɪsˈkreʃən] n.,

1. « Discrétion » au sens de « liberté de décision »
He had failed her so often that she felt she could not leave him the slightest **discretion** *in regard to a flat.* (W.D. Howells)
Il l'avait si souvent déçue qu'elle se rendait compte qu'elle ne pouvait lui laisser la moindre **initiative** en ce qui concernait le choix d'un appartement.

2. Discernement
The age of **discretion** **:** l'âge de **raison**

DISCRETION f., DISCRÉTION

You can rely on his **discretion**.
Vous pouvez compter sur sa **discrétion**.

f., DISCRÉTION
tact

Le Kabyle en salopette bleue paraissait tout à fait indifférent au sort de Rigaud. À moins qu'il ne feignît de ne pas écouter nos propos par **discrétion**. (P. Modiano)
The Kabyle in the blue dungarees seemed totally indifferent to Rigaud's fate. Unless he was **being tactful** *and pretending not to listen to us.* (B. Wright)

DISPOSE of (to) [dɪs´pəuz] v., se défaire de quelque chose, s'en débarrasser (syn. *to get rid of*)

Now he thought he should **dispose** *of the gun first.*
Maintenant il pensait qu'il devait en priorité se **débarrasser** du revolver.

We **disposed of** *the car when Maurice died. It was his really ; we hadn't the heart to use it somehow.* (J. Braine)
Nous nous sommes **défait de** la voiture après la mort de Maurice. Elle était à lui, et nous n'avons pas eu le cœur de l'utiliser. (Chauffeteau et Vivier)

Deux termes dérivés : DISPOSABLE et DISPOSAL

DISPOSABLE [dɪs´pəuzəbl] adj., jetable

Vic believes fervently in buying British, and has frequent rows with his eldest son, Raymond, who favours a **disposable plastic razor** *manufactured in France.* (D. Lodge)
Vic tient absolument à acheter anglais et il se dispute fréquemment avec son fils aîné, Raymond, qui préfère **son rasoir jetable** fabriqué en France. (M. et Y. Couturier)

DISPOSAL [dɪs´pəuzəl]

In the walls of the cubicle there were three orifices. [...] in the side wall, within easy reach of Winston's arm, a large oblong slit protected by a wire grating. This last was for the **disposal** *of waste paper.* (G. Orwell)
Il y avait trois orifices aux murs de la cabine. [...] Dans le mur de côté, à portée de la main de Winston, il y avait une large fente ovale protégée par un grillage métallique. On se servait de cette fente pour **jeter** les vieux papiers. (Audiberti)

DISPOSER

1. (avoir, posséder) **to have, to possess**

Je ne **dispose** pas d'assez d'éléments pour émettre un jugement.
I don't **have** *enough elements to give an opinion.*

Je ne **dispose** pas de cette somme.
I don't **have** *this sum* **at my disposal.**

The only route to greater knowledge is through education and training that allow us to take full advantage of the technologies we now **possess**. (Newsweek)
Il n'y a que l'enseignement et la formation professionnelle qui puissent nous faire parvenir à un niveau plus élevé de connaissances et nous permettre de tirer profit des technologies dont nous **disposons** aujourd'hui.

The findings were horrific from the viewpoint of the food industry, notably the sugar and fat producers **with** *powerful Whitehall lobbies.* (The Sunday Times)
Les conclusions [du rapport] étaient terribles pour l'industrie alimentaire, en particulier les producteurs de sucre et de matière grasse, **qui disposent de** puissants groupes de pression à Whitehall.

2. (mettre dans un certain ordre) **to arrange, to lay out**
Quatre objets qu'elle avait **disposés** avec goût dans sa chambre.
Four objects she had tastefully **arranged** *in her room.*

3. Vous pouvez **disposer**. *You may* **leave**.

4. Il est mal **disposé**. *He's in a bad* **mood.**

DISPUTE [dɪs'pjuːt] n., conflit (politique, social)

At the Ford plant in Dagenham, a labor **dispute** *that began when an assembly-line worker allegedly threatened his foreman with a metal chair leg had already idled 10.000 men and cost the company $9.000.000.* (Time)
À l'usine Ford de Dagenham, un ouvrier d'une chaîne de montage aurait menacé un contremaître avec un pied de chaise métallique. Le **conflit** provoqué par cet incident avait déjà mis 10 000 personnes au chômage et coûté 9 millions de dollars à la compagnie.

DISPUTE f., DISPUTE

f., DISPUTE

Mais le plus souvent on trouvera comme équivalents en anglais :
quarrel, **argument** ; **squabbling** (chamailleries).
cf. ci-dessus l'exemple à *'disposable'* : *he* **has** *frequent* **rows** *with his eldest son.*

[...] Il y avait toujours après le cours, dans la classe, une vingtaine de grands élèves, tant de la campagne que du bourg, serrés autour de Meaulnes. Et c'étaient de longues discussions, des **disputes** interminables, au milieu desquelles je me glissais avec inquiétude et plaisir. (A. Fournier)
[...] There were always a score of senior boys who stayed behind in the class-room, boys from the village or from the countryside, huddled around Meaulnes. And then began endless discussions, interminable **arguments**, *in which I ventured to take part, half delighted, half uneasy.* (L. Willingham)

Rain, **squabbling**, *chastisement of children, and occasional words between the two ladies brought Sunday to its close.* (G. Gissing)
La pluie, les **disputes**, les corrections infligées aux enfants et quelques mots vifs échangés par ces dames occupèrent la fin du dimanche.

DISSERTATION [ˌdɪsə'teɪʃən]

(G.B.) Mémoire (de maîtrise), exposé
The degree is awarded on the written and oral papers plus the **dissertation**.
Le diplôme est accordé à partir des résultats des examens écrits et oraux auxquels s'ajoute le **mémoire**.

(U.S.) Thèse (de doctorat)

f., DISSERTATION
essay

DISTRACTED [dɪs'træktɪd] adj., fou, égaré, éperdu

a distracted look : un air égaré

Marie Swainson runs into the garden next door to pick the 'chrysanths' before they are ruined [...] She picks as quickly as the can, but **she is quite distracted.** *She doesn't mind what she does – she pulls the plants up by the roots and twists them, stamping her foot and swearing.* (K. Mansfield)
Marie Swainson se précipite dans le jardin à côté pour cueillir les 'chrysanthèmes' avant qu'ils soient fichus. [...] Elle cueille aussi vite qu'elle peut, mais **elle perd la tête.** Elle ne sait plus ce qu'elle fait, elle arrache les plantes par la racine, les courbe, les tord, trépigne, jure. (M. Merle)

DISTRACT (to) DISTRAIRE
(au sens de 'distraire, empêcher de se concentrer')

I pretended to pray but I could not gather my thoughts because the old woman's mutterings **distracted** *me.* (J. Joyce)
Je fis semblant de prier, mais, distrait par les marmonnements de la vieille femme, je **ne pouvais rassembler mes idées**. (J. Aubert)

DISTRAIT

(tempérament) **absent-minded**
(comportement) **inattentive**, **abstracted**, mais la locution « d'un air distrait » peut être exprimée en anglais, par un adverbe :

[Le narrateur vient d'arriver chez Gatsby, toutes les lumières sont allumées.]
' Your place looks like the World's Fair ', I said.
' Does it ? ' He turned his eyes toward it **absently**. *' I have been glancing into some of the rooms '.* (F.S. Fitzgerald)
« Votre maison fait penser à l'Exposition universelle ! »
— Ah ! oui ? » Puis tournant les yeux vers elle **d'un air distrait**, il dit : « je visitais des chambres ». (V. Llona)

I was alone in the compartment [...] I was a **dissipated** *traveller —* **dissipated** *in a gentlemanly sort of way, looking forward to the hot bath, the black coffee* (J. Braine).
J'étais seul dans le compartiment [...] J'étais un voyageur **distrait**, **distrait** avec une sorte de distinction, car je me réjouissais à l'avance du bain chaud, du café noir (Chauffeteau et Vivier).

DISTRACTION [dɪs'trækʃən] n., folie

cf. *to love to distraction* : aimer à la folie

DISTRACTION DISTRACTION

DISTRACTION

absent-mindedness (inattention)
entertainment, pastime (loisir)

DIVISION [dɪ'vɪʒən] n.,

1. Partage (cf. *'Depend upon it'*)
2. Vote

DIVISION f., DIVISION

The **division** *of the left lead to its failure.*
La **division** de la gauche mena à sa perte.

DOT [dɒt] n.,

In the cold the town seems actually to contract, to dwindle to a small black dot, scarcely larger than hundreds of other ***dots****, isolated and hard to find, on the enormous European map.* (Chr. Isherwood)
Dans le froid, la ville semble littéralement se contracter, se réduire à un petit point noir, à peine plus gros que des centaines d'autres **points**, isolés et difficiles à trouver, sur l'énorme carte de l'Europe.

'Mr Lampton ? Lunch at t'on club Leddersford. One. '
'Are you sure it's me you want ? ' I asked.
'Of course I'm sure. It's important too. See you're there **on the dot.** *'* (J. Braine)
« M. Lampton ? On déjeune ensemble au Club Conservateur de Leddersford à une heure.
— Vous êtes sûr que c'est à moi que vous voulez parler ? demandai-je.
— Mais bien sûr. Et c'est important. Soyez là **à l'heure pile**. »

f., une DOT
a dowry

DOT (to) [dɒt] v.,

1. Marquer avec des points, un pointillé
to dot the i's : mettre les points sur les i.

2. Parsemer
His house was a long squat bungalow, set in a generous garden **dotted with** *small groves of frangipani and avocado trees.* (W. Boyd)
Sa maison était un bungalow long et bas, situé dans un jardin de belle taille, **parsemé** de petits bosquets de frangipaniers et d'avocatiers. (Rapport de CAPES, 1991)

DOTE on (to) [dəut] v., être fou, épris de ; adorer

When Tom Maitland proposed to her [Louise] they [her parents] were dismayed, for they were convinced that she was much too delicate for the strenuous state of marriage. He **doted on** *Louise.* (S. Maugham)
Lorsque Tom Maitland la demanda en mariage ils furent consternés, car ils étaient convaincus qu'elle était bien trop fragile pour supporter la condition éprouvante de femme mariée. Il **était fou de** Louise.

DOTER

— donner une dot à quelqu'un : **to dower,** *to provide with a dowry.*

— une maison **dotée de** tout le confort moderne.
a house **equipped** *with every modern convenience.*

— une usine **dotée de** matériel ultra-moderne.
a factory **provided** *with ultra-modern equipment.*

— La nature **l'avait doté** d'un tempérament assez optimiste.
Nature had **endowed him** *with a rather sanguine temperament.*

At the beginning of the Industrial Revolution, a country's comparative advantage depended largely on the natural resources it was **blessed with.** *The raw materials of the new economy — information, education and knowledge — will be of a nation's making.* (Newsweek)
Au début de la Révolution Industrielle, l'avantage relatif d'un pays dépendait en grande partie des ressources naturelles dont il **était doté.** Les matières premières de la nouvelle économie — l'information, l'éducation et le savoir — seront le produit du seul travail d'un pays.

DRAMA [ˈdrɑːmə] m., DRAME

1. (Théâtre)
   The Elizabethan **drama** : Le **théâtre** élisabéthain.
2. (Evénement tragique)
   He makes a **drama** *out of any incident.*
   Il fait tout un **drame** de n'importe quel incident.

m., DRAME
tragedy

All women become like their mothers. That is their **tragedy**. (O. Wilde)
Toutes les femmes finissent par ressembler à leur mère. Voilà leur **drame.** (G. Hardin)

DRAMATIC [drəˈmætɪk] adj., spectaculaire, théâtral

The extent and nature of literacy in the period were also reflected in the **dramatic** *increase in cheap commercial publications and the arrival of the mass-circulation newspaper.* (J. Lawson and H. Silver)
Le développement et la nature de l'alphabétisation à cette époque étaient également perceptibles dans l'accroissement **spectaculaire** du nombre de publications commerciales bon marché ainsi que dans l'apparition des journaux à grand tirage.

The tourists who come to Southwestern China to see some of the most **dramatic** *landscapes in the world do not come to this bucolic town surrounded by lush, humpback mountains mirrored in a pristine lake.* (New York Times)
Les touristes qui se rendent dans le Sud-Ouest de la Chine pour admirer quelques uns des paysages les plus **spectaculaires** au monde, ne viennent jamais dans cette ville bucolique entourée par les reliefs arrondis et la végétation luxuriante de montagnes qui se reflètent dans l'eau pure d'un lac.

DRAMATIC (de théâtre) DRAMATIQUE

Dramatic *art :* L'art **dramatique**.
a **dramatic** *critic :* Un **critique** de théâtre.

(grave, pénible) DRAMATIQUE
tragic

Moi, je ne suis pas le moins du monde angoissé. Mais léger, très léger. Et je refuse que tout cela prenne une tonalité **dramatique** : je suis trop vieux maintenant. (P. Modiano)
Personally, I don't feel the slightest bit distressed. But elated, highly elated. And I refuse to allow all this to be **overdramatized** *: I'm too old now.* (B. Wright)

DRUGSTORE [drʌgstɔːʳ] n., pharmacie-bazar, pharmacie - maison de la presse.

DRUGSTORE (l'anglicisme est maintenant accepté.) m., DRUGSTORE

While the woman in the **drugstore** *was wrapping the shampoo bottle, a clear idea suddenly arose in Rogin's thoughts : money surrounds you in life as the earth does in death.* (S. Bellow)
Tandis que la vendeuse du **drugstore** enveloppait la bouteille de shampooing, une idée très nette germa tout à coup dans l'esprit de Rogin : l'argent vous entoure dans la vie comme la terre dans la mort.

f., DROGUERIE

Hardware shop / store n'est qu'un équivalent approximatif car il désigne plutôt la quincaillerie.

DUNGEON [ˈdʌndʒən] n., cachot, oubliette

m., DONJON
keep, donjon

E

ECONOMY [ɪˈkɒnəmɪ] faire des économies, être économe

'Drink' repeated the engineer with amiable scorn [...] 'Not from you, captain. You're far too mean, b'gosh. You would let a good man die sooner than give a drop of schnaps. That's what you Germans call **economy.** (J. Conrad)
« À boire ! » répéta le mécanicien avec une affabilité dédaigneuse [...] « Pas chez vous, commandant. Vous êtes bien trop pingre, bon sang. Vous laisseriez mourir un bon marin plutôt que de lui donner une goutte de schnaps. C'est ce que vous appelez **être économe**, vous autres allemands. » (H. Bordenave)

ECONOMY (gestion des biens d'un État) f., ÉCONOMIE

Notez (ainsi qu'il apparaît dans les exemples ci-dessous) que dans ce sens le terme est souvent précédé de l'article.

The top story in America has nothing to do with health-care reform or ***the economy.*** *It is the drama of the country's two top women ice-skaters.* (The Economist)
Ce n'est ni l'**économie** ni la réforme du système de santé qui fait les grands titres en ce moment aux États-Unis. Non, c'est le drame de deux stars du patinage artistique. (R. Alimi)

After four years of uninterrupted expansion, **the American economy** *is starting to show signs of weariness.* (The Economist)
Après quatre années d'expansion ininterrompue, **l'économie américaine** commence à donner des signes de fatigue.

ECONOMICS (science)f., ÉCONOMIE

Economics *is the science of the production, distribution and consumption of goods especially with reference to cost.* (OALD)
L'économie est la science de la production des biens, de leur distribution et de leur consommation, en liaison avec leur coût.

(argent épargné) des ÉCONOMIES
savings

[Un marchand d'aspirateurs parle à un ami.]
'I get only twenty per cent for myself. One can't save much on twenty per cent.'
'This is not an age for **saving**, *Mr Wormold'.* (Gr. Greene)
— Je n'en retire que vingt pour cent pour moi. On ne peut guère économiser sur une commission de vingt pour cent.
— L'époque n'est pas aux **économies**, M. Wormold. (M. Sibon)

Il fouille encore une petite armoire dans ma chambre. Il trouve. Il prend la totalité de mes **économies**, cinquante mille francs. (M. Duras)
He also rummages around in a little cupboard in my bedroom. He finds what he's looking for and takes all my **savings**, *fifty thousand francs.* (B. Bray)

EDITOR [ˈedɪtəʳ] n., rédacteur en chef

[Un artiste parle à sa femme.]
'Lady Edward's inviting an American **editor** *specially for my sake. He might be useful ; you know how enormously they pay.'* (A. Huxley)
« Lady Edward a invité, exprès pour moi, le **rédacteur en chef** d'un journal américain. Il pourrait m'être utile : tu sais ce que ces gens-là savent payer. » (J. Castier)

EDITOR m., ÉDITEUR

L'usage du terme « éditeur », au sens de « personne ayant assuré la préparation d'un texte en vue de sa publication » est en train de passer en français. L'« éditeur » peut alors être celui qui a préparé le texte, fait une introduction et des notes ; il peut aussi être celui qui a rassemblé des contributions pour un ouvrage collectif.

(propriétaire d'une maison d'édition) m., ÉDITEUR
publisher

Notez que « éditorialiste » (celui qui écrit un éditorial, un article reflétant l'orientation générale d'une revue) se rend par : *a leader-writer* ou *editorialist* (U.S).

EDUCATE (to) [ˈedjukeɪt] v., faire faire des études

Ten years ago, choosing **to educate** *your child at home was a sure sign of crankiness.* (The Economist)
Il y a dix ans, les parents décidant de **donner** à leurs enfants **un enseignement** à domicile étaient pris pour des fous. (R. Alimi)

'Do you know Colchester ? That's where I grew up and **was educated'**. (G. Gissing)
« Vous connaissez Colchester ? C'est là que j'ai grandi et **fait mes études**. »

EDUCATED [ˈedjukeɪtɪd] adj., instruit

What's perhaps most striking about the growing popularity of cults among Europeans is that unlike such movements in the past, which typically attracted society's poorest and most marginalized citizens, many of the new recruits are middle-class and **educated.** (Newsweek)
Ce qui est peut-être le plus frappant à propos de la popularité croissante des cultes parmi les Européens c'est que contrairement aux mouvements similaires du passé qui attiraient essentiellement les citoyens les plus pauvres et les plus marginaux de la société, nombre des nouvelles recrues sont des gens des classes moyennes et des personnes **instruites**.

EDUCATION [ˌedjuˈkeɪʃən] n., instruction

Ce terme coïncide avec le français « éducation » surtout pour désigner la formation que l'on reçoit dans une institution scolaire ou universitaire. Les équivalents français peuvent être : « éducation » ou « instruction ».

[Deux hommes discutent au restaurant, l'un d'eux se confie.]
'Do you know Colchester ? That's where I grew up and was educated. I hadn't a bad **education** ; *most men would have made more use of it. But something happened when I was a young man — it seemed to floor me, and I never quite got over it '.* (G. Gissing)
« Vous connaissez Colchester ? C'est là que j'ai grandi et fait mes études. J'ai reçu une certaine **instruction** ; la plupart des gens en auraient fait meilleur usage. Mais il m'est arrivé quelque chose quand j'étais jeune homme qui m'a comme anéanti et je ne m'en suis jamais totalement remis. »

' Yes, I had a very **good education** *at a private school — a commercial school '.* (G. Gissing)
« Oui, j'ai fait de très **bonnes études** dans une école privée — une école de commerce ».

EDUCATION f., ÉDUCATION

Le ministère de **l'éducation.**
The ministry of **education.**
The department of **education** (U.S.)

ÉDUCATION
manners, upbringing

« Les jeunes n'ont pas d'**éducation** » disait toujours la tante Sarah.
'The young have **no manners'** *Aunt Sarah used to say.*

L'éducation donnée par les parents sera rendue par « **upbringing** » :

[L'auteur décrit l'influence d'une mère sur ses enfants après sa mort.]
« J'ai voulu explorer l'influence qu'exercent les morts sur les vivants », explique Mrs Lively. « Et les ravages d'une **éducation dominatrice.** » (L'Express)
'I wanted to explore the influence the dead exert / have over the living ' explains Mrs Lively. As well as the devastating effects of a **domineering upbringing**. (L. Willingham)

EFFECTIVELY [ɪ'fektɪvlɪ] adv., efficacement

[« *Its* » renvoie à une commission de sélection pour la fonction publique.]
Its two days are designed to show whether candidates can use their brainpower ***effectively*** *(through written tests of practical problem-solving).* (The Economist)
Là les deux jours d'épreuves sont conçus pour faire apparaître si les candidats sont capables de se servir de cette intelligence **efficacement** (au moyen de tests écrits sur la manière de résoudre des problèmes dans la pratique) (J. Lezon)

EFFECTIVELY EFFECTIVEMENT

ELIGIBLE ['elɪdʒəbl] adj., (Personne) présentant les qualités requises (pour un poste, une fonction), d'où « beau parti ».

Lady Bracknell : I feel bound to tell you that you are not down on my list of **eligible young men**, *although I have the same list as the dear Duchess of Bolton has.* (O. Wilde)
Lady Bracknell : J'estime de mon devoir de vous dire que vous ne figurez pas sur ma liste de **partis possibles**, bien que j'aie la même liste que cette chère duchesse de Bolton.

ELIGIBILITY [ˌelɪdʒə'bɪlɪtɪ] n., le fait d'être un beau (ou bon) parti

Old suitors surfaced from every side and Sally found herself being pursued by several young and not so young bachelors of unquestionable **eligibility**. (J.B. Keane)
D'anciens prétendants réapparurent de partout et Sally se retrouva courtisée par plusieurs célibataires, jeunes ou moins jeunes, qui **constituaient** indubitablement de **beaux partis**.

ELIGIBILITY f., ÉLIGIBILITÉ

EMBRACE (to) [ɪmˈbreɪs] v.,

1. Embrasser au sens d'« étreindre, prendre dans ses bras, enlacer »

What Mrs. Morland would have liked to do was to raise her face-à-main to her eyes, examine Anne with the air of a grande dame.[...] But the red dress she was wearing had red buttons down in front, and the red ribbon [...] had got entangled in the buttons, so she had to give it up as a bad job, and being really a simple creature at heart she **embraced** *Anne very affectionately.* (A. Thirkell)

Ce que Mrs Morland eût aimé faire c'était lever son face-à main à hauteur de ses yeux et examiner Anne avec un air de grande dame [...]. Mais la robe rouge qu'elle portait avait des boutons rouges sur tout le devant et le ruban rouge [...] s'était pris dans les boutons, si bien qu'elle dut y renoncer en désespoir de cause, et comme c'était une personne toute simple, elle **ouvrit ses bras** à Anne très affectueusement.

The stranger had left his book behind. It lay under his rocking-chair : a woman in Edwardian dress crouched sobbing upon a rug **embracing** *a man's brown polished pointed shoes.* (Gr. Greene)

L'étranger avait oublié son livre qui était posé sous son fauteuil. Sur la couverture, une femme, vêtue à la mode de 1900, sanglotait, effondrée sur un tapis ; elle **étreignait** les pieds d'un homme chaussé de bottines vernies, brunes et pointues. (M. Sibon)

2. Adopter, accepter (une idée...)

Unlike the French who tend to **embrace** *grandiose public projects with enthusiasm, Britons take a long time to accept any new big idea.* (Time)

À la différence des Français qui ont tendance à **accueillir** les grands projets publics, il faut un certain temps aux Britanniques pour accepter tout grand dessein nouveau.

EMBRASSER
to kiss

EMISSION [ɪˈmɪʃən] n., le fait d'émettre (au sens de dégager) de la chaleur, de la fumée, un liquide, etc.

There was an **emission** *of smoke from the room at the end of the passage.*
De la fumée se **dégageait** de la pièce située au bout du couloir.

f., ÉMISSION
programme (G.B.), *program* (U.S.), *broadcast*

Lors d'une **émission** à la télé elle reconnut parmi l'assistance une amie qu'elle n'avait pas vue depuis des années.
As she was watching **a T.V. broadcast,** *among the audience she recognized a friend she had not seen for years.*

En attendant le plat suivant, elle a encore sorti de son sac un crayon bleu et un magazine qui donnait les programmes radiophoniques de la semaine. Avec beaucoup de soin, elle a coché une à une presque toutes les **émissions.** (A. Camus)
While she was waiting for the next course, she dived into her bag again and took out a blue pencil and a magazine which gave the radio programmes for the week. One by one, she very carefully ticked almost every **programme**. (J. Laredo)

Émission en direct : **live programme / broadcast**

ENDURE (to) [ɪnˈdju :] v., durer

It is an amazingly good book, an **enduring** *achievement.* (H.G. Wells)
C'est un livre remarquable, une œuvre qui **restera.**

ENDURE (to) subir, ENDURER

Many teachers now have to **endure** *overcrowded classes.*
De nombreux enseignants doivent maintenant **supporter** des classes surchargées.

Rhoda said she was well enough ; and, indeed, though the paler of the two, there was more of **the strength that endures** *in her well-defined features and large frame than in the soft-cheeked woman before her.* (Th. Hardy)
Rhoda répondit qu'elle n'allait pas mal, et de fait, bien qu'elle fût la plus pâle des deux, ses traits nettement dessinés et sa forte charpente donnaient davantage une impression de **résistance** que ceux de la jeune femme au doux visage qui se trouvait devant elle.

ENDURER
to put up, to bear

I found that most things that were good for me were nasty. But I was taught to **put up with** *them.* (G.B. Shaw)
Je me suis aperçu que la plupart des choses qui me faisaient du bien étaient désagréables. Mais on m'a appris et obligé à les **endurer.**

ENERGETIC [ˌenəˈdʒetɪk] adj., (aussi : *lively, vital*) énergique

Mr Rose is **the energetic** *chairman of the library's board of trustee.* (New York Times)
M. Rose est le président **énergique** du conseil d'administration de la bibliothèque.

At the end of the day, like an **energetic** *passenger on a transatlantic liner, he must have known to a yard how far he had walked* (Gr. Greene)
À la fin de la journée, tel le passager **décidé à prendre de l'exercice** sur un transatlantique, il devait savoir à un mètre près combien de chemin il avait fait. (M. Sibon)

ÉNERGÉTIQUE

Les **ressources énergétiques** du pays sont très limitées.
The **energy resources** *(sources of power) of the country are quite limited.*

Il leur conseilla de prendre des aliments **énergétiques** avant l'examen.
He advised them to take **energizing** *food before the exam.*

ENGAGE (to) [ɪnˈgeɪdʒ] v., syn. : *to hire* ENGAGER

Hester was the maid-of-all-work she had **engaged** *toward the end of my stay with her.* (W.S. Maugham)
Hester était la bonne à tout faire qu'elle avait **engagée** à la fin de mon séjour chez elle.

'If you don't want to pay the fare, don't **engage** *the car' the taxi driver said.*
« Si vous ne voulez pas payer le prix, ne **prenez** pas la voiture » dit le chauffeur de taxi.

ENGAGER

Il m'**engagea** à écrire au directeur.
He **strongly advised / urged** *me to write to the manager.*

S'ENGAGER

Venant de la rue de la Grande Boucherie, courbé en deux, une main à son chapeau, un homme **s'engagea sur** le Pont-du-Corbeau. (P. Mac Orlan)
Coming from the Rue de la Grande Boucherie, a man, bent double and one hand on his hat, **began to cross** *le Pont-du-Corbeau.*

ENGAGED [ɪn'geɪdʒd]

1. Occupé

The line is **engaged** : la ligne est **occupée**.

And a few cubicles away a mild, dreamy creature named Ampleforth, with very hairy ears and a surprising talent for juggling with rhymes and metres, was **engaged in** *producing garbled versions — definitive texts, they were called — of poems which had become ideologically offensive.* (G. Orwell)
Quelques cabines plus loin, se trouvait une créature douce, effacée, rêveuse, nommée Ampleforth, qui avait du poil plein les oreilles et possédait un talent surprenant pour jongler avec les rimes et les mètres. Cet Ampleforth était **employé à** produire des versions inexactes — on les appelait « textes définitifs » — des poèmes qui étaient devenus idéologiquement offensants. (A. Audiberti)

2. Fiancé(e)

ENGAGEMENT [ɪn'geɪdʒmənt]

1. Rendez-vous
2. Fiançailles

m., ENGAGEMENT
commitment, promise, agreement

ENGINEER[endʒɪ'nɪə^{r}] (sur un bateau) mécanicien

ex. sous '*mechanic*'

ENGINEER m., INGÉNIEUR

ENRAGED [ɪn'reɪdʒd] furieux, indigné, (mis) en rage

It was the dog, a true creature of the world, who knew when to be affrighted and **enraged**, *e.g., when a man falls on him, who therefore had attacked as before and as before had as quickly stopped and spat out the hand, the furious growl winding down to a little whine of apology.* (W. Percy)
C'est le chien, en authentique créature de ce monde, qui savait quand il fallait prendre peur et **se mettre en colère**, par exemple quand un homme lui tombait dessus, le chien, qui avait donc attaqué, comme la fois précédente ; et, comme la fois précédente, il s'était aussitôt arrêté et avait recraché la main qu'il tenait ; son grondement s'apaisait pour ne plus être qu'un gémissement contrit. (Jury de CAPES)

ENRAGÉ

1. **rabid** (animal qui a la rage)
2. **keen, mad keen** (passionné de quelque chose)

ENTER (to) ['entə^{r}] inscrire, enregistrer

[Une 'Lady' s'adresse à un jeune homme.]
I feel bound to tell you that you are not down on my list of eligible young men [...] However I am quite ready **to enter** *your name, should your answers be what a really affectionate mother requires.* (O. Wilde)

J'estime de mon devoir de vous dire que vous ne figurez pas sur ma liste de partis intéressants [...] Toutefois, je suis prête à y **inscrire** votre nom, si vos réponses correspondaient à ce qu'attend une mère réellement affectueuse.

to ENTER ENTRER

ENTERTAIN (to) [ˌentəˈteɪn] divertir, recevoir

ENTRETENIR
to keep, to look after

Somers wandered disconsolate through the streets of Sydney, forced to admit [...] that the parks and the Botanical Gardens were handsome and **well-kept.** (D.H. Lawrence)
Inconsolable, Somers erra dans les rues de Sydney, obligé d'admettre [...] que les parcs et les jardins botaniques étaient beaux et **bien entretenus.**

EQUIPMENT [ɪˈkwɪpmənt] n., matériel

[Lors d'une sécheresse en Australie]
Farm **equipment** *continues to stand immobile in sheds.* (Time)
Le **matériel** agricole demeure inutilisé dans les hangars.

Temple Smith smiled at this exchange as he supervised the unloading of the horses and **equipment**. (W. Boyd)
La répartie fit sourire Temple Smith, qui surveillait le déchargement des chevaux et du **matériel.** (Chr. Besse)

m., ÉQUIPEMENT
equipment, kit, gear

L'équipement hôtelier de la région s'est beaucoup amélioré.
The hotel **facilities** *of the region/district have greatly improved.*

ESSAY [ˈeseɪ] n., essai (littéraire), dissertation

m., ESSAI
a try, an attempt

ESTABLISHMENT [ɪsˈtæblɪʃmənt] (avec un 'E' majuscule) *The* **Establishment** : les classes dirigeantes, l'ordre établi

ESTABLISHMENT m., ÉTABLISSEMENT

[Un client vient de réclamer à la réception parce que sa fenêtre ne ferme pas.]
A bellhop in the threadbare maroon livery of **the establishment** *arrived stoned and fiddled with the window to no avail.* (P. Highsmith)
Un chasseur arriva, portant la livrée élimée de **l'établissement**, une livrée couleur bordeaux. Il était bourré et bricola la fenêtre sans résultat. (G. Hardin)

m., ÉTABLISSEMENT
business, school, institution, etc

ESTATE [ɪsˈteɪt] n.,

1. Propriété, domaine.
He owns a large **estate** *in Wales.*
Il possède un grand **domaine** au Pays de Galles.

[En Afrique, le narrateur évoque une conversation avec une Belge.] *There was this woman just before the troubles, she said to me, 'But* **it's our estate**. *The king gave it to us.'* (V.S. Naipaul)
Juste avant les émeutes, il y avait une femme qui me disait : « Mais **ça nous appartient** ; le roi nous l'a donné. » (A. Saumont)

2. Lotissement, cité (parfois '*Housing estate*')
It was not until the end of Main Street that he began to sense that something was wrong. There was a glow above the houses of **the estate** *but at first he thought it was the street lights.* (B. McLaverty)
Ce n'est qu'une fois arrivé au bout de la Grand-rue qu'il prit conscience qu'il se passait quelque chose. Il y avait une lueur au-dessus des maisons du **lotissement** mais il crut d'abord que c'était les réverbères.

☞ *estate car* : un break

m., ÉTAT
state

Car enfin, s'il fallait donner une preuve de l'utilité et de la grandeur de ces institutions, il faudrait bien dire que c'est **l'État** lui-même qui les subventionne. (A. Camus)
For after all, if proof were needed of the importance and usefulness of these institutons, one need only say that it is the **state** *itself which subsidises them.* (J. Laredo)

ESTATE AGENT [ɪsˈteɪt ˈeɪdʒənt] n., agent immobilier

But segregation still grew there by the unwritten codes of conduct of countless employers, trade-unionists, and **estate agents**, *by the private actions and public conformism of millions of ordinary citizens, afraid to go against the tide of prejudice, by the laissez-faire policies of the Federal Government and local authorities themselves.* (The Guardian)
Mais la ségrégation y a encore augmenté en vertu des règles de conduite non écrites de nombreux employeurs, de syndicalistes, et des **agents immobiliers**, par les actions individuelles et le conformisme public de millions de citoyens ordinaires, qui ont peur d'aller à contre courant des préjugés, par la politique de laissez-faire du Gouvernement fédéral et des autorités locales elles-mêmes.

m., AGENT D'ÉTAT
state agent

ESTEEM [ɪsˈti :m] v., (avoir une haute opinion de, respecter) ESTIMER

[He] came to my room with trembling limbs to announce that owing to his influence, and because of my **esteemed** *interest in literature, the great man would see me.* (L. Lee)
Il vint me voir dans ma chambre, en tremblant de tous ses membres, pour m'annoncer que grâce à son influence et en raison de **l'estime**, que l'on avait pour l'intérêt que je portais à la littérature, le grand homme acceptait de me rencontrer.

(également dans ce sens) ESTIMER
to think much of somebody, to respect

On **estimait** beaucoup Edgar dans son village.
Edgar was **much thought** of *in his village.*

Morisot disait à son voisin : « Hein ! quelle douceur ! » et M. Sauvage répondait : « je ne connais rien de meilleur ». Et cela leur suffisait pour se comprendre et **s'estimer.** (G. De Maupassant)

Morisot would say : ' It's grand here, isn't it ?' and Monsieur Sauvage would answer : 'No place like it.' It was all they needed to say to understand and **respect each other.**

ESTIMATE (to) [ˈestɪmɪt] (davantage au sens d'**évaluer**) ESTIMER

(syn. : *to assess*)

The OECD **estimates** *that today's high-school graduates can expect to change careers six times during a working lifetime.* (Newsweek)
L'OCDE **estime** qu'aujourd'hui les diplômés de l'enseignement secondaire peuvent s'attendre à changer six fois de métier pendant leur vie professionnelle.

ESTIMER

1. **to judge** (également dans le sens d'évaluer)

He peered into the circle, turning himself, **judging** *direction by the run of the water until he had inspected every part.* (W. Golding)
Il tourna sur lui-même, **en estimant** la direction d'après le sens des vagues, jusqu'à ce qu'il eût inspecté de tous côtés. (M.L. Marlière)

They were about six hundred feet above the river, he **judged**. *He'd never been up this far before.* (H. Hood)
Ils étaient environ à 200 mètres au-dessus de la rivière, **estima**-t-il. Il n'était jamais monté si haut auparavant.

2. (Syn. : penser, considérer) **to think, consider, regard, reckon**

Je ne me suis jamais **estimé** très courageux.
I never **thought (considered) myself** *very courageous.*

Just when she **considered** *it light enough to leave, a violent darkness descended on the living room where she had been resting.* (E. O'Brien)
Au moment même où elle **estimait** qu'il faisait assez clair pour partir, une brusque obscurité envahit le séjour où elle s'était reposée.

Prince Charles is the first heir to the throne to have earned a university degree (at Cambridge) and **he reckons that** *his years in the navy gave him 'a great experience and responsability of life, of discipline...'* (British Airways High Life)
Le Prince Charles est le 1er héritier du trône qui ait obtenu un diplôme universitaire (à Cambridge) et **il estime que** les années qu'il a passées dans la marine lui ont donné le sens des responsabilités et « une grande expérience de la vie, de la discipline... »

By taking the non-stop polar flight to London, in preference to the two-stage journey via New-York, Zapp **reckons** *that he has reduced his chances of being caught in such an Armageddon by fifty per cent.* (D. Lodge)
En empruntant le vol polaire sans escale jusqu'à Londres, de préférence au parcours en deux étapes via New-York, Zapp **estime** qu'il a réduit de 50% les risques d'être pris dans un désastre de ce genre.

EVENTUAL [ɪˈventʃuəl] adj., final, définitif, qui suit

ÉVENTUEL
possible

The present altercation was over the **possible** *visit of some journalists.* (P. Highsmith)
L'altercation actuelle avait pour sujet l'**éventuelle** visite de quelques journalistes. (M. Sarfati)

L'article examinait les conséquences d'une guerre **éventuelle** entre les deux pays.
The article examined the consequences of a **possible** *war between the two countries.*

EVENTUALLY [ɪˈventʃuəlɪ] adv., finalement, en fin de compte, en définitive

[" *They* " *:* il s'agit de mendiants et de petits marchands de cigarettes.]
[They] were already drifting down streets that would **eventually** *bear them to Via Veneto where the American tourists thronged at this hour.* (T. Williams)
[Ils] descendaient d'une allure nonchalante les rues qui **les mèneraient jusqu'à** la Via Veneto qui grouillait de touristes américains à cette heure là.

Dans cette traduction, le sens d'" *eventually* " = « finalement » est implicite dans le verbe et la préposition : « mener jusqu'à », on peut aussi concevoir une traduction par : « finalement », « en fin de compte », « finiraient par les mener ».

ÉVENTUELLEMENT
possibly, perhaps, if need be

EVICTION [ɪˈvɪkʃən] n., expulsion

The tenant's **eviction** *was seriously contemplated because he did not pay his rent.*
L'expulsion du locataire fut sérieusement envisagée parce qu'il ne payait plus son loyer.

f., ÉVICTION
ousting, supplanting

L'éviction du chef historique du parti fut une victoire de l'aile libérale.
The **ousting** *of the historical leader of the party was a victory of the liberal wing.*

EVIDENCE [ˈevɪdəns] n., preuve, témoignage, déposition

[Article de journal après un accident] **The evidence** *showed that the deceased lady, while attempting to cross the line, was knocked down by the engine of the ten o'clock slow train from Kingstown,* [...]. (J. Joyce)
Les témoignages indiquent que la victime a été renversée par la locomotive de l'omnibus de dix heures en provenance de Kingstown, alors qu'elle tentait de traverser la voie. (J. Aubert)

Here the Queen put on her spectacles, and began staring hard at the Hatter, who turned pale and fidgeted.
' **Give your evidence,** *' said the King ; ' and don't be nervous, or I'll have you executed on the spot '.* (L. Carroll)
Sur ce, la Reine mit ses lunettes, puis [...] regarda [le chapelier] si fixement qu'il devint tout pâle et commença à s'agiter.
— **Faites votre déposition,** dit le Roi, et tâchez de vous calmer ; sans quoi, je vous fais exécuter sur le champ. (J. Papy)

The King turned pale, and shut his note-book hastily.
'Consider your verdict,' he said to the jury, in a low trembling voice.
' **There's more evidence** *to come yet, please your Majesty ', said the White Rabbit, jumping up in a great hurry : ' this paper has just been picked up '.* (L. Carroll)
Le roi pâlit, et referma vivement son carnet.
— Délibérez pour rendre votre verdict, ordonna-t-il aux jurés d'une voix basse et tremblante.
— Plaise à Votre Majesté, il y a encore **d'autres preuves** à examiner, dit le Lapin Blanc en se levant d'un bond. On vient de trouver ce papier. (J. Papy)

'That's the most important **piece of evidence** *we've heard yet,' said the King, rubbing his hands.* (L. Carroll)
C'est **la preuve** la plus importante que nous ayons eue jusqu'ici, dit le Roi, en se frottant les mains. (J. Papy) [var. : pièce à conviction]

« Vous n'avez pas la **moindre preuve** » : *You haven't got* **a shred of evidence**.

f., ÉVIDENCE
the facts, the obvious fact

Que ma belle-mère fût devenue amoureuse, et de son médecin qui avait passé la soixantaine, je ne vis là qu'une imagination de Michèle, mais à Bordeaux il me fallut **me rendre à l'évidence.** (F. Mauriac)
My stepmother in love and with her doctor who was over sixty ! I trought it was only another figment of Michele's imagination, but in Bordeaux I had to **acknowledge the facts.**

In 1896 a body called the Employers Federation of Engineering Associations was founded, **obviously** *to counter the Amalgamated Engineers.* (H. Pelling)
En 1896 fut fondée la Fédération des employeurs des industries mécaniques, de **toute évidence** pour contrecarrer les *Amalgamated Engineers*.(M. Babaz)

C'est l'**évidence** même : *it's quite/perfecly* **evident**, *patently* **obvious.**

EVINCE (to) [ɪˈvɪns] v., (lg. sout.) montrer, manifester

He **evinced** *no surprise when he was told of the thing.*
Il ne **manifesta** aucune surprise quand il apprit la chose.

ÉVINCER
to oust, to supplant

Il fut **évincé** par un de ses lieutenants.
He was **ousted** *by one of his lieutenants.*

EXCEPTION [ɪkˈsepʃən] dans l'expression '*to take exception to*' : se formaliser de

He might **take exception** *to this statement, in view of the fact he wrote so many things proving the contrary.*
Il pourrait **s'offenser de** cette déclaration, dans la mesure où il avait écrit tant de choses qui prouvaient le contraire.

EXCEPTION f., EXCEPTION

Il n'y a pas d'**exception** à la règle.
There are no **exceptions** *to the rule.*
(cf. aussi la rubrique ci-dessous)

EXHIBITION [eksɪˈbɪʃən] n.,

1. Exposition (de peinture, etc)
Though there are confusing exceptions to this rule, the British Family goes to **exhibitions** *as a duty, not a pleasure.* (St Potter)
Bien qu'il y ait des exceptions déroutantes à cette règle, la famille anglaise va aux **expositions** par devoir et non par plaisir.

2. Bourse (plus couramment : *grant, scholarship, allowance*)
When he sat for the Oxford local Examination in 1872, he achieved the highest grade in the entire country, and he won **exhibitions** *in German, Greek and Latin that carried free tuition for three sessions at Owens College in Manchester.* (J. Korg)

Quand il se présenta à l'examen local pour entrer à Oxford en 1872, il obtint le meilleur résultat au niveau national et il gagna des **bourses** en allemand, en grec et en latin qui permettaient d'assister aux cours gratuitement pendant trois années à l'Institut Universitaire Owens de Manchester.

f., EXHIBITION
exhibition, show, display

EXILE (to) [ˊeksaɪl] exiler, mais aussi « bannir »

Then there is the justice minister, poor Jacques Toubon. (As Minister of Culture he made himself a national laughing stock with his illfated law **to exile** *English words from the French language)* (The Weekly Telegraph)
Et puis il y a le ministre de la justice, ce pauvre Jacques Toubon. Déjà en tant que ministre de la culture, il avait bien fait rire tout le pays avec sa loi infortunée qui visait à **bannir** les mots anglais de la langue française.

EXPENSIVE [ɪksˊpensɪv] adj., coûteuse

EXPANSIF
expansive, communicative

EXPERTISE [ekspəˊti:z] n., compétence(s), habileté

Fortunately Deppe spent less and less time at the Nanda hospital. As the war went on and the casualty list inevitably grew, his **expertise** *was required at other hospitals, makeshift clinics and convalescent homes.* (W. Boyd)
Heureusement Deppe passait de moins en moins de temps à l'hôpital de Nanda. À mesure que la guerre se prolongeait et que la liste des victimes s'allongeait inexorablement, on avait besoin de ses **compétences** dans d'autres hôpitaux, des cliniques de fortune et des maisons de convalescence.

f., EXPERTISE
expert evaluation, assessment, expert's report

EXPOSE (to) [ɪksˊpəuz] v., dénoncer, dévoiler, révéler

The Conservative and labour camps yesterday **exposed** *their extreme nervousness over the result of to-morrow's by-election in Glasgow, Hillhead.* (The Times)
Hier, les camps travaillistes et conservateurs ont **laissé paraître** leur vive inquiétude quant au résultat de l'élection partielle de demain qui aura lieu à Glasgow, circonscription de Hillhead.

The only decent garment he wore was a black overcoat which was too small for his body. Its collar **exposed** *a triangle of bare ivory flesh ; no evidence of a shirt.* (T. Williams)
Le seul vêtement convenable qu'il portait était un manteau noir trop petit pour lui et dont le col entr'ouvert **laissait voir** un triangle ivoiré de peau nue ; aucune trace de chemise.

EXPOSE (to) EXPOSER

Later that afternoon, looking for privacy, I climbed some steps to the open railed area above the cabins. The tramp was standing there alone, stained trouser-legs swollen, turn-ups shredded, **exposed to the cold wind** *and the smuts from the smokestack.* (V.S. Naipaul)

Plus tard dans l'après-midi, cherchant un endroit paisible, je montai par quelques marches raides jusqu'à l'espace ouvert qu'entourait une rampe au-dessus des cabines. Le vagabond, les jambes de son pantalon tâchées, tire-bouchonnantes, effrangées dans le bas, était là, tout seul, **exposé au vent froid** et aux particules de suie qui sortaient de la cheminée. (A. Saumont)

EXQUISITE [ɪks'kwɪzɪt] vif, intense (plaisir ou douleur)

an **exquisite** *pain :* une douleur **vive**

EXQUISITE EXQUIS

The room was decorated with **exquisite** *taste.*
La pièce était décorée avec un goût **exquis / raffiné / délicat**.

EXTENUATE (to) [ɪks'tenjueɪt] v., excuser (une faute)

The end of our intolerable situation came suddenly and unexpectedly, but in a way that I suppose was almost inevitable. My alienated affections wandered, and I was unfaithful to Marion. I won't pretend to **extenuate** *the quality of my conduct.* (H.G. Wells)
Cette situation intolérable connut une fin soudaine et inattendue mais qui d'une certaine manière était, je suppose, presque inévitable. Mon affection maintenant frustrée s'égara et je fus infidèle à Marion, je n'essaierai pas d'**atténuer** la gravité de ma conduite.

☞ *Extenuating* (aussi *'mitigating'*) *circumstances* : circonstances atténuantes

ÊTRE EXTÉNUÉ
to be exhausted, tired out

EXTRA ['ekstrə] adj., supplémentaire

[Article traitant de la première journée où le nouveau tarif du métro a été appliqué.]
The Transit Authority had averted the predicted chaos by deploying 300 **extra** *token booth clerks and 75 additional supervisors and opening 250* **extra** *windows.* (New York Times)
La société des Transports en commun de New York (the Transit Autority) avait évité la confusion générale à laquelle tout le monde s'attendait, grâce **au renfort** de trois cents guichetiers, soixante-quinze surveillants et à l'ouverture de deux cent cinquante guichets **supplémentaires**. (M. Génuard)

Coffee is **extra** : le café **n'est pas compris**.

adj., EXTRA
excellent

Il nous a servi un café **extra.**
He served us **excellent / first-rate** *coffee.*

EXTRA (an) ['ekstrə] n., supplément ; figurant ; édition spéciale

[Discussion à propos d'une location avant les vacances.]
'And mind you,' Budge succeeded at length in remarking, with impressive severity, 'no **hextras**. *Not a single bloomin'* **hextra** *! I know what that means, if they begin the game.'* (G. Gissing)
« Et pis attention », observa Budge ave une sévérité impressionnante quand il put enfin parler, « pas d'**suppléments** ! Pas de leurs foutus **suppléments** ! J'sais c'que ça veut dire quand i' s'y mettent. »

They needed 2000 **extras** *for the battle scene.*
Ils avaient besoin de 2000 **figurants** pour la scène de bataille.

They issued a late evening **extra** *on the President's death.*
Ils ont sorti une **édition spéciale** dans la soirée pour la mort du Président.

EXTRA m., EXTRA

On Mondays eight servants, including an **extra gardener,** *toiled all day with mops and scrubbing-brushes and hammers and garden-shears, repairing the ravages of the night before.* (F.S. Fitzgerald)
Le lundi, huit domestiques, y compris **un extra engagé comme jardinier**, s'affairaient toute la journée armés de serpillières, de brosses à récurer, de marteaux et de cisailles à haie, pour réparer les dégâts de la veille. (M. Viel)

Ils avaient embauché **un extra** pour la réception.
They had hired an **extra help** *for the party.*

EXTRAVAGANCE [ɪksˈtrævəgəns] n., gaspillage, folie

[*He* = un propriétaire ; *their* = ses locataires.]
[...] *he hardly knew how to support their untidiness, their dirtiness, and their* **extravagance** *with light and gas.* (A. Wilson)
[...] il avait du mal à supporter leur absence d'ordre, leur saleté et **leur façon de gaspiller** le gaz et l'électricité.

When she'd left the room I opened my suitcase and unfolded my dressing-gown. I'd never had one before ; Aunt Emily thought not only that they were **an extravagance** *(an overcoat would serve their purpose) but that they were the livery of idleness and decadence.* (J. Braine)
Quand Mrs Thompson eut quitté la pièce, j'ouvris ma valise et je dépliai ma robe de chambre. Je n'en avais encore jamais eu. Tante Emily pensait non seulement que c'était **une folie** (un pardessus pouvait rendre les mêmes services) mais que c'était la livrée de l'oisiveté et de la décadence. (Chauffeteau et Vivier)

f., EXTRAVAGANCE
eccentricity

EXTRAVAGANT [ɪksˈtrævəgənt] adj., dépensier

He might even have made a fortune [...], but he prevented this by marrying an **extravagant** *wife.* (J. Cary)
Il aurait même pu faire fortune, mais il se l'interdit par son mariage avec une femme **dépensière.**

EXTRAVAGANT
wild, eccentric, crazy, flamboyant

F

FABRIC [ˈfæbrɪk] n.,

1. Tissu, étoffe

We were all, so far as our style of dress was concerned, a dreary lot. Most of our mothers felt that anything was good enough for us to go to school in so long as it was made of tough, durable **fabric**. (F. Uhlman)
En matière de style vestimentaire, nous faisions à nous tous un morne assemblage. La plupart de nos mères avaient le sentiment que n'importe quels vêtements étaient assez bons pour aller en classe aussi longtemps qu'ils étaient faits **d'étoffe** solide et durable. (L. Lack)

2. Construction, édifice

[Description d'un incendie qui ravage la cathédrale Saint-Paul]
The molten lead poured down in torrents, and not merely flooded the whole interior of the **fabric**, *but ran down in a wide and boiling stream almost as far as the Thames.* (W.H. Ainsworth)
Le plomb fondu tombait en cataractes ; non seulement il envahissait tout l'intérieur de l'**édifice** mais se déversait en un large flot bouillonnant qui atteignait presque la Tamise.

f., une FABRIQUE
a factory

FACILITIES [fəˈsɪlɪtɪz] n., installations, équipements, services

Sports facilities : équipements sportifs
Harbour facilities : installations portuaires

As Catague explained, **facilities** *like the Family Safety Center are fundamental to those victims receiving help.* (The International Examiner)
Comme Catague l'a expliqué, des **locaux,** tels ceux du Centre de Protection des Familles, sont indispensables aux victimes prises en charge.

[En Inde, le domestique d'un Américain compare son sort avec celui de ses amis qui vivent dans la rue.] *Bedding was rolled up ; no one spoke much ; and soon my friends were hurrying in silent competition to secluded lanes and alleys and open, lots to relieve themselves. I was spared this competition ; in our chambers I had* **facilities**. (V.S. Naipaul)
On enroulait la literie ; personne n'était très bavard ; bientôt mes amis, en une compétition silencieuse, se précipitaient vers les ruelles écartées et les terrains vagues afin de se soulager. Moi, je ne prenais pas part à la course ; dans notre logement, j'avais mes **commodités / toilettes**.

FACILITY [fəˈsɪlɪtɪ] n., f., FACILITÉ

f., FACILITÉ
ease, ability, easiness

Il s'exprime avec **facilité.**
He expresses himself with **ease.**

☞ Facilités de paiement : *easy terms*

FACULTY [ˈfækəltɪ] (U.S.) personnel enseignant d'une université

Morris Zapp has never before left the protection of the North American landmass, a proud record unique among **the faculty** *of his university.* (D. Lodge)
Morris Zapp n'a jamais quitté la masse rassurante du continent nord américain, ce qui, parmi les **enseignants** de son université, fait de lui une exception, dont il n'est pas peu fier.

FACULTY f., FACULTÉ

He seemed to be in possession of all his **faculties**.
Il semblait être en possession de toutes ses **facultés**.

FAN [fæn]

1. Éventail
It was the white Rabbit returning, splendidly dressed, with a pair of white kid gloves in one hand and a large **fan** *in the other.* (L. Carroll)
C'était encore le Lapin Blanc, magnifiquement vêtu, portant d'une main une paire de gants de chevreau blancs et de l'autre un grand **éventail.** (J. Papy)

2. Ventilateur
L'après-midi, les grands **ventilateurs** brassaient toujours l'air épais de la salle, et les petits éventails multicolores des jurés s'agitaient tous dans le même sens. (A. Camus)
That afternoon the huge **fans** *were still churning up the dense atmosphere in the courtroom and the jurymen were all waving their little coloured fans in the same direction.* (J. Laredo)

FAN oneself (to), s'éventer

As the hall was very hot, she kept **fanning herself** *all the time she went on talking.* (L. Carroll)
Comme il faisait très chaud dans la salle, elle se mit à **s'éventer** sans arrêt tout en continuant de parler. (H. Parisot)

FAN (ce mot est en fait une troncation de '*fanatic*') m., f., FAN

FASTIDIOUS [fæsˈtɪdɪəs] adj., difficile, tatillon, exigeant

When she [a cat] saw the old sheep-dog she sprang up quickly, arched her back, drew in her tabby head and seemed to give a little **fastidious** *shiver.* (K. Mansfield)
À la vue du vieux chien de berger, elle se leva d'un bon rapide, fit le gros dos, rentra sa tête tigrée, et eut l'air de frémir d'un petit frisson de **dégoût.** (M. Merle)

FASTIDIEUX
tedious, tiresome

He came into my life in February 1932 and never left it again. More than a quarter of a century has passed since then, more than nine thousand days, desultory and **tedious**, *hollow with the sense of effort or work without hope.* (F. Uhlman)
Il entra dans ma vie en février 1932 pour n'en jamais sortir. Plus d'un quart de siècle a passé depuis lors, plus de neuf mille journées **fastidieuses** et décousues, que le sentiment de l'effort ou du travail sans espérance contribuait à rendre vides. (L. Lack)

FATIGUE [fə'ti:g]

1. (Militaire) corvée
to be on fatigue : être de corvée

2. fatigues : treillis
[En Afrique] *In the dark, and against their shining black skins, the soldier's white vests shone like so many white shields ; [...]. The moustached man shouting at them and running with them, was* **in the fatigues** *of the Israeli army.* (V.S. Naipaul)
Dans le noir, et sur les peaux noires et luisantes, les maillots des soldats étaient comme des boucliers d'un blanc éclatant, [...]. L'homme moustachu qui courait avec les soldats en poussant des cris était **vêtu d'un treillis** de l'armée israélienne. (A. Saumont)

FATIGUE f., FATIGUE

FATIGUE
tiredness, weariness

After four years of uninterrupted expansion, the American economy is starting to show **signs of weariness**. (The Economist)
Après quatre années d'expansion ininterrompue, l'économie américaine commence à donner des **signes de fatigue**.

FATUITY [fə'tju:ɪtɪ] n., bêtise, sottise

At least, he comforted himself, he had remained stationary ; if he had been surrounded by the well-meant ***fatuity*** *of those who had always sought to 'guide ' him, there was no telling what disastrous steps might already have been taken.* (J. Wain)
Au moins, se disait-il pour se consoler, il était resté stationnaire ; s'il avait été entouré de la bêtise bien intentionnée de ceux qui avaient toujours essayé de le « guider », Dieu sait quelles **sottises** il aurait déjà pu faire.

f., FATUITÉ
self-complacency, self-conceit

FATUOUS ['fætjuəs] adj., stupide, niais.

'Hilloo,' she cooed, pursing her brilliant cherry lips as though she were going to kiss the mouthpiece : 'Ist das Du, mein Liebling ? ' Her mouth opened in a **fatuously** *sweet smile.* (Chr. Isherwood)
— Hillo, roucoulait-elle, avançant ses lèvres luisantes, couleur de cerise, comme pour donner un baiser au récepteur. *Ist das Du, mein Liebling* ?
Sa bouche s'entrouvrait en un sourire délicieusement **idiot.** (L.Savitsky)

FAT
smug, conceited

FEASIBLE ['fi:zəbl] adj., plausible

If fiction is, to a large extent, objectified autobiography — a **feasible** *theory — then the interestingness of an author of fiction depends proportionately on the interestingness of the author's own character.* (M.D. Stetz)
Si la fiction est, dans une large mesure, de l'autobiographie objectivée — théorie tout à fait **plausible** — alors, l'intérêt de l'auteur est largement proportionnel à la personnalité de cet auteur.

FEASIBLE (réalisable) FAISABLE

Should the scheme he had now sketched prove **feasible**, *Silver, already doubly a traitor, would not hesitate to adopt it.* (R.L. Stevenson)
Si le plan que Silver venait d'esquisser se révélait **réalisable**, il n'hésiterait pas, déjà doublement traître, à l'adopter. (A. Bay)

FESTIVAL ['festɪvəl] fête (religieuse)

Christmas is, before all, a family **festival**.
Noël est avant tout une **fête** de famille.

FESTIVAL f., FESTIVAL

Les hôtels sont complets à cause du **festival** de musique.
The hotels are booked up because of the music **festival**.

FIERCE [fɪəs]

1. Féroce
Our hero's way home led through a path that ran along the Rat river. As he passed a wooded stretch he cut a stout stick... He was twirling his club when he was startled by a young girl's shriek. Turning his head, he saw a terrifed figure pursued by a **fierce** *dog.* (N. West)
Pour rentrer chez lui, notre héros devait emprunter un sentier qui longeait la rivière Rat. En traversant un bosquet, il se tailla un gros bâton... Il faisait des moulinets avec son gourdin quand le cri perçant d'une jeune fille le fit sursauter. Tournant la tête, il vit une personne terrifiée poursuivie par un chien **féroce**.

2. Ardent (soleil)
Feeling pretty dismal and depressed myself, I drove back into Waikiki, and sat on the beach. A mistake. The sun **was fierce**, *and the few patches of shade under the palm trees at the back of the beach were occupied.* (D. Lodge)
Me sentant moi-même d'humeur un peu maussade et démoralisé, je regagnai Waikiki en voiture, et m'installai sur la plage. Ce fut une erreur. Le soleil **tapait fort** et les rares coin d'ombres sous les palmiers à l'arrière de la plage étaient occupés.

FIER
proud

Elle était **fière** de la réussite sociale de ses enfants.
She took **pride** *in the children's social success.*

FIGURE ['fɪgə^r] n.,

1. Chiffre
To-day's issue [of the Times] contained a statement of the actual output, from which it appeared that the forecasts were in every instance grossly wrong. Winston's job was to rectify **the figures** *by making them agree with the later ones.* (G. Orwell)
Le journal du jour publiait un état de la production réelle. Il en ressortait que les prévisions avaient été, dans tous les cas, grossièrement erronées. Le travail de Winston était de rectifier les **chiffres** primitifs pour les faire concorder avec les derniers parus. (A. Audiberti)

2. Silhouette, forme, etc. (considérez que « silhouette » constitue une base sémantique mais que l'on est souvent amené à rendre « *figure* » par un autre terme que « silhouette ». cf. ci-dessus à '*fierce*' 1).

A solitary **figure** *was coming towards him from the other end of the long, brightly-lit corridor.* (G. Orwell)
Une **silhouette** solitaire venait vers lui de l'extrémité du long couloir brillamment éclairé. (A. Audiberti)

It was obvious that her life was completely filled with the children, with her clothes, with **keeping her figure slim**, [...]. (J. Cary)
Il était évident que sa vie était complètement remplie par ses enfants, ses toilettes, **son souci de garder la ligne.**

C'est dans le contexte de l'animé humain, lorsqu'il a le sens de « silhouette », que « *figure* » provoque le plus d'erreurs et est fréquemment interprété comme signifiant : « figure » au sens de « visage », sens qu'il n'a jamais et qui est assuré par « *face* », cf. « *genial* » pour un autre exemple.

FIGURE f., FIGURE

1. (Personnalité)
He was an outstanding **figure** *of the post-war years.*
C'était une **figure** marquante de l'après-guerre.

2. (Figure de rhétorique)
Metonymy is a **figure** *of speech.*
La métonymie est une **figure** de discours.

f., FIGURE
face

Moi, j'allais le relever. Mais il m'a donné des coups de pied de par terre. Alors je lui ai donné un coup de genou et deux taquets. Il avait la **figure** en sang. (A. Camus)
I was going to help him up. But he started kicking me from off the ground. So I gave him one with my knee and a couple of swipes. **His face** *was covered in blood.* (J. Laredo)

FILE [faɪl] n.,

1. Lime (à ongles, à bois)

2. Dossier
He had stayed on in Berlin, conscious that Personnel had marked his **file** *for review at the end of every year.* (J. Le Carré)
Il était donc resté à Berlin, conscient du fait que le Service des Effectifs avait classé son **dossier** parmi les révisions annuelles. (M. Duhamel et H. Robillot)

3. Fiche (de police)
[...] *When I saw Rollo Martins first I made a note on him for my security* **files**. (Gr. Greene)
[...] La première fois que j'ai vu Rollo Martins, j'ai noté pour mes **fiches** de police. (P. Nordon)

FILE f., FILE

in single file : en file indienne

f., FILE
a line, a queue, a string

Il y avait une longue **file** d'attente.
There was a long **queue** *of people waiting.*

La **file** de voiture s'étendait sur plusieurs kilomètres.
The **line** *of cars was extending on miles.*

Il arrêta sa voiture **en double file**.
He **double-parked** *his car.*

FILIBUSTER (to) [ˈfɪlɪbʌstəʳ] v., faire de l'obstruction systématique

All nominees and treaties moved through the Foreign Relations Committee in record time until the Democrats decided on July 31 to **filibuster** *Senate consideration of all of the committee's legislative initiatives.* (New York Times)
Candidats et traités sont passés devant le Comité des Relations Étrangères en un temps record jusqu'à ce que les démocrates décident, le 31 juillet, de **faire obstruction** au Sénat qui prenait en considération toutes les initiatives législatives du Comité. (M. Génuard)

The senator was **deliberately filibustering** : Le sénateur **faisait délibérément de l'obstruction.**

m., FLIBUSTIER
freebooter, buccaneer

FINAL [ˈfaɪnl] adj., décisif, définitif

This is the **final** *version of the text.*
Voici la version **définitive** du texte.

I had known something of New England village life long before I made my home in the same county as my imaginary Starkfield ; though during the years spent there, certain aspects of it became much more familiar to me.
Even before that **final** *initiation, however, I had an uneasy sense that the New England of fiction bore little [...] resemblance to the hard and beautiful land as I had seen it.* (E. Wharton)
Je savais déjà un peu ce qu'était la vie dans un village de la Nouvelle Angleterre bien avant de m'installer dans le comté qui me servit de modèle pour le Starkfield de mon roman ; mais pendant les années que j'y vécu, certains de ses aspects me devinrent beaucoup plus familiers.
Cependant bien avant cette initiation **décisive**, j'avais le sentiment désagréable que la Nouvelle Angleterre de ma fiction n'avait qu'une vague ressemblance — d'ordre botanique et dialectal — avec le beau pays rude que j'avais connu.

FINAL FINAL

FIX (to) [fɪks] v.,

1. Réparer
Since Frank Rammage had grown fat, he liked to spend his time doing odd jobs indoors. With his short legs and his pot belly, he couldn't do much that required the use of a ladder, but he laboured hours painting shelves or **fixing** *electric wires.* (A. Wilson)
Depuis que Frank Rammage avait pris du poids, il aimait à bricoler chez lui. Ses jambes courtes et son gros ventre l'empêchaient souvent de faire des travaux qui nécessitaient l'utilisation d'une échelle, mais il passait des heures à peindre des étagères ou à **réparer** l'installation électrique.

2. Préparer
I'll **fix** *you some coffee.*
Je vais vous **faire** un café.

FIX (to) FIXER

We tried to **fix** *a date.*
Nous essayâmes de **fixer** une date.

FLANNEL [ˈflænl]

1. (fam.) Baratin
That's just a lot of **flannel**.
Tout ça, c'est du **baratin**.

2. *face-flannel* # gant de toilette

FLANNEL f., FLANELLE

flannels : pantalon de flanelle

FOOL [fu:l] n.,

1. mousse de fruit
There's apple **fool** *for dessert today.*
Il y a de la **mousse** de pomme comme dessert aujourd'hui.

2. un imbécile
He thought Leamas suspect, and Leamas thought him **a fool.** (J. Le Carré)
Il considérait Leamas comme suspect et Leamas, lui, le considérait comme un **imbécile**. (Duhamel et Robillot)

Don't be **a fool** ! : ne fais pas **l'idiot** !

to make an **April fool** *of somebody.*
faire un **poisson d'avril** à quelqu'un.

'Any **fool** *could see that Harriet wasn't ready for such an experience'.*
«Il ne fallait pas être bien **malin** pour voir que Harriet n'était pas prête à vivre ça.»

a FOOL (à la cour) bouffon m., FOU

In the Middle Ages and early Renaissance kings and nobles used to have a **fool** *who was supposed to amuse them.*
Au Moyen-Age et au début de la Renaissance, rois et nobles avaient un **fou** qui était censé les amuser.

m., FOU

1. (Personne atteinte de troubles mentaux) *a* **madman**, *a* **lunatic**
2. (Aux échecs) *the* **bishop**

adj., FOU, FOLLE

Une motocyclette déboucha dans l'allée à une vitesse **folle.**
A motor-cycle rounded the drive at **a terrific** *speed.*

FORAGE [ˈfɒrɪdʒ] fourrage

forage cap : calot

At intervals the army lorries rolled slowly by. Below green **forage caps** *the fat faces of the soldiers were expressionless and still matt-black from their morning wash.* (V.S. Naipaul)
Par intervalles, les camions militaires passaient lentement. Sous les **calots** verts les visages gras des soldats étaient sans expression et leur peau noire encore mate après les ablutions réglementaires. (A. Saumont)

m., FORAGE
boring

m., FORCING

faire le forcing : *to pile on the pressure*

Les négociations furent menées **au forcing**.
The negotiations were conducted **under pressure**.

FORM [fɔ:m] n.,

1. Formulaire
I was given the usual answer : fill in this **form** *and we'll call you when there is a job.*
On me fit la réponse habituelle : remplissez ce **formulaire** et nous vous convoquerons quand il y aura un poste.

2. *His brother is in the first* **form.**
Son frère est en sixième.

FORM f., FORME

He is still in good **form** *considering his age.*
Il est encore en bonne **forme** pour son âge.

f., FORME

[sous-titre d'article] *Peter Conrad on two contrasting approaches to* **keeping-fit** (The Observer)
Deux conceptions différentes de **la forme** selon Peter Conrad.

The moral of Australian exercise is that you need **to be fit** *in order to survive.* (The Observer)
La morale de l'exercice à l'Australienne, c'est qu'il faut **être en forme** pour survivre. (J. Lezon)

FORMAL [ˈfɔ:məl] adj., solennel, cérémonieux, de cérémonie

The men wore **formal** *suits with hats, collars and ties.*
Les hommes portaient des costumes **de cérémonie** avec chapeau, col et cravate.

FORMAL FORMEL

This is a rather **formal** *distinction.*
C'est une distinction plutôt **formelle.**

FORMEL
definite, positive, strict

Le témoin a été **formel** : c'était bien l'homme qui avait sonné à 16 heures l'après-midi du crime.
The witness was quite **definite** *about it : that was the man who had rung at four on the afternoon the murder was committed.*

FORMALITY [fɔ:mælıtı] n., raideur, froideur, cérémonial

Formality *still pervades the palace of Tokyo as the longest reigning of all Japanese emperors, Hirohito, prepares to celebrate his 80 th birthday on Wednesday.* (Now)
Alors que Hirohito, l'empereur du Japon ayant eu à ce jour le plus long règne, s'apprête à fêter son 80e anniversaire, le palais de Tokyo est encore tout imprégné de **cérémonial.**

Murray was held to be — despite a certain **formality** *of manner — a fine doctor whose diagnoses were invariably correct.* (W. Boyd)
Murray était tenu — malgré un **côté** un peu **guindé** — pour un médecin dont le diagnostic était invariablement juste. (Chr. Besse)

FORMALITY f., FORMALITÉ

Ce n'est qu'une formalité.
It's a mere **formality**.

FORMALLY [ˈfɔ:məlɪ] adv., cérémonieusement

The girls sat **formally** *down in the sand and straightened their skirts over their knees.* (J. Steinbeck)
Les filles s'assirent **cérémonieusement** sur le sable, en tirant leurs jupes sur leurs genoux. (M. Paz)

FORMALLY FORMELLEMENT

FORMELLEMENT
strictly

Ne savez-vous pas qu'il est **formellement** interdit de déposer des ordures sur ce terrain vague ?
Don't you know it is **strictly** *prohibited to throw garbage on this vacant lot ?*

FORMIDABLE [ˈfɔ :mɪdəbl] adj., redoutable, impressionnant

The **formidable** *Bristol F2B was a two seater fighter, equipped with forward and rearward firing guns.* (Notice de maquette « Airfix »)
Le **redoutable** Bristol F2B était un avion de combat biplace, équipé de fusils mitrailleurs avants et arrières.

Saddam's armed forces are again the most **formidable** *in the region.* (Newsweek)
Les forces armées de Saddam sont à nouveau les plus **redoutables** de la région.

FORMIDABLE
wonderful, great, splendid, smashing, fantastic

FRANCHISE [ˈfræntʃaɪz] n., droit de vote

Women were not given **the franchise** *in France until after the second world war.*
Les femmes n'ont obtenu le **droit de vote** en France qu'après la seconde guerre mondiale.

FRANCHISE (magasin) f., FRANCHISE

They were granted a fast-food **franchise.**
On leur accorda une **franchise** de fast-food.

f., FRANCHISE
frankness, candour, openness

Le manque de **franchise** dans les relations humaines que dénonçait Ibsen... (A. Maurois)
The lack of **candour** *in human relationships denounced by Ibsen...*

[Des badauds regardent des chasseurs] À cette vue, les curieux manifestèrent avec une **franchise** toute rustique leur dédain pour une aussi maigre capture. (A. Dumas)
On seeing this, the inquisitive youths manifested with rustic **freedom** *their contempt for such paltry sport.* (Th. Peterson)

'I see your opinion of me has suffered. You don't like this story. You wonder how I could do such things.'
'Well, dear, I certainly wonder how you could begin,' Mildred made answer, with her natural **directness**, *but gently.* (G. Gissing)

« Je vois que j'ai baissé dans votre estime. Cette histoire ne vous plaît pas. Vous vous demandez comment j'ai pu faire des choses pareilles. »
« En effet, ma chère, je m'étonne que vous ayez pu entamer ces relations, » répondit Mildred avec sa **franchise** naturelle, mais sans aucune méchanceté. (Coustillas et Calbris)

FRAUD [frɔ:d] n., supercherie ; imposteur

His crime had been a **fraud** *as well as a murder.* (A. Huxley)
Son crime avait été non seulement un meurtre, mais une **tromperie.** (J. Castier).

f., FRAUDE

(à un examen) : *cheating*
fraude fiscale : *tax evasion*
faire passer quelque chose en fraude : *to smuggle*
mais, fraude électorale : *electoral fraud*

Ils venaient de Paris et ils avaient franchi la ligne de démarcation **en fraude**. (P. Modiano)
They had come from Paris, and had crossed the demarcation line **illegally**. (B. Wright)

FRESH [freʃ] adj.,

1. (U.S.) Effronté, insolent, impertinent, culotté

2. *Fresh water :* eau douce, eau potable
Fresh water fish : poisson d'eau douce

3. Nouveau, récent
His father, **fresh** *from work, is in an ink-smeared blue shirt.* (J. Updike)
Son père, qui **vient de** rentrer du travail, porte une chemise tachée d'encre.

FRESH FRAIS

fresh *vegetables* : légumes **frais**
fresh *meat :* viande **fraîche**

FRAIS
cool, cold, chilled

Il demanda de l'eau **fraîche**.
He ordered some **chilled** *water.*

He had drunk wine tapped from a barrel and **cold** *as water from a mountain spring.* (J. Buchan)
Il avait bu du vin tiré au tonneau, aussi **frais** que l'eau d'une source de montagne. (D. Verheyde)

f., FRAÎCHEUR

Les couloirs de marbre blond vous protégeaient du soleil et dans la **fraîcheur** et la demi-pénombre du bar, vous étiez au fond d'un puits. (P. Modiano)
Its pale marble corridors protected you from the sun, and in the **cool** *of the semi-darkness of the bar you were at the bottom of a well.* (B. Wright)

FRIEZE [fri:z] n., ratine

He was a lean, upright old man, in a **frieze** *coat that was covered with a web of tiny drops.* (K. Mansfield)
C'était un vieil homme maigre et droit, vêtu d'une veste de **ratine** quadrillé d'un réseau de fines gouttelettes. (M. Merle)

FRIEZE f., FRISE

Are the Parthenon **friezes** *still in Athens ?*
Les **frises** du Parthénon sont-elles encore à Athènes ?

FURNISH [ˈfɜːnɪʃ] v., meubler

A room **furnished** *with taste.*
Une pièce **meublée** avec goût.

FOURNIR
to supply

This lady, her name Miss Barfoot, had been **supplying** *her with money.* (G. Gissing)
Celle-ci, Mlle Barfoot, lui avait **fourni** de l'argent. (Coustillas et Calbris)

FURNITURE [ˈfɜːnɪtʃə^r] n., le mobilier, des meubles

f., FOURNITURE

(l'acte de fournir) : *supplying*
(objets fournis) : *supplies*
fournitures scolaires : *school stationary*

G

GAFF dans l'expression « **to blow the gaff** » : vendre la mèche.

Its findings were so horrific from the viewpoint of the food industry, notably the sugar and fat producers, with powerful Whitehall lobbies, that publication was firmly sat on until journalist Geoffrey Cannon **blew the gaff** *in* The Sunday Times *last July.* (The Sunday Times)
Les conclusions (du rapport) étaient si alarmantes du point de vue de l'industrie alimentaire, en particulier pour les producteurs de sucre et de matières grasses qui disposent de puissants groupes de pression à Whitehall, qu'on en empêcha la publication jusqu'à ce que le journaliste Geoffrey Cannon **vendît la mèche** dans le *Sunday Times* en juillet dernier.

GAFF (sorte de perche munie de un ou deux crocs) GAFFE

GAFFE
(bévue, maladresse) *blunder*

GAG [gæg] baillon

The press was **gagged** : la presse était **muselée**.

GAG m., GAG

GALLANT [ˊgælənt] adj., (lang.sout) vaillant, courageux

a **gallant** *knight* : un **preux** chevalier

GALLANT GALANT

Mrs Corney rose to get another cup and saucer from the closet. As she sat down, her eyes once again encountered those of the **gallant** *beadle ; she coloured, and applied herself to the task of making his tea.* (Ch. Dickens)
Mrs Corney se leva pour prendre une autre tasse et une autre soucoupe dans le placard. Lorsqu'elle s'assit, son regard croisa à nouveau celui du **galant** bedeau ; elle rougit et se mit en devoir de lui préparer son thé.

GALLANTLY [ˊgæləntlɪ] adv., bravement, vaillamment

In five minutes they had quitted the restaurant. They found a hansom, and, as he leapt into it, Nangle shouted **gallantly** *to the driver : ' Prince of Wales Road, Kentish Town ! '.* (G. Gissing)
Cinq minutes plus tard ils avaient quitté le restaurant. Ils trouvèrent un fiacre, et, en montant d'un bond, Nangle cria **fièrement** au cocher : « rue du Prince de Galles, à Kentish Town ! ».

GALLANTLY GALAMMENT

GALLANTRY [ˈgæləntrɪ] (lg. sout.) courage, bravoure

If the family had contributed nothing to statesmanship and little to the art, they had died with spectacular **gallantry** *for orthodox causes in every generation.* (P.D. James)
Si la famille n'avait guère produit d'homme d'état ou d'artiste, ses membres, à chaque génération, étaient morts avec une **bravoure** admirable pour des causes orthodoxes.

GALLANTRY — GALANTERIE

GAS [gæs]

1. Essence (U.S.)
2. Rigolade

GAS — m., GAZ

L'hydrogène est un **gaz** : *Hydrogen is a* **gas**.

GAS-OIL
diesel oil

GENIAL [ˈdʒiːnɪəl] adj., chaleureux, cordial, affable, sympathique, jovial, bon enfant

[...] *and remarkable figures did the two young women present as they ran hither and thither on the edge of the tide — their petticoats pinned up outside their dresses. Budge and Rippingille, reclining pipe in mouth, watched with a* **genial** *grin.* (G. Gissing)
[...] et les deux jeunes femmes ne manquaient pas d'allure tandis qu'elles folâtraient au bord des vagues — avec leurs jupons retroussés par dessus leurs robes. Budge et Rippingille, étendus sur le sable la pipe aux lèvres, les observaient avec un large sourire **plein de bienveillance**.

The fat man is no longer a generous and **genial** *Falstaffian comedian but a mean sluggard.* (The Observer)
L'homme gros n'est plus un pitre généreux et **jovial** à la Falstaff mais un sale mollasson.

a **genial** *climate* : un climat **doux**

GÉNIAL

1. Au sens de « qui a du génie », ou « inspiré par le génie » :'*brilliant, masterly*', des expressions contenant le nom '*genius*' ou bien l'expression : '*of genius*'

[Une femme parle d'un de ses amants.]
He was marvellous. I adored him. He was **an absolute genius** *at comedy parts.* (Ch. Isherwood)
Il était épatant. Je l'adorais. Il jouait les comiques **d'une façon géniale**. (L. Savitsky)

2. (Exclamation) **fantastic, great**
The practical thing was to find rooms in the city, but it was a warm season, and I had just left a country of wide lawns and friendly trees, so when a young man at the office suggested that we take a house together in a commuting town, it sounded like a **great** *idea.* (S. Fitzgerald)
Le bon sens aurait voulu que je cherchasse un logement à New York, mais la saison était chaude et je venais de quitter une ville pleine de larges pelouses et d'arbres fraternels. Aussi lorsqu'un de mes jeunes camarades de bureau suggéra que nous prissions ensemble une maison dans la banlieue, la proposition me sembla-t-elle **géniale**. (V. Llona)

GENIALLY [ˈdʒiːnɪəlɪ] adv., cordialement

The Physical Jerks would begin in three minutes [...].
'Arms bending and stretching !' [a piercing female voice] rapped out 'Take your time by me. One, two, three, four !' [...]
'Stand easy !' barked the instructress, a little more **genially**. (G. Orwell)
L'heure de culture physique allait commencer dans trois minutes [...]
- Flexion et extension des bras ! lança [une voix perçante de femme]. En même temps que moi. Un, deux, trois, quatre ! [...]
- Repos ! aboya la monitrice, un peu plus **cordialement.** (A. Audiberti)

'After you, Captain !' he cried **genially**. (K. Mansfield)
" Après vous, Capitaine ! » cria-t-il **d'une voix cordiale.**

GENTEEL [dʒenˈtiːl] adj., (souvent avec une connotation ironique) distingué, élégant

It was impossible to snub anyone so gross. Her face reddened with displeasure. She looked around as much as to say, 'Are you all like this ?' And two little old ladies, who were sitting farther up the table, with shawls hanging over the backs of the chairs, looked back, clearly indicating' We are not ; we are **genteel.**' (E.M. Forster)
Impossible de remettre à sa place un être aussi grossier. Son visage s'empourpra de mécontentement. Elle jeta un regard circulaire comme pour dire : « Est-ce là votre genre à tous ? » et deux vieilles dames menues, assises plus haut, leurs châles pendant sur le dossier de leurs chaises, renvoyèrent un regard qui signifiait clairement : « Non, nous sommes **distinguées** ". (Ch. Mauron)

GENTIL
kind, nice, sweet

(cf. ci-après rubrique '*Gentle*')

GENTILITY [dʒenˈtɪlɪtɪ] n., (prétention à la) distinction

[*He* = le supérieur hiérarchique, en l'occurrence un Major.]
He liked Thea's competence, but he genuinely despised her **gentility** *and what he called her ' blasted hard-boiled virginity '*. (A. Wilson)
Il estimait la compétence de Thea, mais méprisait sincèrement son **élégance** et ce qu'il appelait sa « sacrée virginité ». (Ch. Elsen)
var. : « sa distinction, ses manières distinguées ».

GENTLE [ˈdʒentl] adj., doux

We despised him [the teacher] because he was kind and **gentle**. (F. Uhlman)
Nous le méprisions parce qu'il était **doux** et bon. (L. Lack)

[Il s'agit d'un chat] *She is very* **gentle** *and affectionate.*
Il est très **doux** et affectueux.

GENTIL
kind, nice, sweet

Essayez d'être **gentil** avec elle.
Try to / and be **kind** *with her.*

She laughed. It was the first time I had ever heard her laugh. I watched her face.
'You are **sweet**,*' she said.*
'No, I'm not.'
'Yes. You are **a dear**. *I'd be glad to kiss you if you don't mind'*. (E. Hemingway)

Elle rit. C'était la première fois que je l'entendais rire. Je surveillai son expression.
- Vous êtes **gentil**, dit-elle.
- Non.
- Si, vous êtes **très gentil.** Je ne demande pas mieux que de vous embrasser si vous n'y voyez pas d'inconvénient. (M.E. Coindreau)

Est-ce qu'Abdallah a été **gentil** ? (Hergé)
Was Abdullah **good** ?

GERMANE [dʒɜ:ˈmeɪn] pertinent, approprié

a **germane** *remark :* une remarque **pertinente**

GERMAIN

1. *German*
2. cousin germain : *first* ou *full cousin*

GLORIOUS [ˈgl:rɪəs] adj., splendide, merveilleux

The sky over London was **glorious**, *ochre and madder, as though a dozen tropic suns were simultaneously setting round the horizon.* (E. Waugh)
Le ciel au-dessus de Londres était **splendide**, ocre et empourpré, comme si une douzaine de soleils se couchaient au même instant aux quatre coins de l'horizon.

[Le locuteur vient d'être malade et pense.] *It was* **glorious** *to be outside again, even though the frosty air bit one's cheeks.* (A. Wilson)
C'était **merveilleux** d'être à nouveau dehors, même si l'air glacial vous pinçait les joues.

*It was Jonathan Trout — there before him ! '***Glorious** *morning !' sang the voice.* (K. Mansfield)
C'était son beau-frère, Jonathan Trout... là devant lui ! « Matinée **superbe** » ! chanta la voix. (M. Duproix)

La vie était encore bruissante de mouvement et de **beaux** projets. (P. Modiano)
Life was still humming with movement and **glorious** *projects.* (B. Wright)

GLORIOUS GLORIEUX

GLORY [ˈglɔ:rɪ] n., splendeur

[Mr Polly vient d'assister à une représentation de *Roméo et Juliette*]
For weeks the **glory** *of Shakespeare's Verona lit Mr Polly's life.* (H.G. Wells)
Pendant des semaines la **splendeur** de la Vérone de Shakespeare illumina la vie de M. Polly.

GLORY f., GLOIRE

' The Power and the **Glory** *'* by Graham Greene.
« La Puissance et la **Gloire** » de Graham Greene.

f., GLOIRE

[Le traducteur] « Servir » est sa devise, et il ne demande rien pour lui-même, **mettant toute sa gloire** à être fidèle aux maîtres qu'il s'est choisis. (V. Larbaud)
'Be of service ' is his motto, and he asks nothing for himself, **priding himself on** *being faithful to his chosen masters.* (J. O'Brien)

GOVERNMENT [ˈgʌvənmənt] n., « le gouvernement » mais aussi « l'État »

Government *expenditure* : les dépenses **publiques**

GRAND [grænd] adj., superbe, grandiose, impressionnant, magnifique

As they file out after the ceremony each receives from a court functionary a delicate sake cup and a cardboard box decorated with the imperial cipher containing delicacies from the exotic palace kitchen — rather **grand** *takeaway food because although Hirohito is now a democratic monarch even heads of mission must not eat in his imperial presence.* (Now)
Lorsqu'ils sortent, l'un derrière l'autre, après la cérémonie, chacun reçoit des mains d'un fonctionnaire de la cour une fragile tasse à saké et une boîte en carton ornée du chiffre impérial ; c'est une sorte de panier repas **de luxe** qui contient des mets provenant des cuisines du palais. Car, Hirohito a beau être aujourd'hui un monarque démocratique, les ambassadeurs eux-mêmes n'ont pas le droit de manger en présence de l'empereur.

She looked wonderfully beautiful with her **grand** *ivory throat.* (O. Wilde)
On était saisi d'admiration au spectacle du **superbe** ivoire de sa gorge. (P. Nordon)

Alice had no idea what Latitude was, or Longitude either, but thought they were nice **grand** *words to say.* (L. Carroll)
Alice n'avait pas la moindre idée de ce qu'étaient Latitude et Longitude, mais elle trouvait que c'étaient là de jolis mots **impressionnants** à prononcer. (H. Parisot)

They had been married very **grandly***, though amid some ironic glances from Paul's friends, in church.* (I. Murdoch)
Ils avaient été unis **avec faste** à l'église, sous les regards ironiques des amis du marié. (J. Desseine)

a **grand**, *a* **grand** *piano :* un piano à **queue**.
a **grand** (U.S.) : (fam.) mille dollars

GRAND GRAND

grandfather [grænd ˈfɑːðə^r] n., grand-père

He became interested in the Rosicrucian sect, a society concerned with occult lore, and in the Knights Templars, whose last **grand master** *was burned at the stake in 1314.* (Newsweek)
Il s'intéressa à la secte des Rosicruciens, société qui s'occupe de traditions occultes, ainsi qu'aux chevaliers de l'ordre du temple dont le dernier **grand-maître** mourut sur le bûcher en 1314.

GRAND
great, tall, large (selon la configuration)

GRANGE [greɪndʒ] n., manoir (avec ferme)

f., GRANGE
barn

GRAPE [greip] n., raisin

f., GRAPPE
bunch, cluster

a bunch *of grapes* **:** une **grappe** de raisins

À cinq heures, des tramways sont arrivés dans le bruit. Ils ramenaient du stade de banlieue des **grappes de spectateurs** perchés sur les marchepieds et les rambardes. (A. Camus)
At five O'clock there was a lot of noise as some trams arrived. They were coming back from the local football ground with **bunches of spectators** *perched on the steps and hanging from the guardrails.* (J. Laredo)

GRATUITY [grə'tju:ɪtɪ] n.,

1. Prime de démobilisation
2. Pourboire (syn. *tip*)

f., GRATUITÉ

1. Gratuité de l'enseignement : *free education*
2. Gratuité d'un acte, d'un comportement : *the gratuitousness, wantonness, unmotivated nature of an act, a behaviour.*

GRIEF [gri:f] n., chagrin, douleur

And so it came about that in college I was unjustly accused of being a politician, because I was privy to the secret **griefs** *of wild, unknown men.* (F. Scott Fitzgerald)
Voilà pourquoi, à l'Université, on m'a injustement accusé de politicailler parce que j'étais le confident des **chagrins** secrets de garçons déréglés et inconnus. (V. Llona)

m., GRIEF
grievance

On ne peut lui en **tenir grief.**
You can't **reproach him with** *it. / You can't hold it against him.*

GROOM [gru:m] n., valet d'écurie, palefrenier

Temple told the Somali **grooms** *to lead out four Arab ponies and saddle them up.* (W. Boyd)
Temple ordonna aux **palefreniers** somalis de débarquer et de seller quatre poneys arabes. (Chr. Besse)

m., GROOM

a bellboy, a page (G.B.)
a bellhop (U.S.)

[Un client vient de réclamer à la réception parce que sa fenêtre ne ferme pas.]
A bellhop *in the threadbare maroon livery of the establishment arrived stoned and fiddled with the window to no avail.* (P. Highsmith)
Un chasseur arriva, portant la livrée élimée de l'établissement, une livrée couleur bordeaux. Il était bourré et bricola la fenêtre sans résultat. (G. Hardin)

GROSS [grəus] n., l'équivalent fr. « grosse » existe, mais n'est pas très explicite pour un public français, d'où la traduction par la définition (douze douzaines) ci-dessous :

His sisters made roses in the afternoon. Bright lifeless roses that lay in peck baskets for months until the specialty buyer at Gerhardt's sent Freddie the janitor over to tell the girls that they could use another **gross**. (T. Morrison)

L'après-midi, ses sœurs fabriquaient des roses — des roses éclatantes, inanimées, qui gisaient dans des corbeilles rectangulaires pendant des semaines jusqu'à ce que l'acheteur de chez Gerhard envoie Freddie le portier dire aux filles qu'il lui en fallait **douze douzaines**. (S. Rué)

GROSS adj., (lg. sout.) GROSSIER

gross *language* : langage **grossier**
mais « *gross* » peut également avoir le sens de « adipeux », « obèse ».

GUARD [gɑ:d] n., chef de train

On hearing the **guard's** *whistle he [the driver] set the train in motion.* (J. Joyce)
Au coup de sifflet du **chef de train**, il avait mis la machine en marche. (J. Aubert)

GUARD m., GARDE

Il n'y avait qu'un seul **garde** à la porte du château.
There was but one **guard** *at the castle gate.*

GUARDIAN [ˈgɑ:dɪən] n., tuteur (d'un enfant)

GUARDIAN m., GARDIEN

At such moments his heart went out to the lonely, derided heretic on the screen, sole **guardian** *of truth and sanity in a world of lie.* (G. Orwell)
À de tels instants, son cœur allait au solitaire hérétique, bafoué sur l'écran, seul **gardien** de la vérité et du bon sens dans un monde de mensonge. (A. Audiberti)

m., GARDIEN
guard, warder, warden, keeper

At night he lay on his bunk listening to the sounds of the prisoners. There was a boy who sobbed and an old lag who sang 'On Ilkley Moor bar t'at' beating out the time on his food tin. There was a **warder** *who shouted, 'shut up, George, you miserable sod', after each verse.* (J. Le Carré)
Allongé sur son grabat, Leamas passait ses nuits à écouter les bruits de la prison : un jeune garçon pleurait, un repris de justice chantait *On Ilkley Moor bar t'at'* en battant la mesure sur sa gamelle. À chaque couplet, un **gardien** braillait « tu vas la fermer, oui, tête de lard ? ». (M. Duhamel et H. Robillot)

Le **gardien** du phare : *the* **keeper** *of the lighthouse.*

GUERRILLA [gəˈrɪlə] guérillero

f., GUÉRILLA
guerrilla war (fare)

GUISE [gaɪz] n.,

The ladies' voices grew animated, and — if the sad truth be owned — a little peevish. They were tired, and **under the guise** *of unselfishness they wrangled.* (E.M. Forster)
Le ton monta entre ces dames, et devint même — pour ne rien vous cacher de la triste vérité — quelque peu acerbe. Elles étaient lasses et **sous couvert de** générosité elle en vinrent à se chamailler.

« À ta guise ! » *'Do as you wish !'*
En guise de : *by way of*

GUM [gʌm] n., gencive

He saw with delight how the druggist and the woman who wrapped the shampoo bottle were smiling and flirting, how the lines of worry in her face went over into lines of cheer and the druggist's receding **gums** *did not hinder his kidding and friendliness.* (S. Bellow)
Il voyait avec plaisir la manière dont le patron du drugstore et la vendeuse qui enveloppait la bouteille de shampooing se faisaient des sourires tout en flirtant, la manière aussi dont les traces de souci cédaient la place à des marques de joie sur le visage de la femme tandis que les **gencives** rétractées du patron ne l'empêchaient pas de plaisanter et de se montrer sympathique.

GUM f., GOMME

1. (matière, colle)
A bottle of **gum**
Une bouteille / Un flacon de colle

2. (pour effacer) **a rubber** (G.B.), **an eraser** (U. S.)

H

HAGGARD [ˈhægəd] adj., défait, décomposé, décharné, émacié, fatigué, hâve

He had **a haggard look** *when he arrived in Vienna and a habit of looking over his shoulder that for a time made me suspicious of him.* (Gr. Greene)
En arrivant à Vienne il avait **l'air traqué** et une manie de regarder derrière lui qui me le rendit suspect pendant quelque temps. (P. Nordon)

HAGGARD HAGARD

HALL [hɔ :l] n.

1. Grande salle
[...] she found herself in a long, low **hall,** *which was lit up by a row of lamps hanging from the roof.* (L. Carroll)
[...] elle se trouvait dans une **salle** longue et basse, qu'éclairait une rangée de lampes suspendues au plafond. (H. Parisot)

2. Château, manoir.

HALL m., HALL

m., HALL
lobby, foyer, entrance, cf. concourse

Un jour, j'étais âgée déjà, dans le **hall** d'un lieu public, un homme est venu vers moi. (M. Duras)
One day, I was already old, in the **entrance** *of a public place a man came up to me.* (B. Nuytten)

HALTER [ˈhɔːltəʳ] n.,

1. Licou, collier (d'un cheval)

2. Corde (de pendaison)

f., HALTÈRES
dumbbells, barbells

HAZARD [ˈhæzəd] n., péril, risque

m., HASARD
luck, chance

jeu de hasard : *game of chance*

HEINOUS [ˈheɪnəs] odieux, atroce

a heinous crime : un meurtre odieux

HAINEUX
full of hatred, malevolent

HOST [həust] n.,

1. Armée, foule
2. Hostie

HOST (Maître de maison, celui qui reçoit) m., f., HÔTE

In our long Diaspora we have learned not to tattle on our **hosts**. (J. Updike)
Au cours de notre longue Diaspora, nous avons appris à ne pas cancaner sur nos **hôtes.** (G. Magnane)

(invité) HÔTE
guest.

Paying guest : hôte payant.

HURL (to) [hɜ:l] v., jeter, lancer

Demonstrators **hurled** *bricks at the windows of Broadcasting House.*
Des manifestants **jetèrent** des briques en direction des fenêtres de la Maison de la Radio.

HURLER
(Chien, loup, vent) *to howl,* (personne) *to yell, to bawl, to scream*

66 is the path of a people in flight, refugees from dust and [...] from the twisting winds that **howl up** *out of Texas* [...]. (J. Steinbeck)
La 66 est la route des réfugiés, de ceux qui fuient le sable et [...] les tornades qui **hurlent** à travers le Texas [...]. (Duhamel et Coindreau)

'Well, I'd hardly finished the first verse', said the Hatter, 'when the Queen jumped up **and bawled out** *"He's murdering the time ! Off with his head ! "'.* (L. Carroll)
— Eh bien j'avais à peine fini le premier vers, reprit le Chapelier, que la Reine se leva d'un bond **en hurlant** : « Il n'observe pas la pause entre les mots : il massacre le temps ! Qu'on lui coupe la tête ! » (J. Papy)

She untied the three-gallon bucket from the back of the truck and approached the **squealing** *children.* (J. Steinbeck)
Elle défit le grand baquet accroché à l'arrière du camion et s'approcha des enfants qui **hurlaient**. (Duhamel et Coindreau)

Les tramways suivants ont ramené les joueurs que j'ai reconnus à leurs petites valises. Ils **hurlaient** et chantaient à pleins poumons que leur club ne périrait pas. (A. Camus)
The next few trams brought back the players ; I recognized them by their little suitcases. They were **yelling** *and singing at the top of their voices that their team would never die.* (Laredo)

I

IGNORE (to)[ɪgˈnɔːʳ] v., ignorer volontairement, ne pas faire attention à

A car was waiting for them in the parking lot, a Volkswagen with a Dutch registration, driven by a woman who **ignored** *them.* (J. Le Carré)
Dans le parking, une voiture attendait, une Volkswagen immatriculée en Hollande et conduite par une femme qui **ne** leur **prêta pas la moindre attention**. (Duhamel et Robillot)

IGNORER
not to know, to be unaware of (that)

He **did not know** *where he was.* (G. Orwell)
Winston **ignorait** où il se trouvait. (A. Audiberti)

Certains aiment à diviser la société en classes sociales ou en races et à les opposer ; ces idéologues superficiels **ignorent** que le clivage entre les humains passe ailleurs : entre les bien-portants et les malades. (R. Jaccard)
Some people enjoy dividing society into social classes or into races, and opposing them to one another. These superficial ideologists **are unaware that** *the real gap between human beings lies elsewhere : between the healthy and the sick.* (J. Lezon)

IMPATIENT with (to be) [ɪmˈpeɪʃənt] loc. v.,

Roberts was awed by Gissing's profound knowledge of the classics, but he **was** *also* **impatient with** *his pedantry, timidity and unpracticality.* (J. Korg)
Roberts était fort impressionné par la connaissance solide que Gissing avait des classiques mais d'un autre côté, il **ne pouvait supporter** son pédantisme, sa timidité et son manque d'esprit pratique.

I'm not a religious man and I always **feel** *a little* **impatient with** *the fuss that surrounds death.* (Gr. Greene)
Je ne suis pas pieux et tous les embarras dont on entoure la mort m'**agacent** toujours. (P. Nordon)

IMPEACH (to) [ɪmˈpiːtʃ] v., mettre en accusation (un personnage officiel)

EMPÊCHER
to prevent, to keep from

The girls climbed up on the rails and walked along on them and the soldiers put their arms around the plump waists **to keep** *them* **from** *falling.* (J. Steinbeck)
Les filles montèrent sur les rails et se mirent à marcher dessus ; pour les **empêcher** de tomber, les soldats passèrent leurs bras autour des tailles épaisses.

Its findings were so horrific from the viewpoint of the food industry, notably the sugar and fat producers, with powerful Whitehall lobbies, that publication **was firmly sat on** *until journalist Geoffrey Cannon blew the gaff in The Sunday Times last July.* (The Sunday Times)

Les conclusions (du rapport) étaient si alarmantes du point de vue de l'industrie alimentaire, en particulier pour les producteurs de sucre et de matières grasses qui disposent de puissants groupes de pression à Whitehall, qu'on en **empêcha** la publication jusqu'à ce que le journaliste Geoffrey Cannon vendît la mèche dans le *Sunday Times* en juillet dernier.

IMPORT [ˈɪmpɔ:t] n.,

1. Sens, signification (d'un mot, etc.)
What **is the import** *of this ceremony ?*
Que **signifie** cette cérémonie ?

2. Teneur (d'un document)
[« *The book* » désigne un livre de comptes.]
She looked at the book that he held open before her, and perceived that its vertical ruling betokened a sordid **import**. (H.G. Wells)
Elle regarda le carnet qu'il tenait ouvert devant elle et s'aperçut que ses lignes verticales laissaient présager une **nouvelle** sordide.

3. Importation (*to import* : importer)

IMPOTENT [ˈɪmpətənt] adj., (sur le plan sexuel ou celui du pouvoir) IMPUISSANT

IMPOTENT
crippled (adj.) *cripple* (n.)

['*He*' désigne un cheval emballé.]
[...] before we reached the end of the street he was laying himself out at the rate of nearly four miles an hour, leaving the **cripples** *and stout old ladies simply nowhere.* (J.K. Jerome)
[...] avant que nous ayons atteint le bout de la rue, la créature s'était si bien démenée qu'elle devait frôler les quatre à l'heure, laissant loin derrière nous les **impotents** et les douairières obèses rencontrées en chemin. (J.F. Ménard)

INCENSE (to) [ɪnˈsens] : mettre en colère, exaspérer

INCENSED [ɪnˈsenst]

I arrived in Cairo in June, 1951, a few weeks before the **incensed** *mobs burned Shepheard's Hotel.* (R. Shattuck)
Je suis arrivé au Caire en juin 1951, quelques semaines avant que la populace **déchaînée** ne mette le feu à l'Hôtel Shepheard.

INSENSÉ
insane, nonsensical, wild

INCENSE (to) [ˈɪnsens] ENCENSER

INCENSE ENCENS

INCONSISTENT with (to be) [ˌɪnkənˈsɪstənt] (être) en contradiction avec

[Cette déclaration fut faite après que la C.E.E. ait décidé de bloquer la dévaluation de la livre verte.

Mr John Silkin, Agriculture Minister, said the move was contrary to all precedent and quite unacceptable. 'I am astonished. I must confess this does come as a complete surprise to me', he said.
'Indeed, it **is inconsistent with** *the frequently expressed wish of the Germans and others that the Green £ rate should be brought closer to the market rate of sterling', Mr Silkin added.* (The Daily Telegraph)

M. John Silkin, Ministre de l'Agriculture, a dit que la mesure allait à l'encontre de tous les précédents et était tout à fait inacceptable. « Je suis surpris. Je dois avouer que ceci me prend tout à fait au dépourvu » a-t-il déclaré. « En fait cette mesure **est en contradiction avec** le vœu fréquemment exprimé par les Allemands et les autres que le taux de la livre verte soit rapproché du taux officiel de la livre sterling » a ajouté Silkin.

INCONSISTENT
flimsy, weak

INDIFFERENT [ɪnˈdɪfrənt] adj., médiocre, quelconque

His health was **indifferent**, *and it seemed likely that open-air exercise, of which he would have a good deal under the particular circumstances of the case, might counteract the effects of study too closely pursued.* (G. Gissing)

Il était de santé **médiocre** et la vie au plein air qui serait en majeure partie la sienne dans ce mode d'existence particulier aurait sans doute quelques chances de contrebalancer les effets d'un travail cérébral trop assidu. (S. Calbris et P. Coustillas)

INDIFFERENT INDIFFÉRENT

INDIFFERENTLY [ɪnˈdɪfrəntlɪ] adv., médiocrement

'I want to find a capitalist,' he said, 'who will get possession of that paper 'Chat', and transform it according to an idea I have in my head. The thing is doing very **indifferently**, *but I am convinced it might be made splendid property, with a few changes in the way of conducting it'* . (G. Gissing)

« Je souhaite trouver un capitaliste », dit-il, « qui veuille bien racheter 'Chat' et en faire le journal dont je rêve. C'est une feuille qui va **cahin-caha**, mais je suis persuadé qu'on pourrait la rendre magnifiquement rentable en opérant quelques changements dans la façon de le gérer ». (S. Calbris et P. Coustillas)

INDIFFERENTLY (avec indifférence) INDIFFÉREMMENT

The queue gave another jerk forward. As they halted he turned and faced Syme again. Each of them took a greasy metal tray from a pile at the edge of the counter.
'Did you go and see the prisoners hanged yesterday ?' said Syme.
'I was working,' said Winston **indifferently**. *'I shall see it on the flicks, I suppose'.*
'A very inadequate substitute', said Syme. (G. Orwell)

La queue avançait d'une autre saccade. Lorsqu'elle s'arrêta, Winston se retourna encore vers Syme. Chacun d'eux préleva, dans une pile qui se trouvait au bord du comptoir, un plateau de métal graisseux.
— Êtes-vous allé voir hier la pendaison des prisonniers ? demanda Syme.
— Je travaillais, répondit Winston **avec indifférence**. Je verrai cela à la télé, je pense.
— C'est un succédané tout à fait insuffisant, dit Syme. (Audiberti)

INDISCRETION [ˌɪndɪsˈkreʃən] imprudence, écart de conduite, faux pas

Lady Bracknell : [...] As for the particular locality in which the hand-bag was found, a cloak-room at the railway-station might serve to conceal a **social indiscretion**. (O. Wilde)
(Note : Ce sac contenait un enfant abandonné.)
Quant au lieu précis où fut trouvé ce sac à main, une consigne de gare pourrait fort bien servir à dissimuler un **faux-pas**. (G. Hardin)

Youthful **indiscretion** : **péché** de jeunesse

INDISCRETION f., INDISCRÉTION

The scheme was ruined by an **indiscretion**.
Le projet fut anéanti à cause d'une **indiscrétion**.

INDULGE (to) [ɪnˈdʌldʒ] v., gâter, céder aux caprices de

They were taught to let ladies precede them through doors. But they were generously **indulged**, *encouraged, virtually ordered, to have fun.* (I. McEwan)
On leur apprenait à laisser passer une dame la première devant une porte. Mais par contre on les **gâtait** comme des rois, on les encourageait à s'amuser, c'était presque un ordre.

INDULGENCE [ɪnˈdʌldʒəns] n., le fait de se laisser aller à faire quelque chose *(to indulge in)*

Indulgence *of his passion was making a madman of him. Never till now had he uttered an unfeeling word to his wife, but the look with which he accompanied his brutal speech was one of fiery hatred.* (G. Gissing)
En se laissant aller à sa colère, il était devenu comme fou. Jamais auparavant il n'avait eu un mot dur pour sa femme, mais le regard dont il accompagna son discours brutal était plein de haine violente.

INDULGENCE (syn. *leniency*) n. f., INDULGENCE

At first his colleagues treated him with **indulgence** *; perhaps his decline scared them in the same way as we are scared by cripple, beggars and invalid because we fear we could ourselves become them.* (J. Le Carré)
Au début ses collègues le traitaient avec **indulgence** ; sa déchéance les affectait un peu comme nous affecte le spectacle d'estropiés ou de mendiants, à l'idée qu'un jour nous pourrions devenir comme eux. (Duhamel et Robillot)

INDULGENT [ɪnˈdʌldʒənt] adj. INDULGENT

Il me gratifiait d'un sourire **indulgent**, comme s'il était en présence d'un simple d'esprit. (P. Modiano)
He treated me to an **indulgent** *smile, as if he were in the presence of a half-wit.* (B. Wright)

INDULGENT
lenient

'I would ask you, dearest, to be very generous with him always, and very **lenient** *on his faults when he is not by.* (Ch. Dickens)
« Je voudrais te demander, mon bien-aimé, d'être toujours généreux envers lui et **indulgent** pour ses défauts quand il n'est pas là pour se défendre. » (J. Métifeu-Béjean)

INDUSTRIAL [ɪn'dʌstrɪəl] adj., ce qui concerne l'entreprise, le monde du travail

Industrial *relations and national character.* (Titre de Times)
Relations **professionnelles** et tempérament national. (J.-Cl. Sergeant)

an **industrial** *dispute* : un conflit **du travail**

INDUSTRIAL ≠ INDUSTRIEL

INGENIOUS [ɪn'dʒi:nɪəs] adj., ingénieux

[C'est un représentant qui parle.]
'Well, sir, I should like, if you will allow me, to draw your attention to an **ingenious** *little contrivance — an absolute cure for smoky chimneys.'* (G. Gissing)
« Eh bien, monsieur, j'aimerais, si vous le permettez, attirer votre attention sur un petit appareil **ingénieux**... un remède infaillible contre les cheminées qui tirent mal. »

INGÉNU
ingenuous, naive, artless, innocent

INGENUITY [ɪndʒɪ'nju:ɪtɪ] n., ingéniosité

[Il s'agit d'un article décrivant les efforts des écologistes pour préserver grenouilles et crapauds.] *Enormous amounts of time, effort, money, and* **ingenuity** *have been invested in what has become an annual spring rite to preserve the wandering amphibians.* (Christian Science Monitor)
On a investi énormément de temps, d'efforts, d'argent et d'**ingéniosité** dans ce qui est devenu un rite visant, à chaque retour du printemps, à sauver les batraciens en cours de migration.

And now the tiresome chirping of a cricket that no human **ingenuity** *could locate, began.* (M. Twain)
Puis commença l'énervant crissement d'un criquet que l'homme le plus **perspicace** n'aurait pu localiser. (P. Maury et L. Molitor)

f., INGÉNUITÉ
ingenuousness, artlessness, naïvety

INHABITED [ɪn'hæbɪtɪd] adj., habité

She was [...] no longer gazing wistfully at the park but on smiling terms with all **inhabited** *spaces.* (A. Brookner)
Elle ne portait plus un regard mélancolique sur le parc, désormais réconciliée avec tout lieu **habité**. (Camps Robertson)

INHABITÉ
uninhabited

Now he had tried Western Australia, and had looked at Adelaide and Melbourne. And the vast, **uninhabited** *land frightened him.* (D.H. Lawrence)
D'abord il avait essayé l'Australie de l'Ouest ; il avait contemplé Adélaïde et Melbourne, et il avait eu peur de cette terre vaste et **inhabitée**. (M. Rancès)

INJURE (to) ['ɪndʒə^{r}] v.,

1. (phys.) Blesser : *to injure oneself :* se blesser, se faire du mal.

2. Faire du tort à quelqu'un ; blesser quelqu'un, le vexer.

INJURIER
to abuse, to insult

INJURED [ˈɪndʒəd] adj.,

1. (phys.) Blessé, accidenté

2. (moral) Blessé, offensé, vexé

[Il s'agit d'un homme qui fait toute une affaire à la moindre tentative de bricolage.]
The people would have to hold the chair, and a third would help him up on it, and hold him there, and a fourth would hand him a nail, and a fifth would pass him the hammer, and he would take hold of the nail, and drop it. 'There !' he would say, in an **injured** *tone, 'now the nail's gone'.* (J.K. Jerome)
Il fallait deux personnes pour tenir la chaise, une troisième l'aidait à monter dessus, et l'y maintenait, une quatrième lui tendait un clou et une cinquième lui passait le marteau. Il prenait le clou et le laissait tomber.
— Ça y est ! disait-il d'un ton **vexé**, voilà le clou perdu. (D. Serval)

cf. aussi à « *Truculence* » : « *The injured truculence in...* »

INJURY [ˈɪndʒərɪ] n.,

1. Blessure (souvent accidentelle, cf. ci-dessous « *wound* » plus volontaire)
[Après un accident] *My own* **injuries** *were no worse than a sharp blow on the nose from Ena's knee.* (A. Powell)
Je n'avais reçu pour toute **blessure** qu'un violent coup sur le nez infligé par le genou d'Ena. (B. Jacquin)

She [...] threw herself out of a window before her father could reach her. She died of her **injuries**. (J.H. Chase)
Elle s'est jetée par la fenêtre juste avant l'arrivée de son père. Elle est morte de ses **blessures**. (L. Escoube et M. Duhamel)

Julien takes vengeance on Mme de Rênal by shooting and **wounding** *her.* (G. Brereton)
Julien se venge de Mme de Rênal en la **blessant** d'un coup de pistolet. (Godin)

2. Tort fait à quelqu'un, préjudice

f., INJURE
insult, abuse

INQUEST [ˈɪnkwest] (après décès) f., ENQUÊTE

Today at the City of Dublin Hospital the Deputy Coroner (in the absence of Mr Leverett) **held an inquest** *on the body of Mrs Emily Sinico, aged forty three years, who was killed at Sidney Parade Station yesterday evening.* (J. Joyce)
Aujourd'hui, à l'Hôpital Civil de Dublin, le coroner adjoint (en l'absence de Mr Leverett) a **ouvert une enquête** au sujet de la mort de Mrs Emily Sinico, âgée de quarante-trois ans, tuée hier soir à la gare de Sydney Parade. (J. Aubert)

The next morning he came upon a passage in the newspaper which seemed to suggest a cause for Miss Barfoot's indisposition. It was the report of an **inquest**. *A girl named Bella Royston had poisoned herself.* (Gr. Gissing)
Le lendemain matin, en lisant le journal, il tomba sur un passage de nature à expliquer l'indisposition de Mlle Barfoot. C'était un compte rendu **d'enquête judiciaire**. Une jeune fille, nommée Bella Royston, s'était empoisonnée. (Coustillas et Calbris)

(de police, au sens général) ENQUÊTE
investigation, inquiry

The sect became the subject of several police **investigations**. (Newsweek).
La secte devint l'objet de plusieurs **enquêtes** policières.
cf. '*survey*'

INSIST (to) [ɪn'sɪst] soutenir, prétendre, souligner

In the run-up to today's second period of cohabitation (which began a year ago) Mr Mitterrand explained that control of foreign affairs should be shared by, not reserved to, the presidency : domaine partagé *rather than* domaine réservé. *He* **insisted** *still, that the president had a 'natural pre-eminence' in foreign policy. Yet he has now almost faded from policy-making.* (The Economist)
Pendant la campagne ayant précédé la seconde période de cohabitation, entamée il y a un an, M. Mitterrand a expliqué que les décisions de politique étrangère devaient être un domaine partagé et non plus réservé. Il a cependant tenu à **souligner** que le président avait en la matière une prédominance « naturelle ». Il n'empêche qu'aujourd'hui il ne participe quasiment pas aux décisions. (R. Alimi)

['*Her*' désigne une femme de ménage.]
"You pay her ?"
"Of course I pay her," Lila said. "Half my salary goes to Juanita."
"You mean your husband doesn't contribute to her wages ?"
"No. He **insists** *if I want to work I have to pay somebody to do the things I had to give up when I took my job."* (A. Buchwald)
— C'est vous qui la payez ?
— Bien sûr, rétorqua Lila, la moitié de mon salaire y passe.
— Vous voulez dire que votre mari ne vous aide pas ?
— Tout à fait ! Il **prétend** que si je veux travailler il faut que je paie quelqu'un pour accomplir les tâches que j'ai dû abandonner quand j'ai pris un emploi.

INSIST (to) exiger, tenir à, INSISTER

Insist *on being told the truth.*
Insiste pour qu'on te dise la vérité.

He **insisted on** *paying for the drinks.*
Il a **tenu à** payer les consommations.

INSISTER
to be insistent

Quand les gens s'adressaient à moi, je faisais semblant de ne pas comprendre [...]. S'ils **insistaient**, je leur disais n'importe quoi en français. (T. Ben Jelloun)
When people spoke to me, I pretended I didn't understand [...]. If they **were insistent**, *I said the first thing that came to me in French.* (N. Cooney)

INSTANCE (an) ['ɪnstəns] un exemple

f., INSTANCE
an authority

Aucune **instance** extérieure et non plus celles de notre administration ne pourrait je crois s'intéresser vraiment à ce que je dirais. (M. Duras)
I think that no outside **authority**, *nor anybody within our administration, could take any real interest in what I would say (I might have to say).* (Jury de CAPES)

INSTRUMENTAL [ɪnstruˈmentl] utile, efficace, surtout dans l'expression : « *to be instrumental in* »

He [Mr. Rose] was **instrumental** *in securing an anonymous $15 million donation, announced Wednesday, that will be used to renovate one of New York's great public spaces, the library's Main Reading Room, for generations the symbolic center of the city's intellectual life.* (New York Times)
Il a **joué un rôle clé** dans l'obtention d'une donation anonyme s'élevant à 15 millions de dollars. Cette somme, annoncée mercredi, servira à rénover l'un des plus grands lieux publics de New York : la salle de lecture principale, qui depuis des générations, symbolise le cœur de la vie intellectuelle de cette grande métropole. (M. Génuard)

INSTRUMENTAL — INSTRUMENTAL

instrumental *music :* musique **instrumentale**

INTELLIGENCE [ɪnˈtelɪdʒəns] n., renseignements en particulier de nature militaire (syn. *information*), d'où « *Intelligence Service* » : « services secrets ou de renseignements ».

Intelligence work *has one moral law — it is justified by results.* (J. Le Carré)
Le contre-espionnage ne se justifie que par le rendement. C'est la loi morale du métier. (Duhamel et Robillot)

INTELLIGENCE (syn. *cleverness*) — f., INTELLIGENCE

At the Ministry he was employed in some subordinate post for which **intelligence** *was not required.* (G. Orwell)
Au Ministère, il occupait un poste subalterne où l'**intelligence** n'était pas nécessaire. (A. Audiberti)

INTERROGATORY [ɪntəˈrɒgətərɪ] adj., interrogateur(-trice)
attention que ce mot est un adjectif, il ne correspond pas au français « interrogatoire ".

m., INTERROGATOIRE
questioning, interrogation, cross-examination

'You're a policeman ?' he asked
'Yes'
'I've always hated policemen' [...]
'Been in America ?' It was a silly conversation.
'No. Is this **an interrogation** *?'*
'Just interest'. (Gr. Greene)
« Vous êtes de la police ?
— Oui.
— J'ai toujours détesté les policiers. [...]
— Vous avez vécu en Amérique ? »
C'était une conversation idiote.
« Non. C'est **un interrogatoire** ?
— Simple curiosité. » (P. Nordon)

par contre « une interrogation » à l'école (écrite ou orale) : **a test, an examination**

INTERVAL [ˈɪntəvəl] m.,

1. Entracte

People were eyeing us furiously so I told him we would resume our talk at the **interval**.
Les gens nous regardaient d'un air furieux, je lui dis donc que nous reprendrions notre conversation à l'**entracte**.

2. (météo) *bright* **intervals** : (belles) **éclaircies**

INTERVAL m., INTERVALLE

There ensued a brief **interval** *of time, which Noah Claypole, being hungry and vicious, considered he could not possibly devote to a worthier purpose than aggravating and tantalizing young Oliver Twist.* (Ch. Dickens)
Il s'ensuivit un bref **intervalle** de temps, et Noë Claypole, qui avait faim et était de méchante humeur, se dit qu'il ne saurait en faire meilleur usage que s'il taquinait et torturait le jeune Oliver Twist. (S. Monod)

INTIMATE (to) [ˈɪntɪmɪt] v., annoncer, faire savoir ; suggérer, donner à entendre

INTIMER
to order

INTIMATIONS [ˌɪntɪˈmeɪʃən] annonce, indice, présage

[Dans un avion, après les adieux des parents.]
The plane was edging forward, and they slipped quite suddenly from his view. Turning towards the cabin he was confirmed in his worst **intimations** *when he saw that the old lady had been watching him and was crying too.* (I. McEwan)
L'avion s'était mis à rouler, et ils disparurent brusquement de son champ de vision. Il vit ses pires **craintes** se confirmer lorsque, se retournant vers l'intérieur de la cabine, il s'aperçut que la vieille dame l'avait observé et qu 'elle aussi pleurait. (J. Strawson)

INTOXICATE (to) [ɪnˈtɒksɪkeit] v., enivrer

INTOXIQUER
to poison

Dennis sat in one of the armchairs, put his feet on the trolley and settled himself to read. Life in the Air Force had converted him from an amateur to a mere **addict**. (E. Waugh)
Denis s'assit dans un des fauteuils, mit les pieds sur la civière, et s'installa pour lire. La vie dans l'aviation avait fait du simple amateur qu'il était un **intoxiqué**. (D. Aury)

INTOXICATION [ɪnˌtɒksɪˈkeiʃən] n., ivresse

The **intoxication** *of speed.* : la **griserie** de la vitesse.

f., INTOXICATION
poisoning

intoxication alimentaire : *food* **poisoning**

INTRODUCE (to) [ˌɪntrəˈdju :s] v., présenter

Permettez-moi de vous **présenter** Mrs Smith.
Allow me to **introduce** *Mrs Smith.*

It was Joe Dillon who **introduced** *the Wild West to us.* (J. Joyce)
C'est John Dillon qui nous **fit connaître** le Far West. (J. Aubert)

INTRODUCE (to) INTRODUIRE

Fish fingers are one of the most successful groceries **introduced** *to Britain since the second World War.* (Time)
Parmi les produits alimentaires **introduits** en Grande-Bretagne depuis la seconde guerre mondiale les bâtonnets de poisson sont l'un de ceux qui ont eu le plus de succès.

INTRODUIRE
to insert

(Au distributeur de billet)
Introduisez votre carte : **insert** *your card.*

INTRODUCTION [ˌɪntrəˈdʌkʃən] n., présentation

She had clearly a natural turn for free **introduction** *; she mentioned with the easiest grace the name of each of her companions to the other.* (H. James)
Daisy avait évidemment un talent naturel pour les **présentations** ; elle nomma chacun de ses compagnons l'un à l'autre. (F. Pillon)

INTRODUCTION f., INTRODUCTION

ISOLATION [ˌaɪsəuˈleɪʃən] n., isolement

Nothing could have better illustrated the **isolation** *[of the gipsies] than the camp [near a dumping ground] site they were assigned in Rome.* (Time)
Rien n'aurait pu mieux illustrer l'**isolement** [des gitans] que le campement qu'on leur avait assigné à Rome : près d'un dépotoir.

☞ *Splendid* **isolation** : le splendide **isolement**

f., ISOLATION
insulation

L'**isolation** de cette pièce est mauvaise, on entend tous les bruits de l'extérieur.

The **insulation** *of this room is bad,*
This room is poorly **insulated,** } *one can hear all the noises from the outside.*

ISSUE [ˈɪʃu:] n.,

1. Numéro de journal
[P.M. = Mrs Thatcher] Nonetheless a new course has been set, and it is fair to draw some preliminary conclusions from it, and from the comments made by the Prime Minister in the interview which we publish in this **issue**. (Illustrated London News)
Néanmoins, de nouvelles orientations ont été données et on peut, en toute justice, tirer quelques conclusions préliminaires, concernant cette nouvelle politique et les déclarations faites par le Premier Ministre lors de l'entretien que nous publions dans ce **numéro**.

2. Question, problème
The majority is already deeply split in particular over the **issue** *of the war.* (The Times)

La majorité est déjà profondément divisée, en particulier sur la **question** de la guerre.

3. Résultat, aboutissement

George was the **issue** *of her marriage with Hudson.* (W.S. Maugham)
George était le **fruit** de son mariage avec Hudson.

Over the little village a thick covering [of snow] was spread from which proceeded wreaths of smoke that seemed **to be the issue** *of subterranean fires.* (Ch. Morgan)
Le petit village était recouvert d'une épaisse couche de neige d'où s'élevaient des volutes de fumée qui semblaient **provenir** de feux souterrains.

f., ISSUE
exit, way out, outcome

issue de secours : *emergency* **exit**
voie sans issue : *dead end*, (panneau) *"no through road"*

À **l'issue** du conseil des ministres.
At the **close** *of the council of ministers meeting.*

Personne ne sait quelle en sera **l'issue**.
No one knows what the **outcome** *will be.*

J

JACKET [ˈdʒækɪt] n.,

1. Veston, veste

The shoes were still good but much too heavy for the suit, and the suit was too tight and too short in the **jacket**. (J. Braine)
Les souliers étaient encore convenables mais beaucoup trop grossiers pour ce costume, et la **veste** du costume était trop étroite et trop courte.

Pushing up the collar of his **jacket**, *Leamas stepped outside into the icy October wind.* (J. Le Carré)
Leamas remonta le col de sa **vareuse**, sortit dans le vent glacé d'octobre. (Duhamel et Robillot)

2. Blouson

[The other customers] look at him with hard eyes, eyes like little metal studs pinned into the white faces of young men sitting in zippered **jackets** *in booths three to a girl.* (J. Updike)
[Les autres clients] le regardent avec des yeux durs, des yeux comme des petits boutons métalliques plantés dans les pâles visages des jeunes gens en **blousons** à fermeture éclair, assis dans les niches, à trois pour une fille. (J. Rosenthal)

☞ *jacket potatoes* : pommes de terre en robe des champs

JACKET f., JACQUETTE
(Veste de femme, boutonnée par-devant et ajustée à la taille)

Elle s'est débarrassée de sa **jacquette**, s'est assise et a consulté fiévreusement la carte. (A. Camus)
She took off her **jacket**, *sat down and studied the menu feverishly.* (J. Laredo)

(Vêtement masculin de cérémonie) f., JACQUETTE

Des messieurs en **jacquette** et pantalon rayé.
Gentlemen in **morning coats** *and pin-striped trousers.*

JEST [dʒest] n., plaisanterie

[Il s'agit d'une femme qui a de nombreux prétendants.] *Let them savour her fragrance, catch glimpses of her infectious smile, laugh at their commonplace and often crude* **jests** *but never totally reject.* (J.B. Keane)
Les laisser savourer son parfum, entrevoir son sourire communicatif, rire de leurs **plaisanteries** banales et souvent grossières, mais ne jamais les repousser complètement.

m., GESTE
gesture, movement

[À un poste frontière] *With a perfunctory* **gesture** *they waved the car on.* (J. Le Carré)
D'un **geste** négligent, les deux premiers Vopos firent signe à la voiture de passer. (M. Duhamel et H. Robillot)

JOIN (to) [dʒɔɪn] v.,

1. Adhérer, devenir membre de

Britain first applied to **join** *the European Union (then the European Communities) as long ago as 1961.* (The Independent)

La Grande-Bretagne a demandé à **adhérer à** l'Union Européenne (qui était alors la Communauté Européenne) dès 1961.

2. Rejoindre

À deux cents mètres, tu trouveras un bistrot, qui s'appelle Lavigne. Attends-moi là, à l'intérieur. Je te **rejoins** dans vingt minutes. (J. L. Curtis)

Two hundred meters farther on you'll find a bistro *called Lavigne. Wait for me there, inside. I'll* **join** *you in twenty minutes.* (N. Wydenbruck)

JOINDRE

Nous n'arrivons pas à le **joindre**.

We can't **get in touch** *with him.*

Ils n'arrivaient pas à **joindre les deux bouts**.

They couldn't **make both ends meet**.

JOINT [dʒɔɪnt] n.,

1. Articulation

His **joints** *creaked when he knelt down.*

Ses **articulations** craquèrent quand il s'agenouilla.

2. Rôti

One day, Oliver and Noah had descended into the kitchen at the usual dinner-hour, to banquet upon a small **joint** *of mutton — a pound and a half of the worst end of the neck.* (Ch. Dickens)

Un jour, Oliver et Noé étaient descendus à la cuisine à l'heure habituelle du dîner pour banqueter autour d'un **rôti** de mouton (une livre et demie dans la mauvaise partie du collet). (S. Monod)

3. Boîte (lieu où l'on travaille, où l'on s'amuse)

[Deux jeunes catholiques parlent ; l'une d'elles a besoin d'argent.]

'You can steal in that **joint** *where you work, they're underpaying you' Baba said.*
'It's a sin'
'It's not a sin. Aquinas says you can steal from an employer if he underpays you'.
(E. O'Brien)

— Tu peux toujours voler dans cette **boîte** où tu travailles, ils t'exploitent, dit Baba.
— C'est un pêché.
— Ce n'est pas un pêché. Thomas d'Aquin dit que l'on peut voler son patron quand c'est un exploiteur.

JOINT m., JOINT

1. (un joint entre deux pièces)

2. fumer un joint : *to smoke a joint*

3. joint de robinet **: washer**

JOURNEY [ˈdʒɜːnɪ] n., voyage

[À propos de crapauds et de grenouilles] *Migration is a hazardous business. The trek from winter habitats to breeding sites in lakes and ponds can mean a $1^1/_2$ mile* **journey**, *often across busy roads.* (Christian Science Monitor)

La migration constitue une entreprise périlleuse. Le voyage depuis les aires d'habitation hivernales jusqu'aux lacs et étangs où s'effectue la reproduction peut occasionner un **voyage** de deux kilomètres qui les oblige souvent à traverser des routes à grande circulation.

[Il s'agit d'une tortue.] *The 750-yard* **journey** *from his garden took him 35 years.*
(The Weekly Telegraph)
Il lui a fallu 35 ans pour parcourir le **trajet** de 700 mètres depuis son jardin.

f., JOURNÉE
day

L

LABOUR [ˈleɪbəʳ] n., est proche du français « labeur » par le sens, il signifie « travail pénible », mais le terme français est plus vieilli.

[Herr Zimmermann est le professeur du narrateur, « *His* » renvoie à un nouveau, qui a droit à un traitement spécial.] *Where Zimmermann would only write in the margin of my paper short remarks like 'Badly constructed', 'what does this mean ? ' [...] his work was corrected with a wealth of observations and explanations which must have cost our teacher many extra hours of* **labour**. (F. Uhlman)
Là où Zimmermann se bornait à écrire en marge de mon cahier de brèves remarques, telles que « mal construit », « que signifie cela ? » [...] son travail à lui était corrigé avec une profusion d'observations et d'explications qui devaient avoir coûté à notre professeur nombre de minutes de **corvée** supplémentaire. (L. Lack)

☞ *hard labour* : travaux forcés

m., LABOUR

(l'acte) **ploughing**
(le résultat) les labours : **the ploughed fields**

LABOURER [ˈleɪbərəʳ] n., manœuvre (cf. *worker* : ouvrier, travailleur)

m., LABOUREUR
a ploughman

LAD [læd] n., jeune homme, garçon, gars

'Spend your money on something sensible, **lad**, *' my aunt used to say.*
« Dépense ton argent à des choses utiles, mon **gars** » me disait ma tante.

m., LAD
a stable-boy

LARD [lɑ:d] n., saindoux

m., LARD
bacon

LARGE [lɑ:dʒ] adj., grand, gros, vaste

A large family : une famille nombreuse.

In the cold the town seems actually to contract, to dwindle to a small black dot, scarcely **larger** *than hundreds of other dots, isolated and hard to find on the enormous European map.* (Chr. Isherwood)
Dans le froid la ville semble littéralement se contracter, se rétrécir (se réduire) jusqu'à ne plus être qu'un petit point noir, à peine plus **gros** que des centaines d'autres points, isolés et difficiles à trouver sur l'énorme carte d'Europe.

LARGE
wide, broad

L'exemple suivant permet de comparer l'emploi de '*large*' et '*wide*' :

The hallway smelt of boiled cabbage and olg rag mats. At one end of it a coloured poster, too **large** *for indoor display, had been tacked to the wall. It depicted simply an enormous face, more than a metre* **wide** *: the face of a man of about forty-five, with a heavy black moustache and ruggedly handsome features.* (G. Orwell)
Le hall sentait le chou cuit et le vieux tapis. À l'une de ses extrémités, une affiche de couleur, trop **vaste** pour ce déploiement intérieur, était clouée au mur. Elle représentait simplement un énorme visage, **large** de plus d'un mètre : le visage d'un homme d'environ quarante cinq ans, à l'épaisse moustache noire, aux traits accentués et beaux. (A. Audiberti)

Il a les idées larges : *he is broad-minded.*

LECTURE [ˈlektʃəʳ] n.,

1. Conférence, cours (magistral). Cf. '*conference*'

2. Sermon, réprimande

f., LECTURE
reading

LECTURE (to) [ˈlektʃəʳ] v.,

1. Donner une conférence. L'exemple suivant illustre un sens dérivé :
When not engaged in laying cards, Frl. Mayr drinks tea and **lectures** *Frl. Schroeder on her past theatrical triumphs.* (Chr. Isherwood).
Quand elle ne tire pas les cartes, Frl. Mayr prend du thé et **décrit** à Frl. Schroeder ses triomphes scéniques. (L. Savitsky)

2. Sermonner, réprimander

LECTURER [ˈlektʃərəʳ] n.,

1. Conférencier
Dr Jouret was a very well known **lecturer** *on self-realization and how to be happy at work.* (Newsweek)
Le docteur Jouret était un **conférencier** très connu sur les thèmes de l'accomplissement personnel et de la manière d'être heureux au travail.

2. Maître de conférence

LIBRARY [ˈlaɪbrərɪ] n., bibliothèque

He had a little **library** *made up of old numbers of* The Union Jack, Pluck *and* The Halfpenny Marvel. (J. Joyce)
Il s'était constitué une petite **bibliothèque** avec de vieux numéros de *The Union Jack*, de *Pluck* et de *The Halfpenny Marvel.* (J. Aubert)

f., LIBRAIRIE
bookshop

Normal, je ne me réjouirais certainement pas de pouvoir enfin me procurer dans toutes les bonnes **librairies** un guide pratique du suicide. (R. Jaccard)
If I were normal, I should certainly not rejoice that a practical guide-book to suicide is at last available in all good **book-shops** (J. Lezon)

LICENCE [ˈlaɪsəns] n.,

driving-licence : permis de conduire

J'avais toujours, dans la poche intérieure de ma veste, mon passeport et mon **permis de conduire**. (P. Modiano)
I always kept my passport and **driving licence** *in the inside pocket of my jacket.* (B. Wright)

licence plate : plaque minéralogique

Outside in the sharp air, he flinches when footsteps pound behind him. But it is just two lovers, holding hands and in a hurry to reach their car, their locked hands a starfish leaping through the dark. Their **licence-plate** *says West Virginia. All the plates do except his.* (J. Updike)
Dehors, dans l'air vif, il tressaille en entendant des pas derrière lui. Mais ce ne sont que deux amoureux qui se tiennent la main et qui regagnent précipitamment leur voiture, leurs mains unies comme une étoile de mer qui bondit dans l'ombre. Ils ont des **plaques minéralogiques** de Virginie. Toutes les voitures sauf la sienne. (J. Rosenthal)

LICENCE f., LICENCE

poetic-licence : licence poétique
licence (de débit de boisson) cf. ex. à « *liquor* »

f., LICENCE

1. *(bachelor's) degree*
2. (trop grande liberté dans les mœurs) *licentiousness*

---

m., LIFTING

Se faire faire un **lifting**
to have a **face lift**

LIME [laɪm] n.,

1. De la chaux
quick lime : chaux vive
2. Tilleul

LIME (variété de citronnier) LIME

f., LIME
file

LIQUOR [ˈlɪkə^r] n., boisson alcoolisée, alcool, spiritueux

The **liquor** *business in the McCarthy licensed premises had picked up considerably since the disastrous quarterly cattle and pig fair of July.* (J.B. Keane)
Dans l'établissement patenté tenu par McCarthy, les ventes **d'alcool** avaient considérablement remonté depuis le mois de juillet où la foire aux bestiaux trimestrielle avait été un désastre.

LIQUEUR [lɪˈkjuə(r)] f., LIQUEUR

Gustav came in and Joanna opened the wine and served it in **liqueur** *glass to make it go far.* (E. O'Brien)
Gustav entra et Joanna ouvrit la bouteille de vin, elle le servit dans des verres à **liqueur** pour le faire durer plus longtemps.

LOCATION [ləu'keıʃən] n., situation, emplacement, lieu

The Albert Hall's **location** *is a particularly apt one for concerts which owe their existence to enlightened Victorian Paternalism.* (The Independent)
L'Albert Hall est un **lieu** particulièrement bien adapté à ces concerts qui doivent leur existence au paternalisme éclairé des Victoriens. (J.Cl. Sergeant)

f., LOCATION

(théâtre) **booking**
(voiture) **hire**, **hiring**
(maison) **renting**

Il existe des agences spécialisées dans la **location** courte mais elles exigent d'avoir à disposition l'appartement au minimum trois mois. (Nouvel Observateur)
There are agencies specialized in short-term **renting**, *but they require that an apartment be available for at least (a minimum of) three months.*

LODGER ['lɒdʒə^r] n., locataire

For the last thirty years she has lived here and taken **lodgers**. (Chr. Isherwood)
Depuis une trentaine d'années, elle habite ici et prend des **locataires**. (L. Savitsky)

m., LOGEUR

landlord (propriétaire)
my landlady : ma logeuse

LOT [lɒt]

1. Le sort
2. Un terrain

m., LOT

le gros **lot** : the main **prize**

LUNATIC ['lu:nətık] n., fou, dément

['*Her*' désigne une infirmière.]
[...] the realization that she was helpless and alone with a dangerous **lunatic** *made her struggle desperately to get to her feet.* (J.H. Chase)
[...] le sentiment de se trouver seule et sans défense avec une **folle** dangereuse l'anima du courage du désespoir et elle s'efforça de se relever. (L. Escourbe et M. Duhamel)

adj., LUNATIQUE
whimsical, temperamental, moody

LUNCH [lʌntʃ] n., déjeuner

m., LUNCH

Buffet lunch
lunch de mariage : *Wedding* **breakfast**

LUXURIOUS [lʌg'zjuerıəs] adj., luxurieux, de luxe

Kiever's flat was **luxurious** *and expensive, but its contents somehow gave the impression of having been hastily assembled.* (J. Le Carré)
L'appartement de Kiever était **luxueux**, mais semblait avoir été meublé à la hâte. (Duhamel et Robillot)

Notez que « *expensive* » constitue une sorte de synonyme :

Expensive *cars — Bentleys, Lagondas, Daimlers, Jaguars — parked everywhere in a kind of ostentatious litter.* (J. Braine)

Des voitures **luxueuses** — Bentley, Lagonda, Daimler, Jaguar — arrêtées un peu partout, en une sorte de fastueux désordre. (Chauffeteau et Vivier)

LUXURIEUX
lustful, lascivious

' How are things at Megalo ?' asked Sir Ambrose.
'Greatly disturbed — We are having trouble with Juanita del Pablo.'
' Luscious, languid, and **lustful** ?' (E. Waugh)
— Comment ça marche au Mégalo ? demanda Sir Ambrose.
— Tout sens dessus dessous. Juanita del Pablo nous fait des embêtements.
— La Juanita languide, **luxurieuse** et lascive ? (D. Aury)

LUXURY [ˈlʌkʃərɪ] le luxe

LUXURE
lechery

M

MAGGOT [ˈmægət] n., ver *(worm)*, asticot

m., MAGOT
savings, nest egg

MAGNIFY (to) [ˈmægnɪfaɪ]

1. Grossir
a magnifying-glass : une loupe

2. Exagérer

3. Louer (vx ou contexte biblique)

MAGNIFIER
to glorify, idealize

Même aujourd'hui, après sa mort, François Mitterrand ne laisse personne indifférent. On l'aime ou on le hait, on l'admire ou on le méprise, on le **magnifie** ou on le rejette, on reste fasciné ou allergique : jamais neutre. (A. Duhamel)
Even today, after his death, no one is indifferent to François Mitterrand. You love him or hate him, you admire or despise him, you **glorify** *or reject him, you are fascinated or repelled, never neutral.*

MAJOR [ˈmeɪdʒə^{r}] n., commandant

m., MAJOR
medical officer

MAINTAIN (to) [meɪnˈteɪn] v.,

1. Affirmer
He **maintains** *that he was away at the time.*
Il **soutient** qu'il était absent à l'époque.

2. *to* **maintain** *one's family* : **subvenir aux besoins** de sa famille

MAINTAIN (to) MAINTENIR

The main parties broadly agree on nearly all the issues — the need to reduce unemployment, **maintain** *the 'strong franc', build a more united Europe.* (The Economist)
Les principaux partis sont plus ou moins d'accord sur toutes les questions — la nécessité de réduire le chômage, de **maintenir** un « franc fort », de construire une Europe plus unie. (R. Alimi)

MALICE [ˈmælɪs] n., méchanceté, malveillance

Wearily then, but without **malice***, he said under his breath, 'Ah, these natives'.* (V.S. Naipaul)

Puis, d'un ton las mais sans **méchanceté**, il dit à mi-voix : « Ah ces Égyptiens ! » (A. Saumont)

MALICE (méchanceté, intention de faire le mal) f., MALICE

Cet usage de « malice » en français, au sens de « méchanceté », est plutôt restreint (voire vieilli).
An electric tram came rushing underneath the window [...] Children tried to hang on behind, and the conductor, with no **malice** *spat in their face to make them let go.* (E.M. Forster)
Soudain un tram électrique surgit et se rua sous la fenêtre [...] À l'arrière, des enfants s'accrochaient et le contrôleur, sans **malice**, leur crachait au visage dans l'espoir de leur faire lâcher prise. (Ch. Mauron)

f., MALICE

1. **spite, harm** (même sens que ci-dessus)

[" Elle » est la mère de Jean.] Avec une discrétion appuyée, elle dit à Jean que, surtout, elle risquait de déranger beaucoup sa belle-fille en se présentant « à un mauvais moment. »
Jean répéta ce propos à Germaine, qui n'y vit pas de **malice**, et se récria qu'elle ne serait nullement gênée d'être surprise dans ses travaux ménagers. (J. Duranteau)
With, marked discretion she told Jean that most of all she might disturb her daughter-in-law very much if she dropped in 'at the wrong moment'.
Jean reported those words to Germaine, who did not see any **harm** *in them and exclaimed (protested) that she would not mind being caught unawares during her domestic chores.*
(*Malice* ne serait pas impossible dans ce cas).

2. **mischievousness** (espièglerie) « malice » aujourd'hui a plutôt le sens de « tendance à se moquer, tourner en dérision, rire de quelque chose ou de quelqu'un », il est synonyme d'esprit de raillerie, d'espièglerie.

'Why do you keep on smiling ?' She said severely. 'If you knew what I was thinking about, you wouldn't'.
But he only squeezed up his eyes **slyly**, *and rolled his head on his pillow. He didn't believe a word she said.* (K. Mansfield)
« Pourquoi souris-tu tout le temps ? dit-elle avec sévérité. Si tu savais à quoi je pense, tu n'en aurais pas envie. »
Mais tout ce qu'il fit fut de plisser les yeux **avec malice** et de rouler sa tête sur l'oreiller. Il ne croyait pas un seul mot de ce qu'elle disait. (M. Duproix)

MALICIOUS [məˈlɪʃəs] adj., mauvais, méchant, malveillant

MALICIEUX
mischievous, impish, roguish

Un sourire **malicieux** : *a* **mischievous** *smile*

[La scène se passe dans une gare avant un départ.] *Miss Winchelsea peeped over her shoulder, and made* **sly** *little remarks about the accumulating people on the platform, at which Fanny laughed gleefully.* (H.G. Wells)
Mlle Winchelsea, postée en observation au-dessus de son épaule, se mit à faire des petites remarques **malicieuses** sur les gens qui s'amassaient sur le quai, provoquant ainsi de joyeux éclats de rire chez Fanny.

[Clare est la fille de Barbara, elle a 4 ou 5 ans.] *When Barbara had been in labour with Edward, and a kindly neighbour had hinted* **archly**, *'I think you're going to*

have a baby brother or sister', Clare had replied : 'I think so too — the contractions are coming every two minutes.' (D. Lodge)
Quand Barbara avait été sur le point d'accoucher d'Edward et qu'un voisin bienveillant avait insinué **malicieusement**, « Je pense que tu vas avoir un petit frère ou une petite sœur ", Clare avait répondu : « Je suis aussi de cet avis — les contractions ont lieu toutes les deux minutes ". (L. Dufour)

MAMMAL [ˈmæməl] n., mammifère

f., MAMMELLE

(animal) **teat, udder**
(femme) **breast**

MANDATE [ˈmændeɪt]

m., MANDAT

At that time the country was under French **mandate**.
Le pays était alors sous **mandat** français.

m., MANDAT
postal order

Sens particulier :
Sous la Ve République le **mandat présidentiel** est de sept ans.
In the fifth Republic the **presidential term of office** *is seven years.*

MANIAC [ˈmeɪnɪæk] fou (furieux), dément

MANIAC

(au sens de fou) MANIAQUE

MANIAQUE
crank, cranky, fussy, finicky
(au sens de qui a des petites manies, qui est attaché à des petites habitudes, des exigences ridicules)

Son goût **maniaque** du secret l'agaçait.
His **obsessional** *taste for secrecy annoyed her.*

MANUFACTURE [mænjuˈfæktʃəʳ] n., fabrication, confection, produit manufacturé

Leddersford's main **manufacture** *is textile.* (J. Braine)
La principale **industrie** de Leddersford est le textile.

f., MANUFACTURE
factory

[Dans les romans de la Comtesse de Ségur.] Les petites filles modèles jouaient dans leur parc, et les enfants des pauvres travaillaient aux **manufactures**. (J. Cabanis)
The model little girls played in their parks, and the children from poor families worked in the **factories**.

MARCH (to) [mɑːtʃ] v., défiler, marcher au pas

[...] *The leaves fell early that year and we saw the troops* **marching** *along the road and the dust rising and leaves, stirred by the breeze, falling and the soldiers*

marching *and afterwards the road bare and white except for the leaves.* (E. Hemingway)
[...] Cette année-là, les feuilles tombèrent de bonne heure, et nous voyions les troupes **passer** sur la route ; poussière soulevée ; chute des feuilles détachées par la brise ; soldats **en marche**, et de nouveau la route solitaire et blanche sous les feuilles. (M.E. Coindreau)

MARCH (to) (d'un pas énergique) MARCHER

I took my ticket and **marched** *proudly up the platform, with my cheeses, the people falling back respectfully on either side.* (J.K. Jerome)
Je pris mon billet et me dirigeai **d'un pas martial** vers le quai, avec mes fromages, tandis que les gens s'écartaient respectueusement sur mon passage. (D. Lescanne)

MARCHER
to work, to walk selon le sens

Il **marchait** à pas lents vers le bureau de la réception. (P. Modiano)
He **walked** *slowly over to the reception desk.* (Wright)

J'ai essayé de le flatter pour qu'il le fasse, mais ça n'a pas l'air de **marcher**.
I tried to flatter him into doing it but it doesn't seem to **work**.

MARMALADE [ˈmɑ:məleɪd] n., confiture d'orange ou de citron

She took down a jar from one of the shelves as she passed ; it was labelled 'ORANGE **MARMALADE**', *but to her great disappointment it was empty* [...]. (L. Carroll)
En passant, elle prit un pot sur une étagère ; il portait une étiquette sur laquelle on lisait : **CONFITURE** D'ORANGES, mais à la grande déception d'Alice, il était vide. (J. Papy)

f., MARMELADE

Préparation de fruits écrasés et cuits avec du sucre
'**stewed fruit**' (marmelade, compote de fruits)
'*stewed apple*' (compote de pommes)

Les puristes respectent cette distinction. Ceci dit il faut reconnaître qu'en France on tend à parler de « marmelade d'orange », c'est le terme que Henri Parisot utilise dans sa traduction d'Alice. Rappelons qu'à côté de '*marmalade*', il y a '*jam*' (confiture).

MARMOT [ˈmɑ:mət] marmotte

m., MARMOT
kid, brat

MAROON [məˈru:n] adj., rouge foncé, bordeaux, grenat

[Un client vient de réclamer à la réception parce que sa fenêtre ne ferme pas.] *A bellhop in the threadbare* **maroon** *livery of the establishment arrived stoned and fiddled with the window to no avail.* (P. Highsmith)
Un chasseur arriva, portant la livrée élimée de l'établissement, une livrée couleur **bordeaux**. Il était bourré et bricola la fenêtre sans résultat. (G. Hardin)

Presently, the lady herself — sandals, **maroon** *slacks, yellow silk blouse, squarish face, in that order — came down the steps,* [...]. (V. Nabokov)
Puis la maîtresse de céans — sandales, pantalon **grenat**, corsage de soie jaune, visage quadratique, dans cet ordre — descendit les marches [...]. (E. Kahane)

adj., MARRON
brown

m., un MARRON
a chestnut

chestnut tree : marronnier

MATERIAL [mə'tɪərəl] n.,

1. Tissu, étoffe
2. *Raw* **material** *:* **matière** première

m., MATÉRIEL
equipment

matériel de bureau : *office equipment*

MATERIAL [mə'tɪərəl] adj., important

And now I come to a very important passage in Oliver's history ; for I have to record an act, slight and unimportant perhaps in appearance, but which indirectly produced a **material** *change in all his future prospects and proceedings.* (Ch. Dickens)
J'en viens maintenant à un épisode très important de la carrière d'Oliver ; car il me faut relater une action, peut-être mince et insignifiante en apparence, mais qui produisit indirectement des changements **considérables** dans toute l'orientation et le développement de son avenir. (S. Monod)

MATERIAL MATÉRIEL

material *cares* : les soucis **matériels**

MATRON ['meɪtrən] n.,

1. Intendante ou directrice dans une institution telle que « crèche, hospice, etc. »
The Day Care Center was a large shabby Victorian house, [...] Evelyn found the door double-locked, despite the new Open Door for Mother policy which its new **matron** *Joan Kingsley was trying to encourage.* (M. Drabble)
La garderie se trouvait dans une grande maison victorienne assez peu reluisante [...] Evelyn trouva la porte fermée à double tour, malgré la politique de « Porte ouverte pour les mamans » que la nouvelle **directrice**, Joan Kingsley, essayait d'encourager.

2. Infirmière en chef, par opposition à « *nurse* »
[Une femme locataire vient de dire à son propriétaire qu'elle est fatiguée, celui-ci lui répond.]
'We all get tired', said Franck, and his little rosebud mouth closed tightly with the moral air of a reproving hospital **matron**. (A. Wilson)
« Nous sommes tous fatigués » dit Franck et sa petite bouche en bouton de rose se referma sèchement avec l'air désapprobateur d'une **infirmière en chef**.

MATRON f., MATRONE

On rencontre également : *a matronly woman.*

MECHANIC [mɪˈkænɪk] n., (dans un garage) un mécanicien

Cf. *engineer* (sur un bateau)

The second **engineer** *at the head of the bridge-ladder, kneading with damp palms a dirty sweat-rag, unabashed, continued the tale of his complaints.* (J. Conrad)
Sur le barreau supérieur de l'échelle de passerelle, le second **mécanicien**, nullement décontenancé, pétrissait entre ses mains moites un bout de torchon sale, et continuait la litanie de ses plaintes. (H. Bordenave)

f., la MÉCANIQUE
mechanics

adj., MÉCANIQUE
mechanical

MEDICINE [ˈmedsn, ˈmedɪsn] n., médicaments

He takes too much **medicine**.
Il prend trop de **médicaments**.

He went upstairs to the **medicine chest** *in the bathroom. Penny always had little sedatives, and maybe some big ones too.* (P. Highsmith)
Il monta jusqu'à **l'armoire à pharmacie** dans la salle de bains. Penny avait toujours des somnifères légers, et sans doute aussi de plus puissants. (M. Sarfati)

MEDICINE f., MÉDECINE

Son fils fait sa **médecine**.
His son is studying **medicine**.

MEMBER [ˈmembəʳ] n., (d'un groupe) m., MEMBRE

It was hard to place Leamas. If he were to walk into a London club the porter would certainly not mistake him for a **member**. (J. Le Carré)
L'homme était difficile à classer. Un portier de club londonien ne l'eût certainement pas pris pour un **membre** régulièrement inscrit. (Duhamel et Robillot)

(du corps humain) m., MEMBRE
limb

He was a little sleepy too, and felt a pleasurable languor running through every **limb** *as though all the blood in his body had turned to warm milk.* (J. Conrad)
Il commençait aussi à avoir un peu sommeil, et il sentait une agréable langueur envahir tous ses **membres** comme si tout le sang de son corps s'était changé en lait tiède. (H. Bordenave)

He came to my room with trembling **limbs**. (L. Lee)
Il vint me voir dans ma chambre en tremblant de tous ses **membres**.

MEMORY [ˈmemərɪ] n., souvenir

[Winston vient de commencer à écrire son journal intime.] *He did not know what had made him pour out this stream of rubbish. But the curious thing was that while he was doing so a totally different* **memory** *had clarified itself in his mind.* (G. Orwell)
Il ne savait ce qui l'avait poussé à déverser ce torrent d'absurdités, mais curieusement, tandis qu'il écrivait, un **souvenir** totalement différent s'était précisé dans son esprit. (Audiberti)

MEMORY f., MÉMOIRE

Piece by piece, Leamas recounted the full extent of all Karl Riemeck's work. His **memory** *was, Peters noted approvingly, remarkably precise considering the amount he drank.* (J. Le Carré)
Méthodiquement, Leamas récapitula tout le travail effectué par Karl Riemeck. Peters nota avec satisfaction qu'il avait une **mémoire** remarquable, compte tenu de la quantité d'alcool qu' il absorbait. (Duhamel et Robillot)

f., MÉMOIRE

J'écoutais le barman dont le visage **s'est effacé de ma mémoire.** (P. Modiano)
I listened to the barman, whose face I have **completely forgotten.** (B. Wright)

Mémoires *d'une jeune fille rangée* par S. de Beauvoir : **Memoirs** of a Dutiful Daughter *by S. de Beauvoir.*

MINUS [ˈmaɪnəs] prép., moins

7 **minus** *3 equals 4* : 7 **moins** 3 égale 4

un MINUS
a moron, a waster

MINUTE [maɪˈnjuːt] adj., minuscule, tout petit

Attention à la prononciation de ce mot : [maɪˈnjuːt] ne pas confondre avec le nom [ˈmɪnɪt] *minute :* une minute

Take a strong magnifying-glass and look for three **minute** *dots in the lower left-hand corner of the clock face.* (L.P. Jacks)
Prenez une bonne loupe et cherchez trois **minuscules** points dans le coin inférieur gauche du cadran.

a MINUTE [mɪnɪt] n., une MINUTE

MINUTIAE [mɪˈnju :ʃɪi :] n., menus détails

[John est un journaliste qui dénonce les abus de l'administration.] *The real villain was the head of the department — a highly esteemed administrative civil servant named Pelican. Did Mr Pelican, John asked, know the* **minutiae** *of his department as his reputation for thoroughness demanded ?* (A. Wilson)
Le véritable scélérat était le chef de service, un fonctionnaire fort estimé du nom de Pelican. M. Pelican, demandait John, connaissait-il par le **détail** ce qui se passait dans son service comme l'exigeait sa réputation d'employé efficace.

f., MINUTIE
precision

J'ai été frappé par la **minutie** de son travail.
I was struck by the **precision (meticulousness)** *of his work.*

MISERABLE [ˈmɪzərəbl] adj., (personne) malheureux, déprimé

He felt **miserable**.
Il se sentait **déprimé** / Il avait le cafard.

a **miserable** *day* : une journée **désagréable**

MISERABLE adj., MISÉRABLE

They walked on, for some time, through the most crowded and densely inhabited part of the town ; and then striking down a narrow street more dirty and **miserable** *than any they had yet passed through, paused to look for the house which was the object of their search.* (Ch. Dickens)
Ils marchèrent pendant quelque temps dans la partie la plus encombrée et la plus peuplée de la ville ; puis, s'engageant dans une rue étroite qui était encore plus sale et **misérable** que toutes celles qu'ils avaient scrutées jusqu'alors, ils s'arrêtèrent pour chercher la maison qui était l'objectif de leur démarche. (S. Monod)

n., (une personne) MISÉRABLE
a wretch

But even these crazy dens seemed to have been selected as the nightly haunts of some houseless **wretches**. (Ch. Dickens)
Pourtant ces repaires branlants eux-mêmes paraissaient avoir été choisis pour refuges nocturnes par de **misérables** sans-logis. (S. Monod)

MISERABLY [ˈmɪzərəblɪ] adv.,

He failed **miserably**.
Il échoua **lamentablement**.

MISERY [ˈmɪzərɪ] n., malheur, douleur, souffrance, d'où l'équivalence avec « misère » au sens de « détresse ».

[...] *it was hard to imagine that this culmination of triumphant joy could be a preface to base* **miseries**. (G. Gissing)
[...] il était difficile d'imaginer que ce paroxysme de joie triomphante pût servir de préface à de sordides **malheurs**. (S. Calbris et P. Coustillas)

'Nobody shall go near her,' said the man, starting fiercely up, as the undertaker approached the recess, 'Keep back ! Damn you, keep back, if you've a life to lose !'
'Nonsense, my good man', said the undertaker, who was pretty well used to **misery** *in all its shapes. Nonsense !'* (Ch. Dickens)
— Que personne n'approche d'elle, dit l'homme, qui se leva d'un bond furieux, quand M. Sowerberry se dirigea vers le renfoncement. Reculez ! Bon sang, reculez, si vous tenez à votre vie !
— Ne dites pas de sottises, mon brave, dit l'entrepreneur de pompes funèbres, qui était probablement habitué au spectacle de la **souffrance** sous tous ses aspects. Ne dites pas de sottises ! (S. Monod)

The supposed **misery** *of our time is the lack of time.* (J. Fowles)
On prétend que le manque de temps est la **plaie** de notre époque. (Jury de CAPES)
Le manque de temps passe pour être la plus grande **calamité** de notre siècle. (G. Durand)

Lord Edward started at the word. It touched a trigger, it released a flood of energy. 'Progress !' he echoed and the tone **of misery** *and embarrassment was exchanged for one of confidence.* (A. Huxley)
Lord Edward sursauta à ce mot. Celui-ci avait agi comme un déclic et libéré un torrent d'énergie. « Le progrès ! » reprit-il avec une assurance qui contrastait avec le ton **geignard** et embarrassé qu'il avait adopté auparavant.

The first half-hour in London, after some years abroad, is really a plunge of **misery**. (D.H. Lawrence)
Après des années passées à l'étranger, votre première demi-heure à Londres est un abîme de **tristesse**.

(pauvreté, dénuement) f., MISÈRE
poverty

Enfin là règne la **misère** sans poésie. (Balzac)
In a word there reigns **distress (poverty)** *without poetry.*

MITTEN [ˈmɪtn] n., moufle

The child had to remove his **mittens** *to open the door.*
L'enfant dut ôter ses **moufles** pour ouvrir la porte.

MITTEN f., MITAINE

MIZZEN [ˈmɪzn] n., artimon

mizzen-mast : mât d'artimon (mât d'arrière)

m., mât de MISAINE
foremast

---

m., MODERN'STYLE

Cette trouée calme dans la ville devait dater d'une cinquantaine d'années car il y avait des relents de **modern'style** dans les architectures disparates de ses demeures. (M. Cardinal)
That peaceful spot in the city must have existed for about fifty years because there was an air of **art nouveau** *in its disparate residences.* (N. Cooney)

MOLESKIN [ˈməulskɪn] n.,

1. (Peau de) taupe

2. Velours de coton (souvent utilisé pour des pantalons)
(cf. *corduroys :* pantalon en velours côtelé)
His trousers were of **moleskin**.
Son pantalon était en **velours**.

f., MOLESKINE
imitation leather, leatherette

[*'They'* : des enfants.] *They were soon quiet, laughing together on the shiny* **leatherette** *of the sofa.* (J. McGahern)
Bientôt ils se calmèrent, riant ensemble, assis sur la **moleskine** luisante du sofa. (G.M. Sarotte)

MONEY [ˈmʌnɪ] n., argent

f., MONNAIE

— de la (petite) monnaie : *(small)* **change**

He patted all his pockets whenever he looked for **change**. (J. Le Carré)
Il farfouillait dans toutes ses poches chaque fois qu'il avait besoin de **monnaie**. (Duhamel et Robillot)

— une monnaie forte : *a strong* **currency**

MONITOR [ˈmɒnɪtəʳ] n., écran de contrôle

MONITOR (syn. chef de classe) m., MONITEUR

'**Monitors**, *collect the lesson-books and put them away !'*
Four tall girls arose from different tables, and going round, gathered the books and removed them. (Ch. Brontë)
— **Monitrices**, ramassez les livres de leçons et rangez-les !
À chacune des quatre tables, une grande fille se leva, qui en fit le tour en ramassant les livres pour les emporter. (S. Monod)

(sport) m., MONITEUR

ski **instructor : moniteur** de ski

MUNDANE [ˌmʌnˈdeɪn] adj., banal, ordinaire, prosaïque, terre à terre (syn. *humdrum*)

Summer has come and with it one of life's most **mundane** *chores : mowing the lawn.* (Newsweek)
L'été est là et avec lui une des corvées les plus **banales** de la vie : la tonte des pelouses.

Shocking, somehow, to come across this last, a gloomy Victorian gaol in the middle of an ordinary suburb where double-decker buses pass and housewives with shopping bags and pushchairs go about their **mundane** *business.* (D. Lodge)
C'est quelque peu choquant de trouver cet établissement, une geôle victorienne sinistre, au beau milieu d'un faubourg ordinaire où les bus à impériale vont et viennent et où les ménagères, avec leurs sacs à provisions et leurs poussettes, vaquent à leurs activités **ordinaires**. (M. et Y. Couturier)

The book attempts successfully to meet the pressing needs of learner translators, not treating them to a plethora of theories, but addressing the more **mundane** *problems.* (M. Menacere)
Ce livre s'efforce avec succès de faire face aux besoins les plus urgents des futurs traducteurs, sans les abreuver de théorie, mais en abordant les problèmes les plus **courants**.

MUNDANE MONDAIN
(au sens de « de ce monde » par opposition à la vie de l'esprit, la vie religieuse)

mundane *pleasures* : les plaisirs **de ce monde**

MONDAIN
society, fashionable

Cecil Beaton n'était pourtant pas uniquement un photographe « **mondain** ». (Jours de France)
However Cecil Beaton was not just a '**society**' *photographer.*

Then the scowl changed into a **social** *smile, and I saw it was Jack Wales.* (J. Braine)
Puis, soudain, ces regards en biais firent place à un sourire **mondain**, et je reconnus Jack Wales. (Chauffeteau et Vivier)

Je les connais ces jeunes femmes « dans le vent ». On a un vague métier, on prétend se cultiver, faire du sport, [...] élever parfaitement ses enfants, mener une vie **mondaine**. (S. de Beauvoir)
I know what they are those trendy young women. They have vague jobs, claim to improve their minds, go in for sport, [...] bring up their children perfectly, have a **social** *life.* (J. Lezon)

N

NERVE [ˈnɜ·v] toupet, culot

[La scène se passe dans une école en 1917.]
Sylvia Mann took off her collar and tie, took them off simply, and laid them on the desk beside her, as calm as if she were going to wash her hair in her bedroom at home. She had **a nerve** *!* (K. Mansfield)
Sylvia Mann enleva son col et sa cravate, les enleva carrément, et les posa près d'elle sur le pupitre, aussi calme que si elle s'apprêtait à se laver les cheveux dans sa chambre chez elle. Elle avait **un de ces toupets** ! (M. Merle)

NERVE m., NERF

C'est un paquet de **nerfs**.
She's a bundle of **nerves**.

NERVOUS [ˈnɜ:vəs] adj., mal à l'aise, inquiet

The principal was waiting for me in her office, accompanied by the member of the Social Commission who thought he had known my parents before the war. They greeted me cordially and asked me to sit down. I noticed they were both rather **nervous**, *though they tried to conceal it.* (J. Kosinski)
La directrice m'attendait dans son bureau, en compagnie du membre de la Commission Sociale qui pensait avoir connu mes parents avant la guerre. Ils me reçurent cordialement et me demandèrent de m'asseoir. Je remarquai que tous deux avaient l'air assez **mal à l'aise**, même s'ils s'efforçaient de n'en rien laisser paraître. (Ancèle et Loiseau)

She waited for a few minutes to see if she was going to shrink any further : she **felt** *a little* **nervous** *about this.* (L. Carroll)
Elle attendit un instant encore pour voir si elle allait continuer à rapetisser : cela **l'inquiétait** un peu. (H. Parisot)

'Give your evidence' said the King, 'and **don't be nervous**, *or I'll have you executed on the spot'.* (L. Carroll)
« Faites votre déposition, dit le roi, et **tâchez de vous calmer** ; sans quoi je vous fais exécuter sur le champ. » (J. Papy)

We were all feeling seedy, and we were **getting** *quite* **nervous** *about it.* (J.K. Jerome)
Nous nous sentions tous mal en point et cet état nous **inquiétait** passablement (J.F. Ménard)

Then I set off to Victoria to catch the night ferry, in order to save money and because I **am nervous of** *air travel.* (I. Murdoch)
Puis je partis pour Victoria afin de prendre le ferry de nuit, ceci pour faire des économies et parce que j'**ai peur de** voyager en avion.

NERVOUS NERVEUX

the **nervous** *system :* le système **nerveux**
a **nervous** *breakdown* : une dépression **nerveuse**

NERVEUX
wiry, sinewy

Au sens positif, de « qui a des tendons vigoureux, apparents », « qui a du nerf, de la force active »

NOMINATION [ˌnɒmɪˈneɪʃən] le fait d'être proposé pour une fonction

A total of four incumbent senators are vying for the Republican presidential **nomination**.
Quatre sénateurs en exercice se disputent **l'investiture** républicaine pour l'élection présidentielle.

NOMINATION — f., NOMINATION

f., NOMINATION
appointment (plus souvent)

NONSENSE [ˈnɒnsəns] n., absurdités, inepties

'Well, I never heard it before', said the Mock Turtle ; 'but it sounds uncommon **nonsense**.' (L. Carroll)
« Quant à moi, je n'avais jamais entendu ça de ma vie, ajouta la Simili-Tortue, mais ça m'a tout l'air d'un ramassis de **sottises**. » (J. Papy)

NONSENSE (a piece of) — m., NON-SENS

NON-SENS
meaningless word, translation

NOTE [nəut] n.,

1. Billet, mot

'Did you get my **note** ?'
'Yes.'
- Vous avez eu (reçu) mon **mot** ?
- Oui.

2. Billet de banque

He pushed a £10 **note** *across the counter.*
Il poussa un **billet** de 10 livres sur le comptoir.

forged note : faux billet

NOTE — f., NOTE

1. (élément pris par écrit)
Il en **prit note** au crayon.
He **made a note** *of it in pencil.*

2. (dans un ouvrage, un article)
Je crois que son article est mentionné dans une des **notes.**
I think his article is mentioned in one of the **notes**.

The editor required to use **end notes** *rather than* **footnotes.**
Le responsable de publication nous a demandé de placer les **notes en fin d'article** plutôt qu'**en bas de page**.

f., NOTE
mark

Il a eu une **mauvaise note** pour sa dissertation.
He got **a bad mark** *for his essay.*

f., NOTE
bill

The hotel **bill** *came to fifteen guineas.* (J.K. Jerome)
La **note** de l'hôtel s'éleva à quinze guinées. (J.K. Jerome)

NOVEL [ˈnɒvəl] n., roman

f., NOUVELLE

1. **short story** (genre littéraire)
2. **news, information**

Une nouvelle : *a piece of news / information*

Un soir il m'a dit : « Je vais t'annoncer une grande **nouvelle** » avec l'air un peu surexcité d'un enfant qui, un jour de fête, a trop joué, trop ri, trop crié. (S. de Beauvoir)
One evening he said to me : 'I have great **news** *for you' with the slightly over-excited look of a child who has played too much, laughed too much, shouted too much on a festive day.* (J. Lezon)

Proverbe : Pas de nouvelles, bonnes nouvelles. *No news is good news.*

O

OBEDIENCE [ə´bi:dɪəns] n., obéissance

f., OBÉDIENCE
allegiance, persuasion

d'**obédience** marxiste : *of marxist* **allegiance**
d'**obédience** chiraquienne : **following the party line** *of Chirac*

OBEISANCE [əu´beɪsəns] n.,

1. Révérence
2. Hommage

It [The bird] spread out its wings, fitted them carefully into place again, ducked its head for a moment, as though making a sort of **obeisance** *to the sun.* (G. Orwell)
Il ouvrit les ailes, les replia ensuite soigneusement, baissa la tête un moment comme pour rendre **hommage** au soleil. (A. Audiberti)

f., OBÉISSANCE
obedience

OBLIGE (to) [ə´blaɪdʒ] v., (syn. *do a favour*) rendre service, obliger

[Un malade imaginaire vient de tendre au pharmacien une ordonnance assez peu médicale que son médecin a rédigée à son insu pour lui remettre les idées en place. Le pharmacien lui dit :]
' I'm a chemist. If I was a co-operative stores and family hotel combined, I might be able to **oblige** *you. Being only a chemist hampers me. '* (J. K. Jerome)
— Je suis pharmacien, en effet. Si j'étais une coopérative de vente ou une pension de famille réunies, je serais peut-être capable de vous **satisfaire**. N'étant que pharmacien, cela m'est impossible. (D. Serval)

OBLIGE (to) (syn. *compel*) OBLIGER

OBSERVANCE [əb´zɜ:vəns] n., célébration

The event is held each October **in observance of** *Filipino American History Month.* (The International Examiner)
Cette manifestation a lieu chaque année en octobre lors de la **célébration** du Mois de l'Histoire des Américains Philippins.

OBSERVANCE (d'un rite, d'une coutume) OBSERVANCE ou OBSERVATION

OCCASION [ə´keɪʒən] n.,

Morgan well remembered the first **occasion he had met** *Dr Murray.* (W. Boyd)

Morgan se rappelait très bien sa première **rencontre** avec le docteur Murray. (Chr. Besse)

Over breakfast (no Guardian *was delivered, doubtless because of the snow) she pondered the question of what clothes to wear for the* **occasion**. (D. Lodge)
Pendant le petit déjeuner (le *Guardian* n'avait pas été distribué, sans doute à cause de la neige), elle se demanda comment s'habiller pour la **circonstance**. (M. et Y. Couturier)

On state **occasions** : lors des **cérémonies** officielles.

OCCASION f., OCCASION

on that **occasion** : à cette **occasion**

f., OCCASION
opportunity, chance

Les livres cités plus haut donnent des exemples abondants et précis de cette variété (les faux amis). Nous ne saurions mieux faire que d'y envoyer le lecteur. Mais les listes qu'il y trouvera ne sont qu'un point de départ et chacun aura **l'occasion** de les compléter. (Vinay et Darbelnet)
The authors listed above give many examples of this class of words and we refer the reader to them. But it must also be said that the lists given in these books are only a starting point and any translator will find **opportunities** *of completing them.* (Sager et Hamel)

Du reste, les étudiants sont fort bien vus à Paris. Pour peu qu'ils aient quelque talent d'agrément, on les reçoit dans les meilleures sociétés, et il y a même des dames du faubourg Saint-Germain qui en deviennent amoureuses, ce qui leur fournit, par la suite, les **occasions** de faire de très beaux mariages. (G. Flaubert)
Besides, students are made very welcome in Paris. If they have any social gifts at all they get asked to the best houses. Some of the great ladies of the Faubourg Saint-Germain even fall in love with them, which gives many of them the **chance** *of making a good marriage.* (G. Hopkins)

J'ai eu **l'occasion de** le rencontrer quand j'étais aux États-Unis.
I had **the opportunity to** *meet him when I was in the States.*

The opportunity *offered itself sooner than he expected.* (A. Huxley)
L'occasion se présenta plus tôt qu'il ne l'espérait.

Vous pourrez rencontrer mon père par la **même occasion**.
You'll be able to meet my father **at the same time**.

Voiture **d'occasion** : **second-hand** *car.*

OCCASIONAL [əˈkeɪʒənl] adj., peut signifier « occasionnel », c'est-à-dire « qui apparaît de temps en temps » mais le plus souvent cette équivalence terme à terme ne convient pas et on lui préfère des traductions obliques comme dans l'exemple suivant :

[Quelqu'un vient de lancer un juron.]
Miss Ley laughed gently : she rather liked an **occasional** *oath, it relieved the commonplace of masculine conversation in the presence of ladies.* (S. Maugham)
Miss Ley rit doucement ; elle ne détestait pas entendre un juron **de temps en temps**, cela rehaussait la banalité de la conversation masculine en présence des dames.

Il y a davantage de risques de faux sens à partir de la combinaison « **occasional table** » : « guéridon ».

She was sitting in a chair by the open window with quite a pile of yellow-labelled books on the **occasional table** *beside her.* (H. G. Wells)
Elle était assise dans un fauteuil près de la fenêtre ouverte avec une pile de livres aux étiquettes jaunes posés sur le **guéridon** à côté d'elle.

☞ Une table **d'occasion** : *a* **second-hand** *table.*

OCCUPATION [ˌɒkjʌˈpeɪʃən] n.,

1. Métier, profession

[To be a water-clerk] is a beautiful and humane **occupation**. (J. Conrad)
[Être commis maritime] est une belle et noble **profession**.

Since she **had no occupation**, *her collection of taxidermy had become her chief interest, apart from knitting.* (P. Highsmith)
Comme elle **ne travaillait pas**, sa collection d'animaux empaillés était devenue son principal centre d'intérêt, mis à part le tricot. (M. Sarfati)

She was living alone, **without occupation**, *and received visits only from one lady.* (G. Gissing)
Elle vivait seule, **sans profession**, et ne recevait de visites que d'une seule personne. (Calbris et Coustillas)

The American Bureau of Labor Statistics has published a list of the **occupations** *expected to grow and contract most rapidly in the years ahead.* (Newsweek)
L'Institut des Statistiques du Ministère américain du Travail a publié une liste des **emplois** pour lesquels on prévoit les développements et les réductions les plus rapides dans les années à venir.

She stood there and dealt with Miss East's questions 'And were is your mother, my dear ? And what is your poor father's **occupation** ? *And where did you live before ?'* (V. Nabokov)
Dolly prise au piège se débattait devant les questions de la Demoiselle du Levant : « Et où donc est ta mère, ma mignonne ? Et quelle est la **profession** de ton pauvre papa ? Et où viviez-vous avant ? » (E. Kahane)

occupational *disease :* maladie **professionnelle**.

2. Le fait d'occuper une maison, habiter

Every storey in the house was from twelve to fifteen feet high (which would have been cool and pleasant in a hot climate), and the stairs went steeply up, to end at last in attics too inaccessible **for occupation**. (H.G. Wells)
Tous les étages de la maison faisaient quatre à cinq mètres de haut (ce qui eût été frais et agréable sous un climat chaud), par ailleurs les escaliers qui y menaient étaient raides et aboutissaient à des mansardes trop inaccessibles **pour être occupées**.

OCCUPATION f., OCCUPATION

1. (occupation d'un pays)

The army of occupation : L'armée d'occupation
During the Occupation : Sous l'occupation

2. (occupation, de manière générale)

Lady Bracknell. Do you smoke ?
Jack. Well, yes, I must admit I smoke.
Lady Bracknell. I am glad to hear it. A man should always have an **occupation** *of some kind.* (O. Wilde)

[Une dame fait subir un interrogatoire à l'un des prétendants de sa fille.]
Lady Bracknell. Est-ce que vous fumez ?
Jack. Eh bien oui, je dois vous avouer que je fume.
Lady Bracknell. Je suis ravie de l'apprendre. Il est bon qu'un homme soit toujours **occupé** d'une manière ou d'une autre.

OFFICE ['ɒfɪs] n.,

1. Office, fonction.

Clinton grasped the policy options before he took **office**. (The New Republic)
Clinton avait pris en main les options politiques avant d'entrer en **fonction**.

Home Office : Ministère de l'Intérieur
Foreign Office : Ministère des Affaires Étrangères

When the neo party was **in office** *the country was definitely more prosperous.*
Quand le parti néo était **au pouvoir**, le pays était vraiment plus prospère.

A year ago the British people voted for a change of government. Their vote brought the Conservatives back **into office** *and Mrs Margaret Thatcher into 10. Downing Street.* (Illustrated London News)
Il y a un an les Britanniques ont voté en faveur d'un changement de gouvernement. Leur vote a ramené les conservateurs **au pouvoir** et a conduit Mme Margaret Thatcher au 10 Downing Street.

2. Bureau.

He left his **office** *at five as usual and then went to Victoria Station to catch his train.*
Il quitta son **bureau** à 5 heures comme d'habitude et se rendit à la Gare Victoria pour prendre son train.

m., OFFICE

1. *service* (religieux)
L'**office** sera célébré dans la chapelle de la famille.
The **service** *will be held in the family chapel.*

2. (Cuisine) **pantry**
The other half [of the house] consisting of an airy dining / sitting room, kitchen and **pantry**, *was fronted by the usual wide verandah* (W. Boyd)
Le reste [de la maison] — un large salon, une salle à manger, la cuisine et l'**office** — donnait sur la traditionnelle véranda. (Chr. Besse)

3. Faire office de : **to act as**.
Le vieux jardinier **faisait office de** majordome.
The old gardener **acted as** *majordomo.*

4. (organisme) **board**

OFFICER ['ɒfɪsə^{r}] n., fonctionnaire (dans divers emplois)

careers **officer** : conseiller d'orientation
police **officer** : agent de police

Carter had given his Cabinet **officers** *the vague injunction to be 'bold'.* (The New Republic)
Carter avait donné aux **membres** de son cabinet la consigne vague d'« être audacieux. »
cf également à '*application*' : '*personnel officer*'

OFFICER m., OFFICIER

OFFICIAL [əˈfɪʃəl] n., fonctionnaire, personne en position d'autorité, de pouvoir

Officials *of unions now began to realize that when they ordered their members out on strike they no longer stood on firm statutory ground, but on a quicksand of conflicting or adverse legal interpretation.* (H. Pelling)
Les **dirigeants** des syndicats commencèrent alors à réaliser que, lorsqu'ils ordonnaient à leurs membres de se mettre en grève, ils n'étaient plus sur la terre ferme de la légalité mais sur les sables mouvants de l'interprétation contradictoire de la loi. (M. Babaz)

Officials *concede that little can be done to keep children from turning to crime.* (Newsweek)
Des **responsables** admettent que l'on ne peut pas faire grand chose pour empêcher les enfants de devenir délinquants.

OFFICIAL OFFICIEL

OMNIBUS [ˈɒmnɪbəs] n., possède le sens d'« autobus » mais le terme est vieilli (ou correspond à un niveau de langue recherché ou soigné)

On weekends his Rolls-Royce became an **omnibus**, *bearing parties to and from the city between nine in the morning and long past midnight,* [...]. (F.S. Fitzgerald)
En fin de semaine, sa Rolls se transformait en **autobus**, charriant les invités de la ville au château, et vice-versa, de neuf heures du matin jusqu'à minuit passé. (V. Llona)

OMNIBUS m., OMNIBUS

au sens aujourd'hui vieilli de « voiture publique d'abord hippomobile, puis automobile, transportant des voyageurs dans une ville » (Robert)

Every **omnibus** *that clattered by was heavily laden with passengers.* (G. Gissing) (texte de la fin du XIXe siècle)
Des **omnibus** passaient dans un bruit d'enfer et tous étaient remplis de passagers.

(train qui dessert toutes les gares) m., OMNIBUS
slow train

The evidence showed that the deceased lady, while attempting to cross the line, was knocked down by the engine of the ten o'clock **slow train** *from Kingstown.* (J. Joyce)
L'enquête a démontré que la défunte, tandis qu'elle s'apprêtait à traverser la voie, fut renversée par la locomotive du **train omnibus** de dix heures venant de Kingstown. (Y. Fernandez)

ONEROUS [ˈɒnərəs] adj., (lang. sout.) pénible

an onerous task : une tâche pénible

ONÉREUX
costly, expensive

OPERATE (to) [ˈɒpəreɪt] v., faire fonctionner

Instead of snuggling into them [our bodies] and hibernating there, we either want to **operate** *them as sleek, efficient technical kits or else to achieve a spectral freedom from them.* (The Observer)

Au lieu de nous y blottir et d'y vivre bien tranquille, nous voulons soit les **faire fonctionner** comme des matériels techniques en parfait état de marche, soit nous en libérer pour n'être plus que des esprits. (J. Lezon)

to OPERATE OPÉRER

Il ne sera pas **opéré** avant jeudi.
He won't be **operated on** *till Thursday.*

OPPORTUNITY [ɒpəˈtju nɪtɪ] n., occasion

[Alice est en train de tomber dans un trou et se demande si elle ne va pas ressortir aux antipodes.] *Alice had learnt several things of this sort in her lessons in the schoolroom, and though this was not a very good* **opportunity** *for showing off her knowledge, as there was no one to listen to her, still it was good practice to say it over.* (L. Carroll)
Alice avait appris en classe pas mal de choses de ce genre, et, quoique le **moment** fût mal choisi pour faire parade de ses connaissances puisqu'il n'y avait personne pour l'écouter, c'était pourtant un bon exercice que de répéter tout cela. (J. Papy)

OPPORTUNITÉ
opportuneness, timeliness, appositeness

ORANGE

Il est passé **à l'orange.**
He crossed at **the amber light**.

ORDNANCE [ˈɔ:dnəns] n.,

1. (Pièces d') Artillerie
2. Service du matériel et des dépôts.
Ordnance Survey map : carte d'état-major

f., ORDONNANCE

1. (médicale) **prescription**
2. (militaire) **orderly**, *batman*

OUTRAGE [ˈautreɪdʒ] n., acte de violence, scandale

The extent of potential anti-American **outrage** *in thc Arab world if war comes is a source of fierce debate.*
L'ampleur d'éventuelles **réactions de violence** anti-américaine dans le monde arabe si la guerre éclatait est matière à discussions passionnées.

m., OUTRAGE
insult

P

PAGE [peɪdʒ] (hôtel) groom, chasseur (syn. *bellboy*)

PAGE (à la cour) m., PAGE

PAIN [peɪn] n.,

1. Douleur (physique ou morale)

Wincing slightly, Gabriel removed the grubby, worn bandages from his thigh. A pad of bloodstained lint was stuck to the scab. Gritting his teeth he pulled it away. The six-inch scab that was revealed glistened and oozed. Gabriel's eyes watered with the stinging **pain**. (W. Boyd)
Grimaçant légèrement, Gabriel enleva le pansement sale qui recouvrait sa cuisse. Un tampon d'ouate, taché de sang, était resté collé à la croûte. Il serra les dents et l'arracha. La blessure ainsi mise à nu avait quinze centimètres de long, elle était brillante et suintait. La **douleur** cuisante fit venir les larmes aux yeux de Gabriel.

2. Quelqu'un de pénible

He's a **pain**.
Il est **impossible**, il est **casse-pieds.**

f., PEINE
grief, sorrow

Ça va lui **faire de la peine** : *It's going to* **grieve** *her.*
Une **peine** de prison : *a prison* **sentence**

PALACE [ˈpælɪs] n., palais

They stood at the top of St James's Street. Half-way down Turtle's Club was burning briskly. From Piccadilly to the **Palace** *the whole jumble of incongruous façades was caricatured by the blaze.* (E. Waugh)
Ils se trouvaient tout en haut de St James's Street. À mi-hauteur, le Turtle's Club se consumait allègrement. De Piccadilly au **Palais**, tout ce mélange de façades hétéroclites se trouvait comme caricaturé par la lueur de l'incendie. (Jury de CAPES)

m., PALACE
luxury / de luxe hotel

PARAFFIN [ˈpærəfɪn] (aussi *'paraffin oil'*) pétrole (kérosène) pour lampes, chauffages.

paraffin *lamp* : lampe à **pétrole**

'Is it time to light the lamp yet, Elizabeth ?' he asked [...].
The head was unscrewed off the lamp, the charred wicks trimmed, the tin of **paraffin** *and the wide funnel got from the scullery.* (J. McGahern)
« On peut allumer la lampe maintenant, Elizabeth ? » demanda-t-il.
On dévissa la tête de la lampe ; on nettoya les mèches brûlées, on alla chercher dans l'arrière-cuisine le bidon de **pétrole** et le gros entonnoir.

PARAFFIN (aussi *paraffin wax*) f., PARAFFINE

PARAKEET [ˈpærəki:t] n., (syn. *budgerigar*) perruche

Et derrière nous, les conversations reprenaient. On aurait dit d'un jacassement assourdi de **perruches**. (A. Camus)
Then, behind our backs, the chattering began again. Their voices reminded me of **parakeets** *in a cage, only the sound wasn't quite so shrill.* (St. Gilbert)

m., PERROQUET
parrot

PARASOL [pærəˈsɒl] n., (syn. *sunshade*) ombrelle

The women all wore white dresses with lacy trims and carried **parasols**. (W. Boyd)
Les femmes portaient toutes des robes blanches à dentelles et arboraient des **ombrelles**.

PARASOL m., PARASOL

En été, la plage est couverte de **parasols**.
In the summer the beach is covered with **parasols**.

m., PARASOL
sunshade, sun umbrella

La plupart des tables étaient vides. Nous nous sommes assis autour de celle qu'un **parasol** protégeait de sa toile verte. (P. Modiano)
Most of the tables were empty. We sat down at the one that was protected from the sun by a green **sun umbrella**. (B. Wright)

Mais « pin parasol » *: maritime / umbrella pine*

Dans le très sérieux *Inquirer and Mirror*, les journalistes dépeignent avec verve les délibérations d'un conseil municipal où les directeurs de banque à la retraite se penchent sur les problèmes des **pins parasols** et des coquilles Saint-Jacques. (Le Matin Magazine)
In the very stern Inquirer and Mirror *journalists vividly depict the proceedings of a town council in which retired bank managers pore over the problems of scallops or* **umbrella pines**.

PARENT [ˈpɛərənt] (le père et la mère) PARENT

JACK : I have lost both my **parents**.
LADY BRACKNELL : To lose **one parent**, *Mr Worthing, may be regarded as a misfortune : to lose both looks like carelessness.* (O. Wilde)
JACK : J'ai perdu **mon père et ma mère**.
LADY BRACKNELL : Perdre **son père ou sa mère**, M. Worthing, cela peut passer pour un coup de malchance ; les perdre tous les deux, cela ressemble à de la négligence. (G. Hardin)

(les autres parents, les membres de la famille) PARENT
relative, relation

L'ambassadeur a écrit à la seule **parente** qui lui reste, une tante qui habite Paris, le quartier Malesherbes. (M. Duras)

The Ambassador has written to his only living **relation**, *an aunt who lives in Paris in the Malesherbes district.*

Elle n'avait plus pour seul **parent** qu'un riche oncle.
Her sole surviving **relative** *was a rich uncle.*

PARKING [ˈpɑ:kɪŋ] n., stationnement

[« *He* » travaille au « British Museum ».] *He took some minutes finding a space into which he could squeeze his scooter : many businessmen had discovered that by leaving their cars in the South forecourt, walking through the Museum and sneaking out through the North Door, they could enjoy free* **parking** *all day in the centre of London.* (D. Lodge)
Il lui fallut quelques minutes pour trouver un endroit où glisser son scooter : de nombreux hommes d'affaires avaient compris qu'en laissant leur voiture dans la cour de devant, côté sud, en traversant le Museum et en sortant à la dérobée par la Porte Nord, ils pouvaient bénéficier du **stationnement** gratuit toute une journée dans le centre de Londres. (L. Dufour)

m., PARKING
(Brit) *car park* ; (US) *parking lot*

J'ai eu de la peine à démarrer et à sortir du **parking** de Moorea, car je n'avais pas conduit de voiture depuis longtemps. (P. Modiano)
I had trouble in moving off and getting out of the Moorea **car park**, *because I hadn't driven for some time.* (B. Wright)

[L'exemple suivant est extrait d'un texte canadien.] *At two o'clock Fred took his daughter by the hand and they stared up the mountain together taking the path through the woods that led up to the University* **parking lots**. (H. Hood)
À deux heures, Fred prit sa fille par la main et ils gravirent ensemble la montagne, empruntant le sentier qui, à travers bois, menait aux **parkings** de l'Université.

Une place de parking : *a parking space, a parking place.*
Parking souterrain : *underground car park.*

PART [pɑ:t] n., rôle

PART — f., PART
share, portion, part

PARTITION [pɑ:ˈtɪʃən] n., séparation, cloison

f., PARTITION
(musicale) *score*

PASS (to) [pɑ:s] v., (le terme est très riche dans sa polysémie, ceci n'est qu'un aperçu)

1. Réussir
to pass an exam : réussir à un examen
mais « passer un examen » : *to sit for (to take) an exam*

2. *To pass a bill :* voter un projet de loi.

PASS (to) — PASSER (devant)

He walked at the edge of the pavement [...] and he counted every step as he went. As he **passed** *the Wonder Bar [...] he had reached 1,369.* (Gr. Greene)

Il marchait au bord du trottoir [...] et il comptait ses pas. Lorsqu'il **passa devant** le Wonder Bar [...] il en était à 1369. (M. Sibon)

PASSAGE [ˈpæsɪdʒ] n.,

1. Couloir (syn. *corridor*)
Alice opened the door and found it led into a small **passage**, *not much larger than a rat-hole.* (L. Carroll)
Alice ouvrit la porte, et vit qu'elle donnait sur un petit **couloir** guère plus grand qu'un trou à rat. (J. Papy)

2. Traversée
cf. le roman de E.M. Forster *A passage to India :* Route des Indes

PASSAGE (d'un livre) m., PASSAGE

Veuillez lire le **passage** suivant.
Will you read the next **passage** *?*

PATRON [ˈpeɪtrən] n.,

1. Protecteur, mécène.
Old Samuel Peel was a personage, and, timidly, a **patron of the arts**. (A. Bennett)
Le vieux Samuel Peel était une personnalité et faisait figure de **mécène** discret.

[Il s'agit de la rencontre entre Maria Callas et Onassis.]
Not only had Maria found love and affection for the first time in her life, she had also found a **patron**, *manager and father.* (Sunday Times)
Non seulement Maria avait trouvé l'amour et l'affection pour la première fois de sa vie mais aussi un **protecteur**, un directeur et un père.

The most systematic use of juxtaposition involves two-dimensional works : paintings, prints and photographs. Images of American blacks were used as compositional devices by American painters in the 18th and 19th centuries, often as a way of subtly advertising the wealth of **the patrons** *commissioning the works.* (The Economist)
L'utilisation la plus systématique de la juxtaposition fait appel à des œuvres en deux dimensions : peintures, gravures et photographies. Des représentations de noirs américains ont été utilisées comme éléments de composition par des peintres américains des XVIIIe et XIXe siècles, souvent comme moyen de faire apparaître de manière subtile la richesse des **mécènes** commanditaires de l'œuvre.

2. Client, habitué (d'un magasin, d'un pub, d'un hôtel) [cf. *to patronize*]
a hotel **patron** : un **client** de l'hôtel

One of Dora's girls comes home from a call on a **patron** *too wealthy or too sick to visit the Bear Flag.* (J. Steinbeck)
L'une des filles de Dora rentre d'une visite chez un **client** trop riche ou trop malade pour se rendre au Bear Flag.

un PATRON

1. (couture) *a pattern*

2. (entreprise) *a boss, an employer*
Raymond m'a téléphoné au bureau [...] J'ai voulu raccrocher tout de suite parce que je sais que le **patron** n'aime pas qu'on nous téléphone de la ville. (A. Camus)

Raymond phoned me at the office [...] I wanted to hang up straight away because I know my **boss** *doesn't like people ringing us up from town.* (J. Laredo)

3. (bar, bistrot) *landlord* (☞ *landlady* désigne une « logeuse », personnage analogue dans la culture britannique à la concierge dans la culture française — cf. ci-dessous)

f., PATRONNE

1. (auberge, hôtel) *proprietress*
J'avais trouvé une auberge tranquille. La **patronne** avait pour moi des attentions touchantes : jamais le même hors-d'œuvre, jamais le même dessert. (J. Jean-Charles)
I had found a quiet inn. The **proprietress** *looked after me with touching care — never the same hors d'œuvre twice and never the same dessert.* (Hily et al.)

2. (pub, bistrot) *the lady in charge*
À côté de la gastronomie prestigieuse et coûteuse subsiste une valeur sûre : « la cuisine de la **patronne** », que cette patronne soit celle du foyer ou du troquet qui vous traite comme l'enfant de la maison. (L'Express)
Alongside with prestigious and costly cuisine there remains a gilt-edged security : the lovingly prepared 'cuisine of the **lady in charge**' *whether she is in charge of the home or of the small café where you are attended to as if you were the child of the house.*

PATRONAGE [ˈpætrənɪdʒ] n.,

Long-winded conferences and weighty policy documents have been devoted to the theme of 'attracting young people to the arts'. Yet possibly the most successful scheme of all dates back 95 years and arose out of that Victorian blend of private **patronage** *and proselytising zeal which we now recall with some amusement.* (The Independent)
« Comment amener les jeunes à l'art ? » D'interminables réunions et de volumineux documents d'orientation ont été consacrés à ce thème. Il reste que la méthode la plus efficace de toutes pourrait bien être celle issue il y a 95 ans de ce mélange typiquement victorien de **parrainage** privé et de prosélytisme que nous évoquons aujourd'hui d'un air amusé. (J. Cl. Sergeant)

un PATRONAGE
a youth club

PATRONIZE (to) [ˈpætrənaɪz] v.,

1. Traiter avec condescendance
ALGERNON : By the way, did you tell Gwendolen the truth about your being Ernest in town and Jack in the country ?
JACK (in a very **patronizing** *manner) : My dear fellow, the truth isn't quite the sort of thing one tells to a nice, sweet, refined girl.* (O. Wilde)
ALGERNON : À propos, as-tu avoué à Gwendolen que tu es Constant à la ville et Jack à la campagne ?
JACK (avec une grande **condescendance**) : Mon cher ami, la vérité n'est pas le genre de choses qu'on dit à une jeune fille charmante, délicieuse et raffinée. (G. Hardin)

2. Donner, accorder sa clientèle à, d'où : fréquenter
This was the place where the money grew. A lot of rich people **patronized** *expensive hotels and roadhouses and restaurants too.* (J. Braine)
C'était ici que fructifiait l'argent. Beaucoup de riches **fréquentaient** hôtels et auberges de luxe ainsi que des restaurants de ce genre.

PATRONIZE (to) PATRONNER

aussi : **to support**

PAVILION [pə'vɪljən] m., PAVILLON

désigne un bâtiment sur un terrain sportif ou dans un parc

m., PAVILLON
a small detached suburban house

Mathias, sa mère et le chat habitaient un tout petit **pavillon**, à la sortie d'une petite ville du Maine-et-Loire. (R. Fallet)
Mathias, his mother and the cat lived in a tiny little **house** *in the outskirts of a tiny little town in the Maine-et-Loire.* (J. Bird)

Près de la rivière, il y avait un petit **pavillon** toujours clos.
Near the river, there was a **small building** *always kept shut.*

The wing of a building

m., PAVILLON
a flag

PERFORMANCE [pə'fɔ:məns] représentation, spectacle, séance

He bought two tickets for the afternoon **performance**.
Il acheta deux billets pour la **séance** de l'après-midi.

PERFORMANCE f., PERFORMANCE

They were quite impressed by the machine's **performance**.
Ils furent impressionnés par les **performances** de la machine.

PERFORMANCE
feat, achievement

Le premier vol vers la lune fut une remarquable **performance** technique.
The first flight to the moon was a remarkable technical **achievement.**

PERFUME ['pə:fju:m] m., PARFUM
(odeur agréable : fleurs, parfum en flacon)

syn. : **scent, fragrance**

(arôme) m., PARFUM
flavour

PARFUMER

Large meals were prepared in this room, cauldrons of stew for the insatiate hunger of eight. Stews of all that grew on these rich banks, **flavoured with** *sage.* (L. Lee)
De copieux repas étaient préparés dans cette pièce, de pleines marmites de ragoût pour huit estomacs insatiables. Ragoûts de tout ce qui poussait sur ces rives fertiles, **parfumés** de sauge. (R. Reumaux)

PEST [pest]

1. Animal ou insecte nuisible (cf. pesticide)

2. Enquiquineur, fléau, poison
She's a pest : c'est une plaie, une peste.

la PESTE
the plague

It was about the beginning of September, 1664, that I, among the rest of my neighbours, heard, in ordinary discourse, that the **plague** *was returned again in Holland.* (D. Defoe)
Ce fut vers le début de septembre 1664 que, comme mes voisins, j'entendis dire incidemment que la **peste** avait reparu en Hollande. (Fr. Ledoux)

PETROL [ˈpetrəl] [G.B.] n., [U.S.] **gas :** essence

J'ai couru pour ne pas manquer le départ. Cette hâte, cette course, c'est à cause de tout cela sans doute, ajouté aux cahots, à **l'odeur d'essence**, à la réverbération de la route et du ciel, que je me suis assoupi. (A. Camus)
I had to run for the bus. It was probably all this dashing about and then the jolting and **the smell of petrol** *and the glare of the sky reflecting off the road that made me doze off.* (J. Laredo, traducteur britannique)
I ran so as not to miss the bus. It was probably because of all the rushing around, and on top of that the bumpy ride, **the smell of gasoline**, *and the glare of the sky and the road, that I dozed off.* (M. Ward, traducteur américain)

m., PÉTROLE
oil, petroleum

cf. aussi ci-dessus : '*paraffin*'

pétrole brut : *crude oil*

lampe à pétrole : *oil / kerosene / paraffin lamp*

Cette cabine délabrée et poudreuse, pareille dans son confinement et sa douceâtre odeur de **pétrole** à une lampisterie abandonnée. (J. Gracq)
This ramshackled and dusty cabin where the confined air and sickly-sweet smell of **kerosene** *was reminiscent of he deserted lamp-house.*

PETULANT [ˈpetjulənt] adj., irritable, irascible, hargneux, de mauvaise humeur, maussade, boudeur.

'Speak up,' I cried, 'if you're talking to me !' But it had no more effect, my **petulant** *outcry, than if it had fallen on the ears of the dead.* (L.P. Hartley)
« Parlez plus fort, criai-je, si c'est à moi que vous parlez ! » Mais mon exclamation **pleine de hargne** n'eut pas plus d'effet que si elle était tombée dans l'oreille d'un mort.

PÉTULANT
lively, vivacious, exuberant

PHOTOGRAPH (a) [ˈfəutəgræf] n., une photographie

Les photos, on les regarde, on ne se regarde pas mais on regarde les **photographies**, chacun séparément, sans un mot de commentaire. (M. Duras)
We look at them, we don't look at each other but we do look at the **photographs**, *each of us separately, without a word of comment.* (B. Bray)

PHOTOGRAPHY [fəˈtɒgrəfɪ] (l'art de la) PHOTOGRAPHIE

Photography *is her favourite pastime.*
La **photographie** est son passe-temps préféré.

m., un PHOTOGRAPHE
photographer

De temps en temps ma mère décrète : demain on va chez le **photographe**. (M. Duras)
Every so often my mother declares : tomorrow we'll go to the **photographer***'s.* (B. Bray)

PHRASE [freɪz] n.,

1. Expression

[Cérémonies marquant l'anniversaire d'Hirohito]
An imposing corps of foreign diplomats is summoned to the palace. They arrive in full diplomatic uniform. They bow formally to the Emperor, who in his high-pitched and squeaky voice, addresses them in the high language of courtly Japanese, full of **archaic phrases***, rather as though Queen Elizabeth were to make a speech in the language of King John.* (Now)
Un corps imposant de diplomates étrangers est convoqué au palais. Ils arrivent en grand uniforme. Ils s'inclinent cérémonieusement devant l'empereur, qui, de sa voix aiguë et criarde, s'adresse à eux dans la langue fleurie et remplie d'**expressions archaïques** qui constitue le japonais de cour, un peu comme si la reine Elisabeth faisait un discours dans la langue du roi Jean.

When I saw Rollo Martins first I made this note on him for my security police files : 'In normal circumstances a cheerful fool' [...] I wrote there that **phrase** *'in normal circumstances' because I met him first at Harry Lime's funeral.* (Gr. Greene)
La première fois que j'ai vu Rollo Martins, j'ai noté pour mes fiches de police : « Joyeux luron en temps normal » [...] J'avais employé la **formule** « en temps normal » car c'est à l'enterrement de Harry Lime que je l'avais vu pour la première fois. (P. Nordon)

2. Syntagme

Thus, we may say that a sentence consists of a subject, which is a **noun phrase***, plus a predicate, which is a* **verb phrase**. (O. Thomas)
Ainsi, nous pouvons dire qu'une phrase, se compose d'un sujet, qui est un **syntagme nominal,** et d'un prédicat, qui est un **syntagme verbal**.

f., PHRASE
a sentence

The wind carries their voices — away fly the **sentences** *like little narrow ribbons.* (K. Mansfield)
Le vent emporte leurs voix, s'envolent les **phrases** comme de maigres petits rubans. (M. Merle)

PHYSICIAN (a) [fɪˈzɪʃən] n., (par opposition à chirurgien) médecin

The first of the black doctors to move there, in the forties when she graduated, had a son five years her junior. The second, a dentist, had two infant girls, the third was a very old **physician** *(rumored to be an alcoholic), whose two sons were already raising families.* (T. Morrison)
Le premier des médecins noirs à venir s'installer, dans les années quarante, au moment où elle obtint son diplôme, avait un fils de cinq ans son cadet. Le second, dentiste, avait deux filles en bas âge. Le troisième était un très vieux **médecin** (à réputation d'alcoolique) dont les deux fils avaient déjà femme et enfants. (S. Rué)

m., PHYSICIEN
a physicist

Il travaille comme **physicien** dans un laboratoire.
He works as a **physicist** *in a laboratory.*

adj.,PHYSIQUE
physical

Le docteur lui a dit de faire de l'exercice **physique** régulièrement.
The doctor told him to take some **physical** *exercise regularly.*

la PHYSIQUE
physics

Chose surprenante, Ruth semble aimer la **physique** et les maths cette année.
Surprisingly enough, Ruth seems to enjoy **physics** *and maths this year.*

PHYSIQUE (a) m., un PHYSIQUE

Leamas had [...] the **physique** *of a swimmer.* (J. Le Carré)
Leamas avait un **physique** de nageur.

PILE [paɪl]

1. piles : des hémorroïdes

2. Édifice
It was Ramadan, the Moslem lent ; and since all males fasted till sundown, none of the guides would escort me to the top of the Great Pyramid in the punishing early afternoon heat. Having bumblingly bribed the two guards to look the other way, I climbed the monstruous **pile**. (R. Shattuck)
C'était le Ramadan, le carême musulman, et comme tous les hommes jeûnaient jusqu'au coucher du soleil, aucun des guides ne voulait m'escorter jusqu'au sommet de la Grande Pyramide dans la chaleur accablante de ce début d'après-midi. Après avoir, non sans difficulté, soudoyé les deux gardes pour qu'ils tournent la tête de l'autre côté, je commençai à escalader le colossal **édifice**.

PILE (tas, entassement) f., PILE

a **pile** *of books* : une **pile** de livres

(génératrice d'électricité) f., PILE
battery

Pense à acheter des **piles** pour la calculatrice !
Don't forget to buy **batteries** *for the calculator !*

PLACE [pleɪs] n., endroit, lieu (le terme a souvent besoin d'être hyponymisé en traduction)

[Un automobiliste dont le siège passager est en mauvais état vient de prendre une vieille dame en stop, il raconte.]
'Poor old girl's feet went straight up in the air and she just disappeared into the back. Had a hell of a job getting her out — thought we'd have to get a block and tackle. Cabbages and cauliflowers rolling **all over the place***'.* (J. Herriot)
« Les pieds de la pauvre vieille furent projetés en l'air et elle disparut tout bonnement vers l'arrière. Quel travail ce fut pour la sortir de là ! J'ai cru qu'il faudrait aller chercher une poulie et un palan ! Il y avait des choux et des choux-fleurs qui roulaient **partout**. »

I used to live at the Hotel Duke on a corner of Washington Square. [...] But no more for me. The **place** *has degenerated.* (P. Highsmith)
J'habitais à l'hôtel Duke qui est situé à l'un des angles de Washington Square. [...] Mais pour moi, c'est terminé. Cet **établissement** n'est plus ce qu'il était. (G. Hardin)

The inn at Kremisch has an upper room so bowed with age that it leans drunkenly over the village street. It is a bare **place**, *which must be chilly in winter, for the old casement has many chinks in it, and the china stove does not look efficient.* (J. Buchan)
L'auberge de Kremisch possède à l'étage une salle qui est tellement voûtée par l'âge qu'elle penche au-dessus de l'unique rue du village comme un homme ivre. La **pièce** est nue et doit être glaciale l'hiver car la vieille fenêtre est toute fissurée et le poêle en faïence n'a pas l'air efficace. (D. Verheyde)

f., PLACE
a square (dans une ville),*a seat* (dans un bus),*room* (en général)

Dans le bus, s'il n'y a pas de **place** en bas, il faut monter sur l'impériale.
In the bus, if there is no **room** *inside you must go on top.*

Il chercha vainement Julien à la **place qu'il aurait dû occuper** à côté de la scie. (Stendhal)
He vainly looked for Julian **where he ought to have been** *beside the saw.*

PLANE (to) [pleɪn] raboter (une planche)

PLANE (to) PLANER

PLANER
to glide, to soar, to hover

a **glider** : un **planeur**

The offal fell everywhere ; over the deck among the crowded coils of rope, on and over the gunwales, to be disputed by gulls that screamed and fought and **soared** *and dived around the fleet.* (R. Church)
Les débris tombaient partout, jonchaient le pont parmi les amas de cordages serrés les uns sur les autres, sur et par-dessus les plats-bords, pour y être disputés par les mouettes qui criaient, se battaient, **planaient** et plongeaient autour de la flottille.

PLANT [plɑːnt] n., usine

Other French firms have won substantial contracts in the United Arab Emirates for the construction of desalination **plants**, *oil refineries, fertilizer* **plants**. (The Times)
D'autres firmes françaises ont réussi à passer des contrats importants avec les émirats arabes unis pour la construction d'**usines** de désalinisation, de raffineries de pétrole, et d'**usines** d'engrais.

PLANT f., PLANTE

All her **plants** *died in the frost.*
Toutes ses **plantes** sont mortes à cause du gel.

PLANTATION [plænˈteɪʃən] n., f., PLANTATION
(exploitation dans les pays tropicaux)

Ses parents possédaient une **plantation** en Guinée.
Her parents owned a **plantation** *in Guinea.*

(ensemble de végétaux plantés) f., PLANTATION

Je ne peux plus me rappeler quelle heure il était quand j'ai passé la grille pour la première fois. Ai-je vu seulement les **plantations** abandonnées du jardinet ? (M. Cardinal)
I can no longer remember what time it was when I went through the gate for the first time. Did I only see the abandoned **flower beds** *in the small garden ?*

PLATE [pleɪt] n., assiette

m., PLAT

1. (ustensile) **dish**
Je me suis fait cuire des œufs et je les ai mangés **à même le plat**. (A. Camus)
I cooked myself some eggs and ate them **out of the pan**. (J. Laredo)

2. (préparation) **course**
En attendant le **plat** suivant, elle lut encore quelques pages de son livre.
While waiting for the next **course** *she read a few more pages of her book.*

PLATFORM [ˈplætfɔːm] n.,

1. Quai
She stood on the **platform** *watching the receding train.* (G. Moore)
Elle resta sur le **quai** à observer le train qui s'éloignait.

2. Estrade
At one end of the square there was a **platform** *with a band playing.*
À un bout de la place, il y avait une **estrade** sur laquelle un orchestre jouait.

PLATFORM f., PLATE-FORME

1. (sorte de plancher surélevé)
It was to be like a tiger-hunt, where bait is laid out and the hunter and spectators watch from the security of a **platform**. (V.S. Naipaul)
Ça allait être comme une chasse au fauve, quand on prépare l'appât et que celui qui chasse et ceux qui observent attendent les événements sur une **plate-forme** où ils se savent en sécurité. (A. Saumont)

2. (ensemble d'idée, programme électoral)
They came to power on a **platform** *of social reform.*
Ils sont arrivés au pouvoir en présentant une **plate-forme** de réformes sociales.

(de forage) PLATE-FORME
oil rig

PLINTH [plɪnθ] n.,

1. Socle
2. Soubassement

f., PLINTHE
skirting (board)

PLUM [plʌm] n., prune

PLUME [plu :m] n., plume (sur un chapeau), panache

He lights a cigarette, inhales deeply, and blows two **plumes** *of smoke through his nostrils.* (D. Lodge)
Il allume une cigarette, aspire longuement et rejette deux **panaches** de fumée par le nez. (M. et Y. Couturier)

f., PLUME

1. (pour écrire) **pen**
2. (d'oiseau) **feather**

POLO [ˈpoulou] (le sport) le POLO

☞ *a* **polo-neck** : un col roulé

(vêtement) un POLO
a polo shirt

Il portait un pantalon de toile, un **polo** noir et des lunettes de soleil. (P. Modiano)
He was wearing linen trousers, a black **polo shirt**, *and sunglasses.*

POSER (a) [ˈpəuzə^r] n., une colle (question difficile)

POSEUR (a) (aussi : **'poser'**) [pəuˈzɜ :^{r}] m., POSEUR

syn. **a show off**

POSITIVE [ˈpɒzɪtɪv] adj.,

1. Véritable, vrai
There's a **positive** *maze of streets behind the hotel. (J. Braine)*
Il y a un **véritable** dédale de rues derrière l'hôtel. (Chauffeteau et Vivier)

2. Catégorique, formel
I'm **positive** *about it, he was there.*
Je suis **catégorique**, il y était.

POSITIVE POSITIF

This is quite **positive :** C'est tout à fait **positif**.
The test is **positive :** Le test est **positif**.

POST [pəust] n.,

1. Poteau
The prisoner was tied to a **post**.
Le prisonnier était attaché à un **poteau**.

2. Courrier
He started up the stairs. He was half way up the first flight when a double knock behind made him jump. The **post** *! Perhaps a letter from Rosemary !* (G. Orwell)
Il commença à monter l'escalier. Il était au milieu de la première volée de marches lorsqu'un coup redoublé derrière lui le fit sursauter. Le **courrier** ! Peut-être une lettre de Rosemary !

POST f., POSTE

plus souvent sous la forme '*post office*'

m., POSTE

(police) **station**
Ils l'ont amené au **poste**.
They took him to the (police) **station**.

job (lg. fam)

Mr Juppé, as secretary-general of the neo-Gaullist Rally for the Republic, publicly backs the presidential ambitions of Mr Chirac, while Mr Balladur seems to want the **job** *himself.* (The Economist)

M. Juppé, en tant que secrétaire général du RPR, soutient les ambitions présidentielles de M. Chirac, tandis que M. Balladur semble vouloir lui-même occuper le **poste**. (R. Alimi)

position, office (lg. sout. et poste important)

« J'ai occupé, lit Charles Rossett, pendant un an et demi, à Lahore, le **poste** de vice-consul. J'avais posé ma candidature à un **poste** aux Indes il y a quatre ans. » (M. Duras)

'For a year and a half', Charles Rossett reads, 'I have held the **position** *of Vice-consul in Lahore. I had applied for a* **position** *in India four years ago.* (Jury de CAPES)

PRACTICAL [ˈpræktɪkəl] (de l'ordre du concret) adj., PRATIQUE

She's a **practical** *woman.*

C'est une femme **qui a le sens pratique.**

PRACTICAL, convenient, handy (Syn. : commode) PRATIQUE

Ces vieilles chaussures sont bien **pratiques** quand je dois faire du jardinage.

These old shoes are quite **practical** *when I have to do a bit of gardening.*

The urchin vendors of false American cigarettes found the Spanish stairs a **convenient** *place to skip out of sight when occasion demanded.* (T. Williams)

Les garnements qui vendaient des fausses cigarettes américaines trouvaient que les marches de la place d'Espagne étaient **pratiques** pour s'éclipser quand les circonstances l'exigeaient.

PRACTICE [ˈpræktɪs] n.,

1. Clientèle

Dr Baskett was in fact ruining a good **practice** *by two great errors : he was a little before his time in treatment and a little behind it in conduct.* (J. Cary)

En fait, le docteur Baskett était en train de détruire une belle **clientèle** en commettant deux graves erreurs : il était un peu en avance sur son temps par ses traitements et un peu en retard par son comportement.

2. Entraînement

He could not win the match, he **was out of practice**.

Il ne pouvait pas gagner ce match, il **manquait d'entraînement**.

PRACTICE f., PRATIQUE

There lies the difference between theory and **practice**.

C'est là toute la différence entre la théorie et la **pratique**.

PRECIOUS [ˈpreʃəs] adj., très, fort

[Description d'un camp de réfugiés] *There are no mattresses and there is* **precious** *little privacy behind partitions formed by blankets and sheets.* (Times)

Il n'y a pas de matelas et **très** peu d'intimité derrière les séparations que forment les couvertures et les draps.

PRECIOUS PRÉCIEUX

precious *stones :* des pierres **précieuses**

PRÉCIEUX
valuable, dear

[Après un incendie dans une galerie de tableaux.] *(The fire) was extinguished by fire engines from Reading, and most of the* **valuable** *pictures were saved.* (J. Galsworthy)
L'incendie fut éteint par les pompiers de Reading, et la plupart des **précieux** tableaux furent sauvés.

Il avait accroché les gravures aux murs et elles lui étaient devenues très **précieuses**.
He had hung some engravings on his walls and these had become very **dear** *to him.*

PRECIPICE ['presɪpɪs] paroi abrupte, à pic

Passing through the ravine, they came to a hollow, like a small theatre, surrounded by perpendicular **precipices**, *over the brink of which impending trees shot their branches.* (W. Irving)
Après le ravin, ils débouchèrent dans une sorte de petit amphithéâtre, entouré de **parois** verticales surplombées par des arbres, aux branches menaçantes.

PRECIPICE m., PRÉCIPICE

The car stopped at the edge of the **precipice**.
La voiture s'arrêta au bord du **précipice**.

m., PRÉCIPICE
chasm

PREJUDICE ['predʒudɪs] n., préjugé(s)

'Pride and **Prejudice**', *a novel by Jane Austen (1813).*
" Orgueil et **Préjugé** ", roman de Jane Austen (1813).

The gypsies are currently worried about two things. One is that hostility toward them appears to be growing ; the other is that the new consumer society in Europe threatens to destroy them in a manner that centuries-old persecution has failed to do. Explained Italian Gypsy Giuseppe Levak, 29 : **'The prejudice** *gets bigger all the time. It's frightening : even 15 years ago we used to be able to go through the center of a town and find a place to park our trailers ; now they won't even let us stop in the suburbs.'* (The Times)
Il y a deux choses qui préoccupent aujourd'hui les Gitans. D'une part, il semble que l'hostilité à leur égard aille croissant ; d'autre part, le développement en Europe de la société de consommation menace leur existence plus gravement encore que ne l'ont fait des siècles de persécution. Selon les termes de Giuseppe Levak, Gitan italien de 29 ans : « **les préjugés** sont de plus en plus forts. Il y a quinze ans seulement, on pouvait encore traverser une ville et y trouver un endroit pour garer nos caravanes, aujourd'hui on n'a même pas le droit de s'arrêter dans les faubourgs ».

Voir aussi à '*Estate agent*' pour un autre exemple.

m., PRÉJUDICE
a wrong, a damage, a loss (*'prejudice'* aussi parfois)

PRESCRIPTION [prɪs'krɪpʃən]

1. Prescription
2. Ordonnance (de médecin)

PRESENT (to) [prɪ'zent] v., présenter, offrir

(se) PRÉSENTER
to introduce, to appear

Permettez-moi de **me présenter.**
Allow me to **introduce myself.**

Elle craignait de déranger sa belle-fille **en se présentant** «à un mauvais moment».
She feared lest she might disturb her daughter-in-law **if she appeared / dropped in / turned up** *'at a wrong moment' / inopportunely.*

PRESENTLY ['prezntlɪ] adv., bientôt, dans un instant, peu après, puis

I'll do it **presently**.
Je le ferai **tout à l'heure.**

The passenger would be woken at four in the morning by the tinkling sound of the sanctus bell in the saloon, and **presently** *from the window of the Bishop's Cabin [...] he would see the congregation going home across the gangplank.* (Gr. Greene)
Le passager était réveillé tous les matins à quatre heures par le tintement grêle de la clochette qui sonnait le sanctus dans le salon et **peu après**, en regardant par la fenêtre de la cabine de l'évêque [...] il voyait les fidèles descendre la passerelle pour rentrer chez eux.

[La scène se passe dans un wagon de chemin de fer.] *The two daughters called her 'Ma' several times, toned her down in a tactless effective way, and drove her at last to the muttered inventory of a basket of requisites.* **Presently** *she looked up. 'Lor !' she said, 'I didn't bring them !' Both the daughters said 'Oh, Ma !' but what 'them' was did not appear.* (H.G. Wells)
Ses deux filles lui donnèrent du « m'man » plusieurs fois, elles lui firent baisser la voix d'une manière peu élégante mais efficace, et la contraignirent à faire sotto voce l'inventaire d'un nécessaire de voyage en osier. Elle **ne tarda pas à** relever la tête. « Seigneur Dieu ! » fit-elle, « je les ai oubliés ! » Les deux filles s'exclamèrent : « Oh, m'man ! » mais personne ne sut de quoi il s'agissait.

PRÉSENTEMENT
now

PRESERVATIVE [prɪ'zə:vətɪv] n., agent de conservation, conservateur

['He' désigne un médecin qui collecte des spécimens pour un laboratoire.] *When such a low tide occurred, he packed his collecting tools in his car, he packed his jars, his bottles, his plates and* **preservatives** *and he went to the beach.* (J. Steinbeck)
Lorsque la marée basse s'annonçait fructueuse, il rassemblait son outillage, emballait ses plats, ses jarres, ses bouteilles et ses **ingrédients**, et partait pour la plage. (M.E. Coindreau)

m., PRÉSERVATIF
condom, sheath

Morgan dropped the **condom** *in the tin waste-paper basket under the sink in the bathroom. He was still being cautious.* (W. Boyd)
Morgan jeta le **préservatif** dans la corbeille à papier de métal sous le lavabo. Il continuait à prendre des précautions. (Chr. Besse)

PRESERVE (to) [prɪ'zɜ :v] v., l'idée centrale est celle de « conserver » (*preserves* : « des conserves »). Ce verbe peut donc exprimer l'idée de « préserver » mais à distinguer de « *protect* » et « *keep from* » donnés ci-après :

When Christopher Waggoner, just out of law school, had married Penelope, he had known of her fondness for pets [...]. Christopher had not even thought much about the stuffed little Pixie, a white Pomeranian with shiny black artificial eyes, which stood in a corner of her father's study [...], nor of the fluffy orange and white cat called Marmy, also **preserved**, *which sat on the floor in another corner.* (P. Highsmith)
Quand Christopher Waggoner, frais émoulu de la Faculté de droit, avait épousé Pénélope, il connaissait sa passion des animaux domestiques [...]. Christopher n'avait même pas prêté grande attention au corps empaillé de la petite Pixie, un loulou de Poméranie blanc aux yeux de verre noirs et brillants, qui trônait dans un coin du bureau du père de Penny, [...] ni au chat au poil ébouriffé blanc et roux nommé Marmy, **naturalisé** lui aussi, qui se tenait sur le sol dans un autre coin de la pièce. (M. Sarfati)

PRESERVE PRÉSERVER

PRÉSERVER
to keep from, to protect

Sa divine ignorance la **préservait** miraculeusement **des** impressions artificielles. (H. Bordeaux)
Her divine ignorance **kept** *her miraculously* **from** *artificial feeling.*

PRESERVE [prɪ'zɜ :v] n.,

1. Au pluriel (*preserves*) : conserves, confitures

2. Au singulier (*preserve*) : chasse gardée
Foreign policy has long been considered the **special preserve** *of the president.* (The Economist)
La politique étrangère a longtemps été considérée comme la **chasse gardée** du président. (R. Alimi)

PRESS (to) [pres] v.,

Press *the button* : **appuyez** sur le bouton.

Coming into the living-room yesterday evening, I found Frl. Schroeder and Frl. Mayr lying flat on their stomachs with their ears **pressed** *to the carpet.* (Chr. Isherwood)
Hier soir, en entrant dans le salon, j'ai trouvé Frl. Schroeder et Frl. Mayr à plat ventre, l'oreille **collée** au tapis. (L. Savitsky)

He had his trousers **pressed**.
Il a fait **repasser** son pantalon.

m., PRESSING
dry cleaner's, dry cleaning

PRETEND (to) [prɪ'tend] v., faire semblant

She **pretended to** *be reading when I came in but I knew she wasn't.*
Elle **faisait semblant de** lire quand j'entrai mais je savais que ce n'était pas vrai.

PRETEND (to) PRÉTENDRE

He was not happy, there was no **pretending** *he was. He longed for Europe with hungry longing.* (D.H. Lawrence)
Il n'était pas heureux ; impossible de le **prétendre.** Il soupirait après l'Europe avec un désir d'affamé. (M. Rancès)

PRÉTENDRE
to claim, to profess, to contend, to allege

The Matusans **claim** *that these snails have a shell diameter of twenty feet and that they are man-eating.*(P. Highsmith)
Les Matusans **prétendent** que ces escargots ont une coquille de six mètres de diamètre et que ce sont des mangeurs d'hommes. (G. Hardin)

Now, in a plea bargain, Mr Gillooly has **alleged** *that his ex-wife was also involved in the plan.* (The Economist)
Lors des négociations entre le juge et l'avocat de la défense, M. Gillooly a **prétendu** que son ancienne femme était impliquée dans l'affaire. (R. Alimi)

The United Federation of Teachers **contends** *that some of its members have been told by their principals that they must choose between putting students on short schedules and enduring even more overcrowded classes.*
Le syndicat des enseignants **prétend** que des directeurs d'école ont demandé à certains adhérents de faire un choix : réduire l'emploi du temps des étudiants ou supporter des classes encore plus surchargées. (M. Génuard)

Last week Amnesty International **charged** *that gangs made up of civilian vigilantes and retired or off-duty police officiers are to blame.* (Newsweek)
La semaine dernière, Amnesty International **prétendit** que des gangs constitués de milices populaires et de policiers à la retraite ou en repos étaient à incriminer.

PREVENT (to) [prɪ'vent] v., empêcher

Winston Smith [...] slipped quickly through the glass doors of Victory Mansions, though not quickly enough to **prevent** *a swirl of gritty dust* **from** *entering along with him.* (G. Orwell)
Winston Smith [...] passa rapidement la porte vitrée du bloc des « Maisons de la Victoire », pas assez rapidement cependant pour **empêcher que** s'engouffre en même temps que lui un tourbillon de poussière et de sable. (A. Audiberti)

PRÉVENIR
to warn

PRIM [prɪm] adj., collet monté, guindé

He loved a convivial evening and a broad story, not improved for the **prim** *by a classical quotation.* (J. Cary)
Il aimait les soirées entre amis ainsi que les histoires lestes que l'on ne cherchait pas à agrémenter pour les **prudes** avec quelque citation classique.

PRIME [praɪm] n., fraîcheur, beaux jours

She was in the **prime** *of life.*
Elle était à la **fleur** de l'âge.

PRIME adj., primordial, de premier ordre

prime *time* : heure de **grande écoute**

f., PRIME
bonus, grant, premium

Les employés de cette entreprise ont touché une **prime** de rendement à la fin de l'année.
The employees in that firm received a productivity **bonus** *at the end of the year.*

PROCESS [prə´ses] processus

m., PROCÈS
trial

PRODUCE (to) [prə´dju:s] v., sortir, montrer

The magician **produced** *a rabbit out of a hat.*
Le magicien **sortit** un lapin d'un chapeau.

That damned woman, thought Leamas, and that fool Karl, who'd lied about her. [...] He'd only **produced** *her once, after that dinner in the Schürzstrasse last year.* (J. Le Carré)
La foutue bonne femme ! pensa Leamas. Et quel idiot, ce Karl, de m'avoir menti ! Karl ne lui avait **montré** cette fille qu'une fois, après le dîner à la Schürzstrasse, l'année précédente. (M. Duhamel et H. Robillot)

PRODUCE (to) PRODUIRE

Besides, the sight or even the thought of Goldstein **produced** *fear and anger automatically.* (Orwell)
Par ailleurs, voir Goldstein, ou même penser à lui, **produisait** automatiquement la crainte et la colère. (Audiberti)

PROFESSION [prə´feʃən] (libérale et les enseignants) f., PROFESSION

the teaching **profession** : le corps enseignant

f., PROFESSION

occupation (terme général)
trade (plutôt pour les professions manuelles)

PROFESSIONAL [prə´feʃənl] adj., des professions libérales

Fabre believes that his three per cent of the electorate — mainly self-employed craftsmen and **professional workers** *— hold the balance of power that will decide whether France votes in a left-wing government next March.* (The Sunday Times)
Fabre croit que ses trois pour cent d'électeurs — essentiellement des travailleurs indépendants et des membres des **professions libérales** — détiennent les voix qui décideront si la France élit ou non un gouvernement de gauche en mars prochain.

High toned and high yellow, she believed what her mother was also convinced of : that she was a prize for a **professional** *man of colour.* (T. Morrison)

Fière de sa classe et de sa peau café-au-lait clair, elle partageait avec sa mère une même conviction : celle d'être une aubaine pour un homme de couleur de **profession libérale**. (S. Rué)

PROFESSIONAL PROFESSIONNEL

Wells's father was a **professional** *cricketer.*
Le père de Wells était un joueur de cricket **professionnel**.

PROFIT (to) ['prɒfɪt] v., PROFITER

He seems to have **profited from** *your advice.*
Il semble avoir **profité (tiré profit)** de vos conseils.

PROFITER
to take advantage of

J'ai **profité du** 14 juillet pour me glisser dans notre appartement de la cité Véron sans attirer l'attention de personne. (P. Modiano)
I **took advantage of** *the fourteenth of July to creep into our flat in the Cité Véron without attracting anyone's attention.* (B. Wright)

PROFITABLE ['prɒfɪtəbl] adj., lucratif, rentable

After tea we went to the Thespians in Bob's car. It was a new Austin Eight ; it was very difficult to get new cars — particularly small ones — at that time, and it occurred to me that whatever he did in textiles must be oustandingly **profitable**. (J. Braine)
Après le thé, nous allâmes chez les Thespiens dans la voiture de Bob. C'était une Austin-Huit, neuve. En ces temps-là, il était très difficile de se procurer des voitures neuves, — particulièrement les petites, — et je me dis que, quoi qu'il fît dans le textile, ce devait être une occupation éminemment **lucrative.** (Chauffeteau et Vivier)

PROFITABLE
beneficial, of profit

PROGRESS ['prəugres] n., le fait de progresser, d'avancer

George followed Bosinney more closely than ever — up the stairs, past the ticket-collector into the street. **In that progress**, *however, his feelings underwent a change ; no longer curious and amused, he felt sorry for the poor fellow he was shadowing.* (J. Galsworthy)
Georges suivait Bosinney d'encore plus près qu'avant — il monta derrière lui les escaliers et passa devant le contrôleur avant de sortir dans la rue. **À mesure qu'il avançait**, cependant, il changeait de sentiments à l'égard de l'autre ; ce n'était plus de la curiosité, ni de l'amusement mais de la compassion qu'il éprouvait pour le pauvre type qu'il filait.

Early morning is a time of magic in Cannery Row. [...]. No automobiles are running then. The street is silent of **progress** *and business.* (J. Steinbeck)
Le petit matin est un moment magique dans Cannery Row. [...]. Aucune automobile à cette heure-là. Aucun **mouvement,** aucune activité n'en troublent la quiétude.

PROGRESS m., PROGRÈS

There is little need to emphasize that **progress** *in this field would be furthered if close cooperation between the various centers working on contrastive studies were made possible.* (G. Nickel)

Il n'est guère nécessaire de souligner que l'on favoriserait les **progrès** dans ce domaine si l'on pouvait établir une étroite collaboration entre les différents centres travaillant sur la contrastivité.

faire des progrès : *to make progress, to progress*

m., PROGRÈS
improvement

faire des progrès : *to improve*

PROMISE (to) [ˈprɒmɪs]

1. Annoncer
Lewis long remembered an evening on which, while he was walking home with Julie, the wind moved southward and clouds thickened in the sky — **promising** *a thaw, she said.* (Ch. Morgan)
Lewis se rappela longtemps un soir où, comme il rentrait à pied avec Julie, le vent tourna au sud et des nuages s'amoncelèrent dans le ciel, ce qui, dit-elle, **annonçait** le dégel.

2. Assurer
'You must trust me if you want to fight them.'
'But I trust you Joan, I **promise** *(you).'*
— Tu dois me faire confiance, si tu veux lutter contre eux.
— Mais je te fais confiance Joan, je te **l'assure**.

PROMISE (to) PROMETTRE

Il m'a **promis** de ne plus boire une goutte d'alcool.
He **promised** *me he would never touch alcohol again.*

PROMOTER [prəˈməutəʳ] n., organisateur

All-in wrestling was something I'd never given any thought to and I hadn't any idea how it was run. I suppose I just thought it was a matter of a **promoter** *hiring a hall and then a lot of chaps being entered by their managers, like boxers.* (J. Wain)
Le catch était une chose à laquelle je n'avais jamais réfléchi et je n'avais pas la moindre idée de la façon dont il est organisé. Je devais m'imaginer simplement qu'il suffisait d'un **organisateur** pour louer une salle, et de managers pour inscrire un certain nombre de types, comme pour la boxe.

m., PROMOTEUR
property developer

The capital gains break allowed the rich to escape thoses rates (and funneled money to real **estate developers** *who happened to be big campaign donors).* (The New Republic)
Les allégements pour investissements permettaient aux riches d'échapper à ces taux (et canalisaient l'argent vers les **promoteurs immobiliers** qui se trouvaient contribuer largement aux campagnes électorales). (R. Alimi)

J'imagine qu'un **promoteur** achètera ce terrain pour une bouchée de pain et y construira un nouveau lotissement.
I suppose some **property developer** *will buy that land for a song and build a new housing estate.*

PROMPT (to) [prɒmpt] v., presser de, presser à, inciter

Inquiry **prompts** *Newark Mayor to Put Police Director on Leave.* (Titre du New York Times)
L'enquête **incite** le maire de Newark à révoquer le Préfet de police.

PROPER [ˈprɒpəʳ] qui convient, convenable

'Alec, don't be cross, please don't,' she said.
'I'll go, I promise I will, but let me make you a **proper** *meal.'* (Le Carré)
— Alec, dit-elle, ne te fâche pas, s'il te plaît, je m'en vais, je te le promets, mais laisse-moi au moins te préparer un **bon** repas. (Duhamel et Robillot)

PROPRE
clean

She helped him wash and shave and she found some **clean** *bedclothes.* (Le Carré)
Elle l'aida à se laver, à se raser, trouva des draps **propres**. (Duhamel et Robillot)

PROPERLY [ˈprɒpəlɪ] adv.,

1. De façon convenable, correctement

[Au Viêt-nam] *'I have to live very correctly', explains a young official. I must also dress* **properly**. (The Times)
« Je suis obligé de vivre de façon très correcte, explique un jeune fonctionnaire. Il faut aussi que je sois vêtu de façon **convenable** ».

['He' désigne un vieux prêtre.] *He had studied in the Irish college in Rome and he had taught me to pronounce Latin* **properly**. (J. Joyce)
Il avait fait ses études à Rome, au Collège Irlandais, et m'avait appris à prononcer le latin **correctement**. (J. Aubert)

2. Complètement, vraiment

[Un planteur et sa femme ont des difficultés financières.] *In a last attempt Mary pleaded for another year's trial ; they could not have two bad seasons ruining. And why not, in any case, get into debt* **properly** *? Compared with some others, who owed thousands, they were not in debt at all.* (D. Lessing)
Dans une ultime tentative, Mary plaida pour qu'ils essaient encore une année. Ils n'auraient certainement pas deux mauvaises récoltes en suivant. Et de toute façon, pourquoi ne pas (**vraiment**) s'endetter **franchement / carrément** ? Par rapport à d'autres qui devaient des sommes prodigieuses, on ne pouvait pas dire qu'ils étaient endettés.

PROPREMENT
cleanly, neatly, tidily

PROPERTY [ˈprɒpətɪ] n., équivalences diverses, dérivées du sens fondamental de « biens, propriété »

[C'est un jeune ambitieux qui parle.]
'I want to find a capitalist,' he said, 'who will get possession of that paper "Chat" and transform it according to an idea I have in my head. The thing is doing very indifferently, but I am convinced it might be made splendid **property**, *with a few changes in the way of conducting it.'* G. Gissing)
« Je souhaite trouver un capitaliste », dit-il, « qui veuille bien racheter 'Chat', et en faire le journal dont je rêve. C'est une feuille qui va cahin-caha, mais je suis persuadé qu'on pourrait le rendre magnifiquement **rentable** en opérant quelques changements dans la façon de le gérer. » (S. Calbris et P. Coustillas)

The unmentionable fact is that the commercial appeal of women's ice-skating, the reason why stars like Germany's gorgeous Katerina Witt **are such hot property,** *is only partly related to skill in the rink.* (The Economist)
Ce que l'on ne dit pas, c'est que le poids commercial des patineuses artistiques — ce qui fait que des stars comme la magnifique Allemande Katerina Witt **se vendent aussi bien** — n'est qu'en partie lié à la qualité de leur prestation sportive. (R. Alimi)

PROPERTY f., PROPRIETÉ

1. (caractéristiques)
They had to study the **properties** *of this new product.*
Il leur fallait étudier **les propriétés** de ce nouveau produit.

2. (bien, domaine)
The watchman [...] had seen them. He shouted at them and when they did not move he came down on the beach.
'Don't you know you can't lay around here ? You got to get off. This is **private property** *!'* (J. Steinbeck)
Le gardien de nuit [...] les avait aperçus. Il les interpella mais ne les voyant pas bouger, il descendit sur la plage.
« Vous savez que vous n'avez pas le droit de coucher ici ? Allez ! Partez ! C'est une **propriété privée**. »

Pendant un an il a dû espérer racheter sa **propriété** hypothéquée. (M. Duras)
For a year he must have hoped to buy his mortgaged **property** *back.* (B. Bray)

La **propriété** était séparée de la plage par une enceinte au grillage troué. (P. Modiano)
The **property** *was separated from the beach by a wire fence with holes in it.* (S. Wright)

☞ *the property market* : le marché (de l') immobilier

PROPRIETÉ
estate

f., PROPRETÉ
cleanliness, cleanness

PROPOSE (to) [prəˈpəuz] faire une demande en mariage

JACK : You know that I love you, and you led me to believe, Miss Fairfax, that you were not absolutly indifferent to me.
GWENDOLEN : I adore you. But you haven't **proposed to** *me yet. Nothing has been said at all about marriage.* (O. Wilde)
JACK : Vous savez que je vous aime, et vous m'avez conduit à croire, Miss Fairfax, que je ne vous étais pas totalement indifférent.
GWENDOLEN : Je vous adore. Mais vous ne m'avez pas encore **fait votre demande en mariage**. Il n'a pas été du tout question de mariage. (G. Hardin)

PROPOSE (to) PROPOSER

Il a **proposé** qu'on partage les frais.
He **proposed** *that we share the expenses.*

PROPOSITION [ˌprɔpəˈzɪʃən] f., PROPOSITION

PROPOSITION

1. offer
« Quelle raison as-tu invoquée pour décliner cette **proposition** ? »
'What reason did you give for turning the **offer** *down ?'*

2. (en grammaire) **clause**
There are three kinds of **relative clauses** *: defining, non-defining and connective.* (Thomson et Martinet)
On peut distinguer trois sortes de **propositions relatives** : les relatives déterminatives, les relatives non-déterminatives, les relatives conjointes. (G. Hardin)

PROPRIETY [prəˈpraɪətɪ] n.,

1. Justesse (d'un terme, d'une expression)
2. Savoir-vivre, cf. ci-après

PROPRIETIES [prəˈpraɪətɪz] n., les convenances, la bienséance

Elle sourit et s'arma contre le plaisir qu'elle éprouvait pour laisser la conversation dans les bornes imposées par les **convenances.** (Balzac)
She smiled and armed herself against the pleasure she felt so as to keep the conversation within the limits of **proprieties.**

(terre ou construction que l'on possède) f., PROPRIÉTÉ
property, estate (cf. ci-dessus)

PROVISION [prəˈvɪʒən] n., disposition, clause

Mr Rubin urged Congress to pass new legislation to raise the debt limit and **to drop the provisions** *that led the President to veto a debt bill on Monday night.* (New York Times)
M. Rubin a vivement recommandé au Congrès de faire voter de nouvelles lois qui élèveront la limite de la dette et **d'abandonner les clauses** qui, lundi soir, ont amené le Président à opposer son veto au projet de loi sur la dette. (M. Génuard)

f., PROVISIONS
provisions, groceries ; stock

On Sundays we had wine with our meal, and cashew nuts and fruit on Thursdays, the day **groceries** *were delivered.* (E. O'Brien)
Le dimanche nous prenions du vin avec notre repas, et des noix de cajou et des fruits le jeudi, jour où l'on nous livrait les **provisions.**

un sac **à provisions : a shopping bag**

PRUNE [pru:n] n., pruneau

f., PRUNE
plum

(fig.) pour des prunes : *for nothing*

PUBLIC SCHOOL [ˈpʌblɪk sku:l] collège secondaire privé. On a tendance aujourd'hui à pratiquer l'emprunt dans un texte français lorsque l'on parle de cette institution typiquement britannique ; notez que cet emprunt qui n'est pas encore bien intégré se marque par l'utilisation de l'italique.

All **public schools** *operate some form of selection. Some are unashamedly dedicated to intellectual rigour and have more in common now with the best state schools on the continent, such as the Lycées Henri Quatre and Louis Le Grand in Paris, than with any state school in this country.* (The Sunday Telegraph)
Toutes les *public schools* pratiquent la sélection sous une forme ou sous une autre. Certaines cultivent sans complexe la rigueur intellectuelle et s'apparentent davantage aujourd'hui aux meilleurs établissements publics d'Europe, tels les lycées Henri IV et Louis-le-Grand à Paris, qu'aux établissements britanniques, quels qu'ils soient. (J. Cl. Sergeant)

ÉCOLE PUBLIQUE
state school

École privée : *private school*
École libre : *denominational school, independent school*
École laïque : *secular school*

PUMP [pʌmp] n., escarpin

[*'They'* = deux filles.] *In the back seat, away from the notice of Macon and Ruth, they slipped off their patent leather* **pumps**, *rolled their stockings down over their knees, and watched the men walking down the streets.* (T. Morrison)
Sur le siège arrière, à l'insu de Macon et de Ruth, elles ôtaient leurs **escarpins** de cuir verni, roulaient leurs bas jusqu'aux genoux, et regardaient les hommes déambuler dans les rues. (S. Rué)

PUMP f., POMPE

PUMP (to) [pʌmp] v., secouer

When they'd finished dinner Control **pumped** *their hands again* [...]. (J. Le Carré)
À la fin du dîner, Control leur **secoua** vigoureusement la main une fois de plus. (M. Duhamel et H. Robillot)

PUMP (to) POMPER

PURCHASE (to) [ˈpɜ:tʃɪs] v., acheter

All the children had some new garment, showy, inexpensive, **purchased** *without any regard to durability or the wearer's comfort.* (G. Gissing)
Chaque enfant eut droit à quelque vêtement neuf aux couleurs criardes, bon marché, **choisi** sans égard pour la solidité et le confort.

POURCHASSER
to pursue, to hunt down

PURSUIT [pəˈsju:t] n., occupation, profession

He was the son of a man who had followed many different **pursuits**, *and in none had done much more than earn a livelihood.* (G. Gissing)
Il était le fils d'un homme qui s'était livré à de nombreuses **occupations** et qui dans chacune d'elle n'avait guère réussi qu'à gagner de quoi vivre. (S. Calbris et P. Coustillas)

f., POURSUITE
chase, pursuit (pour un but abstrait)

POURSUIVRE
to chase

La fraîcheur du crépuscule entrait par la fenêtre [...], des martinets **se poursuivaient** avec leurs cris stridents. (G. E. Clancier)
The coolness of twilight was coming in through the window [...] swifts **were chasing each other**, *screaming.*

Q

QUALIFICATION [ˌkwɒlɪfɪˈkeɪʃən] n., restriction, réserve

Modern students are agreed that his [Jerome's] translation is in general faithful, certainly much more so than the Old Latin it was to displace, but they would add certain **qualifications**. (J.N.D. Kelly)
Aujourd'hui, les spécialistes sont d'accord pour dire que sa traduction est en général fidèle, certainement davantage assurément que l'Ancienne Version latine qu'elle allait supplanter, mais à cela s'ajoutent un certain nombre de **réserves**.

QUALIFICATION f., QUALIFICATION

(syn : *competence, expertise*)

He tried first to get a job in commerce [...]. Unconcerned by the inadequate reference which the Service provided him, they demanded no **qualification** *and offered him six hundred a year.* (J. Le Carré)
Il essaya d'abord de décrocher un emploi dans le commerce. [...] Sans se soucier de la médiocre attestation dont l'avait gratifié la boîte, les responsables n'exigèrent aucune **qualification** et lui proposèrent six cents livres par an.

QUALIFY (to) [ˈkwɒlɪfaɪ] v., obtenir un diplôme de

She won't **qualify** *as a nurse before next year.*
Elle n'**obtiendra son diplôme** d'infirmière que l'an prochain.

QUALIFIED [ˈkwɒlɪfaɪd] diplômé, QUALIFIÉ

QUALIFIÉ
skilled

If your educational system is behind, you won't be able to make the transition to knowledge-based work because your people won't be **skilled** *enough.* (Newsweek)
Si le système éducatif d'un pays n'est pas assez moderne, la transition vers les métiers nécessitant un savoir sera impossible parce que les gens ne seront pas assez **qualifiés**.

QUALITY [ˈkwɒlɪtɪ] n., caractéristique

It is easier to specify the **qualities** *of a bad translation than those of a good one.*
Il est plus facile de définir les **caractéristiques** d'une mauvaise traduction que celles d'une bonne.

QUALITY f., QUALITÉ

the ***quality*** *papers* : les journaux **de qualité**

QUALITÉ

Le changement des saisons ne s'y lit que dans le ciel. Le printemps s'annonce seulement par la **qualité** de l'air ou par les corbeilles de fruits que des petits vendeurs ramènent des banlieues. (A. Camus)

The seasons are discriminated only in the sky. All that tells you of spring's coming is **the feel of the air**, *or the baskets of flowers brought in from the suburbs by hawkers.* (St. Gilbert)
(var. : '*the texture of the air*')

QUART [kwɔ :t] n., 1,136 litre (GB) ; 0,946 litre (U.S.)

He was the last doctor in the county to visit patients on horseback ; and when he stopped for a **quart** *on the way, the round-barrelled roan hitched to the fence would confirm to old ladies the story that he drank.* (J. Cary)
Il fut le dernier docteur du comté à se rendre à cheval au chevet de ses patients ; et quand il s'arrêtait en chemin pour s'offrir une **pinte**, la vue de son rouau ventru attaché à la barrière corroborait auprès des vieilles dames la rumeur selon laquelle il buvait.

un QUART
a quarter

QUID PRO QUO (a) [ˈkwɪdprəʌˈkwəu] compensation, équivalence

m., QUIPROQUO
misunderstanding

R

RACY [ˈreɪsɪ] adj., piquant, corsé ; grivois, osé

He discoursed with open-air vigour, making use now and then of a **racy** *colloquialism.* (G. Gissing)
Il discourait avec une vigueur rustique, utilisant de temps en temps quelque **savoureuse** expression familière.

RACÉ

(animal) **thoroughbred, with a good pedigree**
(personne) **aristocratic, distinguished**

RADICAL [ˈrædɪkəl] adj., extrémiste, révolutionnaire

The Prince of Wales is an unlikely **radical**. *A paternalistic aristocrat, playing polo in the summer, riding to hounds and shooting pheasants in winter, hardly seems the stuff of which a royal revolutionary is made.* (The Sunday Times)
Le prince de Galles n'est pas un **extrémiste** très crédible. Un aristocrate paternaliste qui joue au polo l'été, chasse à courre et tire le faisan l'hiver ne semble guère avoir l'étoffe d'un révolutionnaire de souche royale. (J. Cl. Sergeant)

RADICAL — RADICAL

RAISINS [ˈreɪzəns] n., raisins secs

m., RAISINS
(frais) *grapes*

raisins de Corinthe : *currants*
raisins de Smyrne : *sultanas*

RAMP [ræmp]

1. Dénivellation
2. Ralentisseur (sur une chaussée)

RAMP — f., RAMPE

approach **ramp : rampe** d'accès

f., RAMPE
banister(s), handrail

Un instant, j'ai eu la tentation de gravir l'étroit escalier avec sa **rampe** de corde tressée et ses bouées fixées aux murs. (P. Modiano)
For a moment I was tempted to climb the narrow stairs with their plaited-rope **hand-rail** *and their life buoys hanging on the walls.* (B. Wright)

RAMPANT [ˈræmpənt] adj.,

to be rampant : sévir, régner

The worldwide drug epidemic has turned China's border with Laos, Vietnam and Myanmar into a region of **rampant** *drug trafficking, gun running and crime.* (New York Times)
À cause du fléau mondial de la drogue, la zone frontalière de la Chine avec le Laos, le Vietnam et la Birmanie est devenue une région où **sévissent** la criminalité, le trafic de drogue et d'armes. (M. Génuard)

RAMPANT
creeping, crawling

RANGE (to) [reɪndʒ] v., (entre autres) parcourir (un pays)

RANGER
to tidy up (one's room), *put things away* (in a cupboard)

Later I learned, among other things, never to buy cheap raincoats, to punch the dents out of my hat before I **put it away**. (J. Braine)
Par la suite, j'ai appris, entre autres choses, à ne jamais acheter d'imperméables bon marché, à débosseler mon chapeau d'un coup de poing avant de le **ranger**. (Chauffeteau et Vivier)

[La petite route] était si étroite que, chaque fois qu'une voiture venait en sens inverse, je devais **me ranger** sur le bas-côté. (P. Modiano)
It was so narrow that every time a car came in the opposite direction I had **to pull in on** *to the verge.* (B. Wright)

RARE [rɛəʳ] adj.,

1. Saignant (viande). *Very rare :* bleu
Would you like your steak **rare**, *medium or well done ?*
Voulez-vous votre steak **saignant**, à point ou bien cuit ?

2. Sacré, fameux
By the pavement I looked down the street and saw nothing but a man going across to the shop in shirtsleeves and braces, then swivelling my eyes the other way I saw this girl coming down the street on a walking horse.
It was a **rare** *sight, because she was beautiful, had blonde hair like Lady Godiva except that she was dressed in riding slacks and a white shirt.* (A. Sillitoe)
Arrivé au trottoir, je jetai un coup d'œil vers le bout de la rue, mais ne vis qu'un bonhomme, en bras de chemise et portant des bretelles, qui traversait pour aller à la boutique d'en face. Puis je tournai la tête de l'autre côté et je vis cette fille, qui descendait la rue sur un cheval allant au pas.
C'était un **sacré** spectacle, car elle était très belle et avait des cheveux blonds comme Lady Godiva sauf qu'elle portait une culotte de cheval et une chemise blanche. (J. Chuto)

3. Bizarre, étrange, exceptionnel
You might think it a bit **rare**, *having long-distance cross-country runners in Borstal, thinking that the first thing a long-distance cross-country runner would do when they set him loose at them fields and woods would be to run as far away from the place as he could.* (A. Sillitoe)
Vous trouverez peut-être que c'est **pas banal** de trouver des coureurs de fonds dans un Borstal, et vous vous dites que la première chose que fera un type comme cela quand on le lâchera à travers champs et fourrés, ce sera de mettre les bouts de bois pour se débiner le plus loin possible. (H. Delgove)

She was beginning to feel that she had made a mistake, and allowed herself to be exploited. It was a **rare** *sensation for Robyn, and all the more unpleasant for that.* (D. Lodge)

Elle commençait à comprendre qu'elle avait fait une erreur et s'était fait exploiter. C'était une sensation **inhabituelle** pour Robyn et donc d'autant plus désagréable. (M. et Y. Couturier)

Et le grand clinicien commença l'interrogatoire. Au chevet de ses malades, il était éblouissant. Ses élèves l'écoutaient bouche bée. Il tendait des pièges aux simulateurs. Les maux les plus secrets, il les dévoilait. Ses questionnaires étaient d'une netteté **incomparable**. (J.M. Braun)
And the famous physician started his cross-examination. When he was by a patient's bedside, he was brilliant. His students would listen to him and gape with admiration. He laid traps for pretenders. He could bring to light the most secret ailment. His questionnaires were of a **rare** *clarity.* (Y. Boutier)

RARE RARE

a **rare** *book* : un livre **rare**

RARE

few, odd, occasional

The sun was fierce, and the **few** *patches of shade under the palm trees at the back of the beach were occupied.* (D. Lodge)
Le soleil était brûlant, et les **rares** coins d'ombres qui se trouvaient sous les palmiers à l'arrière de la plage étaient déjà occupés.

If it were not for the mug-shots of individual candidates on the **occasional** *official hoardings, and the mercifully brief party political broadcasts on radio and television that are allowed in the final three weeks, you would hardly know an election was on.* (The Economist)
S'il n'y avait les portraits des candidats — du type photos de casier judiciaire — apposés sur les **rares** panneaux d'affichage officiels, et les messages des partis, fort heureusement très courts, dont on permet la diffusion à la radio et à la télévision pendant les trois dernières semaines de la campagne, on s'apercevrait à peine qu'on est en période d'élections. (R. Alimi)

REALIZE (to) [ˈrɪəlaɪz] v., se rendre compte, prendre conscience de (syn : *to grow / to become aware of)*

The remark that did him most harm at the club was a silly aside to the effect that the so-called white races are really pinko-grey. He only said this to be cheery, he did not **realize** *that 'white' has no more to do with a colour than 'God save the King' with a god, and that it is the height of impropriety to consider what it does connote.* (E.M. Forster)
Ce qui lui fit le plus de tort au club, ce fut un aparté stupide concernant le fait que les races dites blanches sont en réalité gris rose. Il n'avait dit cela que pour plaisanter, sans **se rendre compte** que le terme : « blanc » n'a pas plus de rapport avec une couleur que le « God Save the King » (« Dieu sauve le Roi ») n'en a avec Dieu, et qu'il est de la plus haute inconvenance que de considérer ce que cela implique effectivement.

RÉALISER

to achieve, to make, etc.

Pourquoi ne pas faire, moi aussi, cette visite nocturne et avoir ainsi l'illusion de **réaliser le rêve** qui était le nôtre autrefois : nous laisser enfermer la nuit dans le zoo ? (P. Modiano)
Why shouldn't I too pay them a nocturnal visit, and thus have the illusion of **making** *our old dream* **come true** *: letting ourselves be locked in the zoo overnight ?* (B. Wright)

RÉALISABLE
workable, feasible

Her dream of defeating her rival and reaping the rewards is close to ruins. But was that dream ever really **achievable ?** (The Economist)
Son rêve — vaincre sa rivale et rafler les récompenses — est sur le point de s'effondrer. Mais ce rêve a-t-il jamais été **réalisable** ? (R. Alimi)

RECEIPT [rɪ'si:t] n., un reçu

Do you need a **receipt** *?*
Avez-vous besoin d'un **reçu** ?

RECEIPT f., RECETTE

receipts *and expenditures* : **recettes** et dépenses

f., RECETTE

1. (rentrées d'argent) **returns, revenue**
C'est le grand secteur en développement dans l'alimentation à l'extérieur. Avec des espérances des **recettes**, car 30 % du budget alimentaire des Français est dépensé hors du foyer. (L'Express)
These represent the fastest developing sector in the catering trade, and with prospective **returns,** *for 30 % of the French's food budget is spent outside home.*
Les **recettes** de l'État : *state* **revenue**

2. (de cuisine) **recipe**
C'est une vieille **recette** que m'avait confié ma grand-mère.
It's an old **recipe** *my grandmother had passed on me.*

RECIPIENT [rɪ'sɪpɪənt] n., destinataire, bénéficiaire, récipiendaire

m., RÉCIPIENT
container, vessel (lg. sout.)

Son corps sanglant fut traîné à travers les tables renversées, les **récipients** brisés, les flambeaux abandonnés. (J. d'Ormesson)
His bleeding body was dragged across the overturned tables, the broken **vessels,** *the abandoned torches.*

RECLAIM (to) [rɪ'kleɪm] v., défricher, assécher ou amender (une terre)

RÉCLAMER
to press for, to urge,

cf. exemple à *'to demand'*
'We're no longer preparing people for a career,' says Alexander, 'we're preparing them for an active life.' To that end the organization last week **called for** *better early schooling, a stronger link between academic and vocational teaching, closer ties between schools and employers and greater access to continuing education and retraining.* (Newsweek)
« Nous ne préparons plus les gens à une carrière, déclare Alexander, nous les préparons à une vie active ». Pour parvenir à ce but, l'O.C.D.E. **réclamait** la semaine dernière un meilleur enseignement primaire, des liens plus étroits entre l'enseignement général et l'enseignement professionnel, un véritable partenariat entre l'école et le patronat et un accès plus facile à la formation continue et au recyclage.

Les travailleurs **réclament** des augmentations de salaire.
Workers **are pressing for** *higher wages.*

Journalists wrote articles **urging** *that it [the mansion] should be preserved for the nation.* (E. Waugh)
Des journalistes écrivirent des articles **réclamant** que la demeure fasse partie du patrimoine national.

RECLAMATION[ˌrekləˈmeɪʃən] n.,

Reclamation *of land also takes place on quite an extensive scale, as in Holland, and irrigation can restore deserts to fertility.* (G. Whitehead)
La **récupération** des terres se fait aussi sur une grande échelle comme en Hollande, et l'irrigation peut rendre les déserts à nouveau fertiles.

f., RÉCLAMATION
protest, complaint

Je vais faire une **réclamation** : *I'll lodge a* **complaint**.

RECORD [ˈrekɔ:d] n.,

Le noyau sémantique de ce terme est la notion d'« enregistrement », ce qui fait qu'il correspond à toute une série de termes spécifiques (disque, dossier, archives, passé, etc.) en français selon les contextes d'utilisation. Il équivaut aussi à « record ».

1. Disque
John, if you **play this record** *again, I'll throw it through the window.*
John, si tu **passes encore ce disque**, je le jette par la fenêtre.

2. Dossier
[Titre de journal concernant la vente d'informations contenues dans les dossiers médicaux des particuliers] *When Patients'* **Records** *are Commodities for Sale.* (New York Times)
Dossiers médicaux : lorsqu'ils deviennent des produits de vente. (M. Génuard)

3. Passé
The 167-year-old agency, which is in charge of everything from tribal courts and schools to social services and law enforcement on the reservations, has a sorry **record** *of waste, corruption and choking red tape.*
Vieille de 167 ans, l'agence qui est chargée de tout, que ce soit des tribunaux et des écoles des tribus ou des services sociaux et de l'application des lois dans les réserves, a derrière elle un triste **passé** de gaspillage, de corruption et de bureaucratie tatillonne.

4. Archives
It was nearly eleven hundred, and in the **Records** *Department, where Winston worked, they were dragging the chairs out of the cubicles and grouping them in the centre of the hall opposite the big telescreen, in preparation for the Two Minute Hate.* (G. Orwell)
Il était presque onze heures et, au Commissariat aux **Archives** où travaillait Winston, on tirait les chaises hors des bureaux pour les grouper au centre du hall, face au télécran, afin de préparer les deux minutes de la Haine. (Audiberti)

RECORD m., RECORD

He was not trying to **break / beat a record**.
Il ne cherchait pas à **battre un record**.

Americans long to have heroes. It explains the wild enthusiasm for Cal Ripken, the star of Baltimore Orioles who in 1995 broke Lou Gehrig's seemingly unbreakable **record** *for consecutive appearances in major-league baseball.* (The Economist)
Les Américains ont besoin de héros. C'est ce qui explique l'enthousiasme délirant suscité par Cal Ripken, le joueur vedette des Orioles de Baltimore qui, en 1995, a détrôné Lou Gehrig, précédent détenteur du **record** apparemment imbattable des apparitions successives en 'Major-league' (ligue professionnelle) de base-ball. (R. Alimi)

Few people in France expect this election to change much. Opinion polls show that a **record** *82 % voters are dissatisfied with the way their country is being governed.* (The Economist)
Rares sont ceux qui, en France, attendent de grands changements de cette élection. Les sondages montrent que 82 % des électeurs — un **record** en la matière — ne sont pas satisfaits de la manière dont le pays est gouverné.

RECOUP (to) [rɪˈku:p] v., récupérer (des pertes), dédommager

When a tenant doesn't pay his/her rent, the eviction process starts immediately. However, when a landlord overcharges rent, the process to **recoup** *can take years.* (New York Times)
Quand un locataire ne paye pas son loyer, le processus d'expulsion commence immédiatement. Mais, quand un propriétaire impose un loyer trop élevé, le processus de **dédommagement** (**remboursement**) peut prendre des années.

(un témoignage) RECOUPER
to confirm, to support

REDACTION [rɪˈdækʃən] n., (rare) cf. *editing*

The **redaction** *of his article took him more time than the actual writing of it.*
La **mise au point** de son article lui prit plus de temps que la rédaction elle-même.

f., RÉDACTION

composition, essay
La première **rédaction** qu'on nous a donnée en classe était : « décrivez vos vacances ".
The first **composition** *we were given at school was ' give an account of your holidays'.*

editorial staff
Était-ce une pression politique qui avait poussé la **rédaction du journal** à refuser les autres articles de Catherine ? (M. Cardinal)
Was it policial pressure which had forced the **editorial staff** *to refuse Catherine's other articles ?*

REDUNDANT [rɪˈdʌndənt] adj., en surnombre, d'où « au chômage »

REDUNDANT REDONDANT

REFRESH (to) [rɪˈfreʃ] v., revigorer, redonner des forces

Spreading myself out upon the turf I had a long **refreshing** *sleep.* (H.G. Wells)
M'étendant sur le gazon, je sombrai dans un long sommeil **réparateur**.

Other men, he gathered, met each new dawn with a **refreshed** *mind and heart.* (D. Lodge)
Les autres hommes, croyait-il, accueillaient chaque nouvelle aube, l'esprit et le cœur **réconfortés**. (L. Dufour)

REFRESH (to) RAFRAÎCHIR

No one was in a good mood. The drumming and the throbbing and bucking of the ship had played havoc with stomachs and nerves, the cold wind outside irritated as much as it **refreshed**.(V.S. Naipaul)
Tout le monde paraissait de mauvaise humeur. Le roulis, le vrombissement des machines, le tangage du bateau avaient mis les estomacs et les nerfs à rude épreuve ; au dehors le vent vif s'il **rafraîchisssait** irritait tout autant. (A. Saumont)

REFUSE [ˊrefju:s] n., (syn : *waste material, rubbish*) déchets, détritus

Notez que l'exemple suivant est littéraire et date de la fin du siècle. Aujourd'hui ce terme est d'un niveau de langue soutenu, cf. l'expression « *refuse collector* » pour « *dustman* ».

It swept before it thin clouds of unsavoury dust mingled with the light **refuse** *of the streets.* (G. Gissing)
Dans les rues, le vent chassait de légers nuages de poussière désagréable auxquels se mêlaient de menus **détritus**.

Le nom « *refuse* » est un faux ami complet, tel n'est pas le cas du verbe : *to refuse* [riˊfju:z] : « refuser » (syn. : *to decline*)

m., REFUS
refusal

She pressed me to take some cream crackers also, but I declined because I thought I would make too much noise eating them. She seemed to be somewhat disappointed at **my refusal** *and went over quietly to the sofa.* (J. Joyce)
Elle m'offrit aussi avec insistance des biscuits, mais je refusai, craignant de faire trop de bruit en les mangeant. Elle parut un peu déçue par mon **refus** et revint sans bruit vers le sofa. (J. Aubert)

Je ne peux pas m'expliquer ni sur ce que j'ai fait à Lahore ni sur le pourquoi de **ce refus**. (M. Duras)
I cannot offer any explanation either for what I did in Lahore, or for the reason why **I refused** *to give one.* (Jury de CAPES)

REGARD (to) [rɪˊgɑ:d] v., considérer, observer

['*He*' désigne un vieux prêtre.] *Sometimes he had amused himself by putting difficult questions to me [...] His questions showed me how complex and mysterious were certain institutions of the church which I had always* **regarded as** *the simplest acts.* (J. Joyce)
Quelques fois il s'était amusé à me poser des questions difficiles [...] Ses questions me montraient tout ce qu'avaient de complexe et de mystérieux certaines institutions de l'Église que j'avais toujours **considérées comme** les actes les plus simples. (J. Aubert)

REGARDER
to look at, watch

REGISTER (to) [ˈredʒɪstəʳ] v., exprimer

You can't, of course, go to other people's houses with no cigarettes. But if you have even one it's all right, because when people see one cigarette in a packet they assume that the packet has been full. It is fairly easy to pass the thing off as an accident.
'Have a cigarette ?' you say casually to someone.
'Oh — thanks.'
You push the packet open and then **register** *surprise.*
'Hell ! I'm down to my last'.
'Have one of mine,' says the other. (G. Orwell)
Naturellement on ne peut pas aller chez les gens sans cigarettes. Mais si vous en avez une, ne serait-ce qu'une, c'est suffisant ; parce que lorsque les gens voient une cigarette dans un paquet, ils en concluent que le paquet a été plein. Il est facile de faire passer la chose pour un hasard.
— Vous fumez ? dit-on à quelqu'un d'un air dégagé.
— Ah, merci !
Vous ouvrez le paquet et alors vous **jouez** la surprise.
— Mince ! c'est ma dernière.
— Prenez-en une des miennes, dit l'autre.

REGISTER (to) ENREGISTRER

[...] *one of those intricate machines that* **register** *earthquakes ten thousand miles away.* (Fitzgerald)
[...] une de ces machines compliquées qui enregistrent les tremblements de terre à dix milles de distance. (Llona)

Official figures show that between 1974 and 1983, only three regions — the South East, East Anglia and the South West — increased GDP as a percentage of the UK average ; the rest **registered** *a decrease, except for Scotland which just about held its own.* (Financial Times)
Les chiffres officiels indiquent qu'entre 1974 et 1983, seules trois régions — le Sud-Est, l'East Anglia et le Sud-Ouest — ont vu leur part respective du PIB s'accroître par rapport à la moyenne nationale ; les autres ont **enregistré** un recul, à l'exception de l'Écosse qui parvient tout juste à maintenir sa position. (J.Cl. Sergeant)

A **registered** *letter*
Une lettre **recommandée**

RELATION [rɪˈleɪʃən] n.,

1. Parent (syn. : *relative*) autre que père et mère (*parents*)
2. Récit (syn. : *account*)

RELATION f., RELATION

relation(ship), link, connection (lien entre des éléments)

On NATO, Europe, Africa, China, and above all **relations** *with the United States, the foreign minister, Alain Juppé, has set the agenda.* (The Economist)
Pour ce qui est de l'OTAN, de l'Europe, de l'Afrique, de la Chine et surtout des **relations** avec les États-Unis, c'est le ministre des affaires étrangères, Alain Juppé, qui a fixé le calendrier.

f., RELATION

acquaintance (le fait de connaître)

[*'He'* désigne un vieux prêtre.] *When he smiled he used to uncover his big discoloured teeth and let his tongue lie upon his lower lip — a habit which had*

made me feel uneasy in the beginning of **our acquaintance** *before I knew him well.* (J. Joyce)
Quand il souriait, il découvrait toujours ses grandes dents décolorées et laissait sa langue sur sa lèvre inférieure — habitude qui m'avait mis mal à l'aise au début de **nos relations**, avant que je ne le connusse bien. (J. Aubert)

acquaintance (personne que l'on connaît)
This morning I read in the newspaper that **an acquaintance of mine** *had been murdered.* (J. Updike)
Ce matin, en lisant le journal, j'ai appris qu'**une de mes relations** avait été assassinée.

À la limite, aux États-Unis, on appellera « *friend* » quelqu'un qui n'est qu'une « connaissance » en France ; l'équivalent « d'ami » étant alors plutôt « *personal friend* ».

Contacts, friends (personne influente)

Il a des **relations** : *he is* **well-connected**, *he knows the right people.*

RELIEF [rɪ'li:f] n.,

1. Soulagement
[Le mari vient de partir.] *Oh,* **the relief**, *the difference it made to have the man out of the house.* (K. Mansfield)
Oh, **quel poids en moins**, quelle différence, de savoir l'homme parti de la maison. (M. Merle)

2. Secours
to send **relief** : envoyer des **secours**

RELIEF m., RELIEF

a **relief** *map* : une carte en **relief**

Every novelist, again, who 'intends upon' his art, has lit upon such subjects, and been fascinated by the difficulty of presenting them in the fullest **relief**, *yet without an added ornament, or a trick of drapery or lighting.* (E. Wharton)
Tout romancier, encore un coup, qui s'applique à son art, est tombé sur pareils sujets et a été fasciné par la difficulté de les traiter avec le maximum de **relief**, quoique sans aucun ornement surajouté, ni aucun effet de draperie ou d'éclairage. (P. Leyris)

to bring into **relief** : faire ressortir

(restes) m., RELIEFS
remains, left-overs, remnants

Et au mépris de toutes les règles les plus sacrées de l'hospitalité, le cavalier d'Onessa fut assailli et massacré au milieu des **reliefs** du festin. (J. d'Ormesson)
In contempt of all the most sacred rules of hospitality, the rider from Onessa was assaulted and murdered amidst the **remnants** *of the banquet.*

REMARK (to) [rɪ'mɑ:k] v., dire, faire remarquer, annoncer

He waited in his cave a minute, and lit a cigarette so that he could **remark** *on rejoining her, 'I bolted in to get out of the draught', or something of the sort.* (E.M. Forster)
Il attendit une minute dans sa grotte, puis alluma une cigarette pour pouvoir **dire** : « je suis entré brusquement me mettre à l'abri du courant d'air », ou quelque chose de ce genre. (C. Mauron)

On the Thursday before the Saturday fixed for the execution, Lodge **remarked** *to her that he was going away from home for another day or two on business at a fair, and that he was sorry he could not take her with him.* (Th. Hardy)
L'exécution étant fixée pour le samedi, Lodge l'**informa** le jeudi précédent qu'il s'absenterait encore deux ou trois jours pour traiter des affaires à une foire, et qu'à son grand regret il ne pouvait l'emmener avec lui.

[Jasper vient d'entendre le son d'une cloche.] *Jasper, listening before he cracked an egg,* **remarked** *with cheerfulness :*
'There's a man being hanged in London at this moment'. (G. Gissing)
Jasper, qui se disposait à ouvrir un œuf à la coque, prêta l'oreille et **fit** également **cette réflexion** :
« À cette heure-ci, on pend un homme à Londres ». (S. Calbris et P. Coustillas)

REMARQUER
to notice, to note

[Une jeune fille vient de tomber dans une flaque.] *Yet he* **noted** *how grotesquely her hands were still in her pockets, the soaked collar of her tweed coat turned up about her neck.* (I. Murdoch)
Et pourtant il **remarqua** combien étaient grotesques ces mains toujours enfoncées dans les poches, le col trempé de la veste de tweed remonté autour du cou. (A. Lautel)

Pour **ne pas se faire remarquer**, elle entrait à l'église par la porte de la sacristie. (J. L'Hote)
In order **not to be seen / pass unnoticed / not to draw attention**, *she used to enter the church by / at the sacristy's door.*

REMARK [rɪˈmɑːk] n., f., REMARQUE

[Un jeune homme et une jeune fille parlent ensemble tandis que les deux amies de la jeune fille, Helen et Fanny, sont réduites au rôle de spectatrices.]
Fanny expressed a few emotions, and Helen interpolated a few sensible **remarks**, *but the bulk of the talk on the girls' side naturally fell to Miss Winchelsea.* (H.G. Wells)
Fanny exprima quelques émotions, et Helen plaça quelques **remarques** judicieuses, mais la majeure partie de la conversation du côté des jeunes filles échut naturellement à Mlle Winchelsea.

f., REMARQUE
comment

Whenever a woman passes [he] raises his eyes and **makes some comment**. (Gr. Greene)
Dès qu'une femme passe, [il] lève les yeux et **fait une remarque**. (P. Nordon)

RENNET [ˈrenɪt] n., présure. (Dans l'exemple suivant, la traduction fonctionne selon le principe de la métonymie.)

She would notice that the sunshine cake was too haggled to put before him and decide on a **rennet** *dessert.* (T. Morrison)
Elle constatait bien que le reste de quatre-quarts était trop maigre pour être servi et décidait de préparer un dessert au **lait caillé.** (S. Rué)

RENNET (rare) f., (pomme) REINETTE

RENT [rent] n., loyer

f., RENTE

an unearned income, annuity, pension, independent means

vivre de ses rentes : *to live on/off one's private income*

REPORT [rɪ'pɔ:t] n.,

1. Détonation, coup de feu

2. Rapport (compte rendu)

He was as full of information about native States as an official **report***, but infinitely more amusing.* (J. Conrad)
Il était aussi riche d'informations sur les États indigènes qu'un **rapport** officiel, mais infiniment plus amusant. (Bordenave)

In 1981 a team of scientists, doctors and nutritionists (including Caroline Walker) compiled **a report** *on food and its relationship to illness and health.* (The Sunday Times)
En 1981, une équipe composée de savants, de médecins et de nutritionnistes (dont Caroline Walker) rédigea un **rapport** sur l'alimentation et ses conséquences sur la maladie et la santé.

☞ mais « rapport » au sens de « lien, relation » : *connection, relationship*

I do not understand the **connection** *between last night and this morning, though there seems to be one.* (J. Updike)
Je ne vois pas le **rapport** entre ce qui s'est passé hier soir et ce matin, même s'il semble y en avoir un.

m., REPORT

transfer ; postponement

Le **report** des voix en faveur du candidat de droite.
The **transfer** *of votes in favour of the rightwing candidate.*

Il faisait allusion au **report** de la cérémonie.
He was referring to the **postponement** *of the ceremony.*

REPORT (to) [rɪ'pɔ:t] v., rapporter, rendre compte de, faire un reportage sur

REPORTER

to put off, to postpone

La réunion a été **reportée** à une date ultérieure.
The meeting has been **put off (postponed)** *to a later date.*

RESERVATION [rezə'veɪʃən] n., f., RÉSERVATION

Have you made your train **reservation** *?*
As-tu fait ta **réservation** pour le train ?

RESERVATION (Central) : bande médiane (sur autoroute)

When the road left the bazaar it ran beside a wide dry gully, cool now, but promising dust and glare later ; and then the gully disappearing, the road became a dual-carriageway with flowers and shrubs on the **central reservation**. (V.S. Naipaul)
En sortant du bazar la route longeait le bord d'un large ravin desséché ; l'endroit était encore frais mais serait bientôt, sous un soleil écrasant, sec et poussiéreux ; puis le ravin disparut et bientôt Bobby roula sur une autoroute ; **le tertre séparant les deux voies** était planté de fleurs et d'arbustes. (A. Saumont)

RESERVATION f., RÉSERVE

1. (d'Indiens)

The 167-year-old agency is in charge of everything from tribal courts and schools to social services and law enforcement on the **reservations**.
Vieille de 167 ans, l'agence est responsable de tout dans les **réserves** : que ce soit les tribunaux ou les écoles des tribus aussi bien que les services sociaux ou l'application des lois.

2. (au sens de « réticence, restriction »)

[Deppe est un médecin qui ne veut pas que les prisonniers de guerre participent aux tâches de l'hôpital.]
'Deppe's just an old woman', Liesl had said when Gabriel told her about the doctor's **reservations**. (W. Boyd)
« Deppe est comme une petite vieille » avait dit Liesl lorsque Gabriel lui avait parlé des **réticences** du médecin.

Après lui, M. Parisis, évêque de Langres, vint à la tribune donner son assentiment à la loi proposée, sous quelques **réserves** toutefois, et avec certaines restrictions.
Monsieur Parisis, the Bishop of Langres, came to the platform after him and gave his assent to the proposed law, albeit with a few **reservations** *and certain restrictions.* (L. Sergeant)

RESERVE [rɪˈzəːv] f., RÉSERVE

With the exaggerated **reserve** *implanted in him by his upbringing he studiously averted his eyes from the other two occupants of the compartment.* (J. Wain)
Avec la **réserve** extrême que lui avait inculquée son éducation, il évita soigneusement de regarder les deux autres occupants du compartiment.

Temple said [...] 'Eric von Bishop. What are you doing in that outfit ? I thought you'd left the army.' [...]
'I'm in the **reserve**', *he reminded Temple.* (W. Boyd)
Temple dit [...] : « Eric von Bishop ! Que faites-vous sous cet uniforme ? Je croyais que vous aviez quitté l'armée. » [...]
« J'appartiens à la **réserve** », rappela-t-il à Temple. (Chr. Besse)

RESIGN (to) [rɪˈzaɪn] v., démissionner

But the Prince clearly made a wrong choice, or the wrong choice was made for him and he decided to **resign**. (The Guardian)
Mais il est clair que le Prince a fait un mauvais choix ou qu'on a fait le mauvais choix pour lui, et qu'il a décidé de **démissionner**.

RESIGN oneself to (to) SE RÉSIGNER À

It seemed that as the war dragged on so Liesl's attitude had become more indifferent and **resigned**. (W. Boyd)
Plus la guerre traînait en longueur et plus indifférente et **résignée** se faisait l'attitude de Liesl. (Chr. Besse)

RESPOND (to) [rɪsˈpɒnd] v., réagir, répondre

[L'héroïne est dans un musée.] *Vaguely, consoled by the presence of something welcoming and* **responding** *in the place, her footsteps took her to various shrines at which she had worshipped so often before.* (I. Murdoch)
Sans but précis, consolée par la présence de quelque chose de **sensible** qui semblait lui souhaiter la bienvenue, elle se laissa mener par ses pas à divers

sanctuaires auxquels elle avait si souvent jadis rendu un culte. (Bruneteau et Luccioni)

RESPONSE [rɪs'pɒns] n., réaction

[Un écrivain s'interroge sur son rapport aux personnes qu'il prend comme base de création.]
Are real human beings becoming simply extended humours capable of use, and does this cut one off from them a bit ? Yes. For observation throws down a field about the observed person or object. Yes. Makes the unconditional **response** *more difficult — the* **response** *to the common ties, affections, love and so on.* (L. Durrell)
Les êtres de chair et de sang ne deviennent-ils alors que des incarnations de types humains susceptibles d'être utilisés et est-ce que cela nous sépare d'eux quelque peu ? Sans doute, car l'observation isole la personne ou l'objet observé. Sans doute. Cela rend les **réactions** spontanées plus difficiles — la manière d'envisager les liens ordinaires, l'affection, l'amour, etc.

f., RÉPONSE
answer

REST (to) [rest] v., se reposer

Just when she considered it light enough to leave, a violent darkness descended on the living room where she had been **resting**. (E. O'Brien)
Au moment même où elle estimait qu'il faisait assez clair pour partir, une brusque obscurité envahit le séjour où elle s'était **reposée.**

RESTER
to remain, to stay

In the end there was but one **remaining** *chance, and Maria took it by sailing to Italy.* (Sunday Times)
Finalement, il ne lui **restait** plus qu'une chance et Maria la saisit en s'embarquant pour l'Italie.

He pulled the tattered hem of his shorts down over the bandage. He **sat** *for a while staring at his thin knees.* (W. Boyd)
Il ramena le bord effrangé de son short sur la bande et **resta** un moment à fixer ses genoux maigres.

There **was** *nothing* **left** *for supper.*
Il ne **restait** rien pour le souper.

REST [rest] n., repos (sens le plus fréquent)

You need **a rest** *:* vous avez besoin de repos.

REST m., RESTE

[*'They'* représente deux voyageurs qui se rendent en Italie]
They were soon comparing their journeys, and Helen and Fanny were cruelly overlooked in the conversation. It was to be the same journey, they found : one day for the galleries at Florence — 'From what I hear' said the young man, 'it is barely enough' — and **the rest** *at Rome.* (H.G. Wells)
Ils en furent bientôt à comparer leurs voyages, et Helen comme Fanny furent cruellement négligées pendant cette conversation. Ils découvrirent qu'ils avaient le même itinéraire : un jour pour les musées de Florence — « d'après ce que j'ai entendu dire, déclara le jeune homme, ce n'est guère suffisant » — et puis **le reste** à Rome.

[Le narrateur dit ce que sont devenus les enfants d'un personnage.]
One was articled to a sollicitor ; one was learning the drug-trade in his father's shop ; another had begun to deal in corn ; **the rest** *were scattered about England, as students or salary-earners.* (G. Gissing)
L'un deux était placé chez un notaire ; un autre apprenait le métier d'apothicaire dans la boutique de son père ; un autre s'était lancé dans le commerce des céréales ; **les autres** étaient dispersés aux quatre coins de l'Angleterre comme étudiants ou salariés.

Notez que « *the rest* », lorsqu'il a le sens de « les autres », est suivi du pluriel : « *the rest* ***were*** »

les RESTES
the leftovers, the remains (d'un repas)

'You could feed a whole street in Calcutta for a week on our **leftovers**.' (D. Lodge)
« On pourrait nourrir toute une rue de Calcutta pendant une semaine avec nos **restes**. »

remains (d'une personne, au sens de « dépouille »)

RÉSUMÉ [ˈrezjuˑmeɪ] curriculum vitae (U.S.)

(en ang. brit. « *Curriculum Vitae* » comme en fr.)

RÉSUMÉ (plus souvent « *a summary* ») m., RÉSUMÉ

RESUME (to) [rɪˈzju:m] v., reprendre

She stopped again on the sidewalk, right in the middle of it, so that pedestrians from both directions had to detour around her. [...] So she hastily ***resumed*** *her stroll.* (T. Williams)
Elle s'arrêta à nouveau sur le trottoir, au beau milieu, si bien que les passants venant dans les deux sens, devaient la contourner. [...] Elle s'empressa donc de **reprendre** sa promenade.

One warning came from Mr Ray Buckton, leader of the engine drivers union, which with other railway unions, will **resume** *pay negotiations to-morrow.* (Daily Telegraph)
L'un des avertissements venait de M. Ray Buckton, dirigeant du syndicat des chauffeurs de machine, qui avec d'autres syndicats de chemin de fer **reprendront** les négociations salariales demain.

RÉSUMER
to sum up, to summarize

Il **résuma** la situation en ces termes.
He **summed up** *the situation in these terms.*

RETIRE (to) [rɪˈtaɪəʳ] v., prendre sa retraite

Last week Amnesty International charged that gangs made up of civilian vigilantes and **retired** *or off-duty police officiers are to blame.* (Newsweek)
La semaine dernière, Amnesty International prétendit que des gangs constitués de milices populaires et de policiers **à la retraite** ou en repos étaient à incriminer.

RETIRE (to) se RETIRER

REUNION [ˈriːˈjuːnjən] retrouvailles

Le titre du roman de Fred Uhlman : « **Reunion** » a été traduit par : **L'ami retrouvé**.

The imminent **reunion** *is the one thing we all wished for but secretly hoped would never happen because we assumed the Beatles had more taste.* (The European Magazine)
Les **retrouvailles** qui vont avoir lieu sont l'événement que nous attendions tous mais que nous espérions secrètement ne jamais voir se produire parce que nous supposions que les Beatles avaient plus de goût.

Je voyais mes parents pris au piège de ces **retrouvailles** où chacun se plaçait pour se faire bien considérer par ceux de l'étranger, ceux qui étaient partis faire fortune. (T. Ben Jelloun)
I could see my parents caught in the trap of those **reunions** *where everyone positioned himself to be well considered by those living abroad, those who had left to make their fortune.* (N. Cooney)

REUNION f., RÉUNION

family **reunion : réunion** de famille

f., RÉUNION
(family) gathering / meeting

RICH [rɪtʃ] adj.,

The plain was **rich** *with crops.* (E. Hemingway)
La plaine était **couverte** de récoltes. (M.E. Coindreau)

Large meals were prepared in this room, cauldrons of stew for the insatiate hunger of eight. Stews of all that grew on these **rich** *banks.* (L. Lee)
De copieux repas étaient préparés dans cette pièce, de pleines marmites de ragoûts pour huit estomacs insatiables. Ragoûts de tout ce qui poussait sur ces terres **fertiles**. (P. Reumaux)

RICH RICHE

ROMAN [ˈrəumən] adj., romain

ROMAN
romanesque

romanesque *architecture* : l'architecture **romane**

ROMANESQUE
fabulous, fantastic ; romantic

ROSARY [ˈrəuzərɪ] n., rosaire, chapelet

[A Rio de Janeiro] *To reach the top, I take a small train which pulls out of a station where* **rosary beads** *and dried, mounted and varnished piranhas are for sale.* (Homes and Gardens)
Pour atteindre le sommet je prends un petit train qui part d'une gare où l'on vend des **rosaires** (chapelets) et des piranhas naturalisés, vernis et montés sur socle.

f., ROSERAIE
rose garden

ROUTE [ru:t] n.,

1. Itinéraire, parcours
['He' désigne un homme qui veut passer la frontière.] *'He knows one of the Vopos there, the son of his landlord. It may help. That's why he chose this* **route**'. (J. Le Carré)
« Il connaît un des Vopos, le fils de son propriétaire. Ça peut être utile. Et c'est pourquoi il a décidé de **passer par ici**. » (M. Duhamel et H. Robillot)

2. Voie d'accès (sens abstrait)
The only **route** *to greater knowledge* **is** *through education and training that allow us to take full advantage of the technologies we now possess.* (Newsweek)
Il n'y a que l'enseignement et la formation professionnelle qui puissent nous **faire parvenir à** un niveau plus élevé de connaissances et nous permettre de tirer profit des technologies dont nous disposons aujourd'hui.

f., ROUTE

Maintenant la **route** n'était qu'un chemin bordé de roseaux. (P. Modiano)
The **road** *was now nothing but a track bordered by reeds.* (B. Wright)

En route ! *Let's go !*

Au bout de quelques mois, elle aurait pleuré si on l'avait retirée de l'asile. [...] C'est un peu pour cela que je n'y suis presque plus allé. Et aussi parce que cela me prenait mon dimanche — sans compter l'effort pour aller à l'autobus, prendre des tickets et faire **deux heures de route**. (A. Camus)
After a month or two she'd have cried if she'd been taken out of the home. [...] That's partly why during this last year I hardly ever went to see her any more. And also because it meant giving up my Sunday — let alone making the effort of going to the bus stop, buying tickets and spending **two hours travelling**. (J. Laredo)

Ask for **traffic direction** *in Dresden these days, and you're liable to be confused.* (Newsweek)
Si vous demandez votre **route** à Dresde ces jours-ci, vous risquez d'avoir du mal à vous y retrouver.

ROUTINELY [ru:ˈti:nlɪ] adv., systématiquement

To the liberals' consternation and chagrin, conservative ideas now **routinely** *and effectively challenge established liberal pieties on virtually every kind of issue — political, economic, cultural and moral — that is of vital concern to the American people.* (New York Times)
À la grande consternation et au grand embarras des libéraux, les idées conservatrices sont en train de remettre en question, de **manière systématique** et efficace, les croyances libérales bien établies sur les thèmes d'ordre politique, économique, culturel et moral qui sont fondamentaux aux yeux des américains. (M. Génuard)

RUDE [ru:d] adj.,

1. Grossier, impoli, mal élevé
He used to be so **rude** *with the teachers that they eventually sacked him.*
Il était si **insolent** avec ses professeurs qu'il a finalement été renvoyé.

I prided myself on the exact temperature of my relations with [the neighbours] : never **rude**, *always aloof.* (V. Nabokov)

Je me flattais de préserver une sorte de moyen terme dans mes relations avec eux : jamais **grossier**, toujours distant.

2. Grossier, grivois
a **rude** *story* : une histoire **grivoise, scabreuse**

3. Vigoureux, robuste
In Pagan Australia, that vegetative Eden, health is **rude** *and vigorous, brawny, beef-fed and ocean-laved.* (The Observer)
Dans l'Australie païenne, ce jardin d'Eden, la santé c'est la **robustesse,** la vigueur, le muscle, à base de viande de bœuf et de bains dans l'océan.

RUDE
hard, tough, rough, uncouth, etc.

L'hiver sera **rude** : *it's going to be a* **hard / harsh / severe** *winter*
La journée sera **rude** : *it's going to be a* **hard** *day.*

Le père de la princesse avait toujours été d'un naturel **assez rude** et brutal. (J. d'Ormesson)
The princess's father had always been an **uncouth,** *brutal man.*

RUDELY ['ru:dlɪ] adv., « avec grossièreté » mais aussi « brusquement »

He returned to his pipe and finally spat **rudely** *into the grate.* (J. Joyce)
Il se remit à fumer et finit par cracher **brusquement** dans le feu. (J. Aubert)

RUIN ['ru:ɪn] n., détérioration

When he came nearer we saw that all his clothes were **in ruin**. (V.S. Naipaul)
Quand il s'approcha, nous vîmes mieux ses vêtements, **réduits à l'état d'oripeaux**. (A. Saumont)

RUIN f., RUINE

The Hohenfels were part of our history. It was true that their Burg, situated between Hohenstaufen, the Teck and Hohenzollern was **in ruins** *[...] but their fame was still green.* (F. Uhlman).
Les Hohenfels faisaient partie de notre histoire. Il est vrai que leur château, situé entre Hohenstaufen, le Teck et Hohenzollern était **en ruine** [...] mais leur célébrité était encore vivace. (L. Lack)

f., RUINE

Elle m'a désigné la terrasse d'une maison **en ruine**. (P. Modiano)
She pointed to the terrace of a **derelict** *house.* (B. Wright)

RUIN (to) ['ru:ɪn] v., abîmer, détériorer, gâcher

Dr Basket was in fact **ruining** *a good practice by two great errors ; he was a little before his time in treatment and a little behind it in conduct.* (J. Cary)
De fait le docteur Basket risquait de **perdre** une belle clientèle en commettant deux grandes erreurs : il était un peu en avance sur son temps par ses traitements et un peu rétrograde dans son comportement.

[Il pleut.] *Marie runs into the garden to pick the 'chrysanths' before they are* **ruined**. (K. Mansfield)
Marie se précipite dans le jardin pour cueillir les « chrysanthèmes » avant qu'ils soient **fichus**. (Merle)

RUIN (to) RUINER

RUPTURE [ˈrʌptʃəʳ] n., hernie

A soldier came along after the last of the stragglers he was walking with a limp. He stopped and sat down beside the road. I got down and went over. […]
'What' s wrong with your leg ?'
'It's not my leg. I got a **rupture** !' (E. Hemingway)
Un soldat apparut derrière tous les autres [traînards]. Il boitait. Il s'arrêta et s'assit sur le bord de la route. Je descendis de ma voiture et allai vers lui. […]
— Qu'est-ce qu'elle a votre jambe ?
— C'n'est pas ma jambe. J'ai une **hernie**. (M.E. Coindreau)

f., RUPTURE

La **rupture** de leurs fiançailles.
Their **broken** *engagement*

Une **rupture** entre le passé et le présent
a **break** *between the past and the present*

S

SALAD [ˈsæləd] f., SALADE

(mélange de légumes crus assaisonnés, de fruits, d'autres ingrédients)

tomato **salad** : **salade** de tomates
fruit **salad** : **salade** de fruits

☞ *in my salad days* quand j'étais jeune et sans expérience (un blanc-bec)

f., SALADE
lettuce (le légume : laitue)

J'ai acheté de la **salade** chez le marchand de fruits et légumes.
I bought some **lettuce** *at the greengrocer.*

Quelle **salade** !
What a **mess** !

SALUTE (to) [səˈlu:t] v., (lit. ou pour un militaire) SALUER

In order of precedence the saloons eased up to the base of the steps, the usher opened the rear door with a bow, the Ministers climbed into their respective cars and were driven past the **salutes** *of the Garde Républicaine and out into the Faubourg Saint Honoré.* (F. Forsyth)
Par ordre de préséance, les DS s'arrêtaient à la base du perron, l'huissier ouvrait la portière en s'inclinant, les ministres s'installaient sur la banquette arrière et le véhicule traversait la cour, **salué** au passage par les Gardes répulicains, avant de virer dans le Faubourg Saint Honoré. (R. Robillot)

SALUER
to greet

Mon père ne disait rien, il **saluait** les gens et buvait du thé en regardant l'horizon, un muret entourant le cimetière. (T. Ben Jelloun)
My father didn't say anything, he **greeted** *the people and drank tea while looking at a low wall surrounding the cemetery on the horizon.* (N. Cooney)

SANGUINE [ˈsæŋgwɪn] adj., (syn. : *optimistic*) optimiste

'A club like this would soon be the intellectual centre of London' said Heyman, ever **sanguine**. (Huxley)
« Un club comme celui-ci serait bientôt le centre intellectuel de Londres » dit Heyman, toujours **optimiste**.

SANGUINE SANGUIN

His hair was very fair, his face naturally **sanguine**. (G. Orwell)
Il avait les cheveux très blonds, le visage naturellement **sanguin**. (Audiberti)

SATISFY (to) [ˈsætɪsfaɪ] v., convaincre, assurer

These rides that the family took on Sunday afternoons had become rituals and much too important for Macon to enjoy. For him it was a way to **satisfy himself** *that he was indeed a successful man.* (T. Morrison)
Ces promenades que faisait la famille le dimanche après-midi étaient devenues un rite et avaient pris trop d'importance pour que Macon puisse les savourer. Pour lui, elles étaient une manière de **se prouver** qu'il avait réussi dans la vie.

'You are quite certain that it was an accident ?'
Dr Winkler put out a hand and straightened a crucifix.
'I was not there. My opinion is limited to the causes of death. Have you any reason **to be dissatisfied** ?' (Gr. Greene)
« Vous êtes tout à fait sûr que c'était un accident ? »
Le docteur Winkler avança la main pour redresser un crucifix.
« Je n'étais pas là. Mon opinion se limite à la cause du décès. Avez-vous une raison **d'avoir des doutes** ? » (P. Nordon)

SATISFY (to) (contenter) SATISFAIRE

'But what do you believe ?' asked Philip, who was never **satisfied with** *vague statements.*
'I believe in the Whole, the Good and the Beautiful'. (W.S. Maugham)
« Mais en quoi croyez-vous donc alors ? » demanda Philip, qui ne pouvait **se satisfaire de** (se contenter de) vagues déclarations.
« Je crois au Tout, au Bien et au Beau ».

SAUCE [sɔːs] n., impertinence

[A miser is talking to his daughter.]
'No, I won't give ye the cheque-book out o'th'bureau', he said flatly. 'And I'll thank you for less **sauce** !' (A. Bennett)
« Non je ne te donnerai pas le carnet de chèques qui est dans le secrétaire », dit-il d'un ton catégorique. « Et je te prierai d'être moins **insolente** ».

SAUCE (Préparation) f., SAUCE

béchamel **sauce** : **sauce** béchamel
soy **sauce** : **sauce** de soja

f., SAUCE

gravy (jus de viande)
Tu veux un peu de **sauce** sur ta viande ?
D'you want some **gravy** *on your meat ?*

dressing (vinaigrette pour une salade)

SAVAGE [ˈsævɪdʒ] adj., furieux, féroce, « sauvage » au sens de « primitif »

[...] *he came trotting along in a great hurry, muttering to himself as he came, 'Oh ! the Duchess, the Duchess ! Oh ! won't she be* **savage** *if I've kept her waiting !'*(L. Carroll)
[...] il trottait aussi vite qu'il pouvait, et, chemin faisant, il marmonnait à mi-voix : « Oh ! la Duchesse, la Duchesse ! Oh ! ce qu'elle va être **furieuse** si je l'ai fait attendre ! » (J. Papy)

SAVAGE [ˈsævɪdʒ] n., SAUVAGE

[« Les » représente les voisins.]
« Vous les connaissez ? leur ai-je demandé.
— Oui, oui, un peu..., a-t-il dit. Mais nous ne voulons pas les voir...
— Nous sommes devenus des **sauvages** », a-t-elle dit. (P. Modiano)
'Do you know them ?' I asked.
'Yes, yes, a little', he said. 'But we don't want to see them...'
'We've become **savages**', *she said.* (B. Wright)

SAUVAGE
wild

Always there was barking in the distance. The pack grew.
'Oh my God', Linda said. 'These dogs don't have any owners. They've gone **wild**'. (V.S. Naipaul)
On entendait toujours aboyer au loin. La meute grandissait.
« Oh, mon Dieu, dit Linda. Ces chiens n'ont plus de maîtres. Ils sont devenus **sauvages**. » (A. Saumont)

SCALLOP [ˈskɒləp] n., coquille Saint-Jacques, feston

f., ESCALOPE
escalope

SCANDAL [ˈskændl] n., médisance, cancans, ragots

In 1776 Sheridan undertook the management of Drury Lane Theatre and the next year produced The School for **Scandal**, *which won unanimous applause.*
En 1776 Sheridan prit la direction du théâtre de Drury Lane et l'année suivante il y donna l'École de la **médisance** qui remporta un succès triomphal.

She had more than once changed her husband ; indeed, Debrett credits her with three marriages ; but as she had never changed her lover, the world had long ago ceased to **talk scandal** *about her.* (O. Wilde)
Elle avait à plusieurs reprises changé de mari ; le Debrett lui attribue trois mariages. Mais, n'ayant jamais changé d'amant, il y avait longtemps que l'on avait cessé de **jaser** sur son compte. (P. Nordon)

They liked coming up to Berlin. 'Fräulein Schroeder,' they used to tell me, 'you don't know how lucky you are to be living here, right in the middle of things. We're only country cousins — we envy you ! And now tell us all the latest Court **scandals** !' (Chr. Isherwood)
Elles aimaient bien venir à Berlin. « Fräulein Schroeder, me disaient-elles, vous ne connaissez pas votre bonheur de vivre ici, en plein cœur des choses. Nous ne sommes que des parentes de province qui vous envient ! Allons, racontez-nous les derniers **potins** de la Cour ! » (L. Savitsky)

SCANDAL m., SCANDALE

Democracy has another merit. It allows criticism, and if there is not public criticism there are bound to be hushed up **scandals**. (E.M. Forster)
La démocratie possède un avantage supplémentaire. Elle permet la critique, et sans critique publique, il y a forcément des **scandales** étouffés.

SCENE [si:n] n., f., SCÈNE

It's the best **scene** *in the play.*
C'est la meilleure **scène** de la pièce.

f., SCÈNE
stage

Qui vivait là ? [...] d'anciens virtuoses de la **scène**. (M. Cardinal)
Who lived there ? [...] former virtuosi of the **stage**.

SCHEME [skiːm] n., plan, projet

As far back as 1899, J.P. Morgan bankrolled a **scheme** *to beam radio signals into space from a huge coil of wire in Colorado ; the transformer made the neighbors' hair stand on end, but ET didn't phone.* (Time)
Déjà en 1899, J.P. Morgan finança un **projet** pour émettre des signaux radio dans l'espace à partir d'une immense bobine de fil électrique installée au Colorado ; ce transformateur a fait se dresser les cheveux sur la tête des voisins, mais ET n'a pas téléphoné.

m., SCHÉMA
a diagram, a sketch, an outline, a plan

SCHOLAR [ˈskɒləʳ] n., érudit, lettré, savant

She had always affirmed that women **scholars** *were primarily women and should not disregard the demands of feminine fashion.* (A. Wilson)
Elle avait toujours affirmé que les femmes **de science** étaient d'abord des femmes et n'avaient pas à mépriser les exigences de la mode. (Ch. Elsen)

adj., SCOLAIRE
school, academic

bus **scolaire** : **school** *bus*
année **scolaire** : **school / academic** *year*

SEDUCE (to) [sɪˈdjuːs] v., séduire (au sens d'avoir des relations sexuelles)

'The first man who **seduced** *me had no idea I was a virgin until I told him afterwards.'* (Ch. Isherwood)
— Le premier type qui m'**a eue** était loin de se douter que j'étais vierge, il a fallu que je le lui dise ensuite. (L. Savitsky)

SEDUCE (to) SÉDUIRE

(avec des connotations négatives, en ce sens que l'on détourne quelqu'un du bien, de la vérité, ou qu'on l'oriente vers quelque chose qu'il ne ferait pas normalement ou habituellement.)

But what was strange was that although Goldstein was hated by everybody [...] his influence never seemed to grow less. Always there were fresh dupes waiting **to be seduced** *by him.* (G. Orwell)
Mais l'étrange était que, bien que Goldstein fût haï et méprisé par tout le monde, [...] son influence ne semblait jamais diminuée. Il y avait toujours de nouvelles dupes qui attendaient d'être **séduites** par lui. (A. Audiberti)

SÉDUIRE
to attract, to entice

(au sens de gagner quelqu'un par la raison ou en utilisant les moyens de plaire)
Pourquoi Philippe s'est-il toujours lié avec ce genre de femmes élégantes, distantes, snobs ? Sans doute pour se prouver qu'il pouvait les **séduire**. (S. de Beauvoir)

Why has Philippe always taken up with that kind of smart, distant, snobbish women ? Probably to prove to himself that he could **attract** (**charm**, **be attractive to**) *them.* (J. Lezon)

Pour gagner son pari, Euro Disney doit maintenant **séduire** les Français. (Le Nouvel Observateur)
In order to win its wager, Euro Disney must now **entice** *the French.* (N. Cooney)

SEIZURE [ˈsi:ʒəʳ] n.,

1. Arrestation
The argument over whether the Los Angeles police had or had not violated Mr Simpson's fourth-amendment protection against unreasonable searches and **seizures**.(The Economist)
La polémique pour déterminer si, dans le cas de M. Simpson, la police de Los Angeles a ou non violé le quatrième amendement, qui protège l'individu contre les perquisitions et les **arrestations** abusives. (R. Alimi)

2. (médical) *to have* **a seizure :** avoir / faire **une attaque**

SEIZURE f., SAISIE

a drug **seizure** : une **saisie** de drogue

SELF [self] le moi

m., SELF

a **self-service** *restaurant*

SENSE [sens] n., impression, sensation, sentiment

The supposed misery of our century is the lack of time ; our **sense** *of that, not a disinterested love of science, and certainly not wisdom, is why we devote such huge proportions of the ingenuity and income of our societies to finding faster ways of doing things.* (J. Fowles)
On prétend que le manque de temps est la plaie de notre époque ; c'est le **sentiment** que nous avons de ce manque et non pas un amour désintéressé de la science, moins encore de la sagesse, qui explique que nous consacrions une part aussi énorme de l'ingéniosité et des revenus de nos sociétés à trouver des façons de faire les choses plus rapidement. (Jury de CAPES)

The **sense** *of crisis was heightened when the Feds seized control of 100 insolvent banks just before Christmas.* (The New Republic)
La **sensation** de crise s'accrut lorsque, juste avant Noël, la Federal Reserve a pris le contrôle de 100 banques insolvables.

SENSE m., SENS

The five **senses** : les cinq **sens**

common **sense** : le bon **sens**

(raison)
No one **in his senses** *would do that.*
Aucun être **sensé** ne ferait cela.

(sens élaboré, construit)
When he landed on the floor of her greenhouse, knocking himself out, he was a problem to be solved, like moving the stove. Problems are for solving. Alone. After

the first shock of the crash, which caught her on hands and knees cleaning the floor, her only thought had been **to make some sense of it**, *of him, a man lying on her floor smeared from head to toe with a whitish grease like a channel swimmer.* (W. Percy)
Quand il atterrit sur le sol de sa serre, en perdant connaissance sous le choc, il représentait simplement un problème à résoudre, comme quand il fallait déplacer le fourneau. Les problèmes sont faits pour être résolus. Sans aide. Après l'effet de surprise de la chute brutale, qui la trouva à quatre pattes en train de nettoyer le sol, sa seule pensée avait été de **trouver une explication à ce qui se passait**, à la présence d'un homme étendu chez elle, maculé de la tête aux pieds d'une graisse blanchâtre, comme un nageur qui traverse la manche. (Jury de CAPES)

SENSIBILITY [sensɪˈbɪlɪtɪ] n., f., SENSIBILITÉ

Cette équivalence fait que dans certains cas « *of sensibility* » équivaut à « sensible ».
Dennis was a young man **of sensibility** *rather than of sentiment.* (E. Waugh)
Dennis était un jeune homme plus **sensible** que sentimental. (D. Aury)

f., SENSIBILITÉ
sensitivity

If personality is an unbroken series of successful gestures, then there was something gorgeous about him, some heightened **sensitivity** *to the promises of life, as if he were related to one of those intricate machines that register earthquakes ten thousand miles away.*(F.S. Fitzgerald)
S'il est vrai que la personnalité est une suite ininterrompue de gestes réussis, il y avait en cet homme quelque chose de magnifique, je ne sais quelle **sensibilité** exacerbée aux promesses de la vie, comme s'il s'apparentait à une de ces machines compliquées qui enregistrent les tremblements de terre à dix milles de distance. (V. Llona)

SENSIBLEMENT

1. (à peu près) **approximately, more or less**
Trois enfants marchent le long d'une grève. Ils s'avancent côte à côte, se tenant par la main. Ils ont **sensiblement** la même taille. (A. Robbe-Grillet)
Three children are walking along a beach. They move forward, side by side, holding hands. They are **roughly** *the same height.* (B. Wright)

2. (de façon perceptible, notablement) **appreciably, noticeably**
[L'auteur parle de la beauté.] *In men the gift is even more alarming, for it lasts* **appreciably** *longer.* (A. Brookner)
Ce don est encore plus redoutable chez l'homme, car sa durée est **sensiblement** plus longue. (A. Lautel)

[...] elle est mariée à un homme **sensiblement plus âgé** — il aurait même pu être son père. (M. Déon)
She is married to a **much older man** — *old enough to be her father.*

SENSIBLE [ˈsensəbl] adj., raisonnable

Soyez donc **raisonnable** : *Do be* **sensible.**

She was a very **sensible** *little girl.*
C'est une fillette très **raisonnable**.

[La sœur cadette vient de dire qu'elle va voler quelque chose dans un magasin.] *Maddeningly* **sensible** *'You'd be sent to prison if you were caught', the elder sister went on.* (A. Huxley)

Avec un **bon sens** exaspérant, l'aînée enchaîna : « On te mettrait en prison si on te prenait. »

[Un jeune homme et une jeune fille parlent ensemble tandis que les deux amies de la jeune fille, Helen et Fanny, sont réduites au rôle de spectatrices.] *Fanny expressed a few emotions, and Helen interpolated a few* **sensible** *remarks, but the bulk of the talk on the girls' side naturally fell to Miss Winchelsea.* (H.G. Wells)
Fanny exprima quelques émotions, et Helen plaça quelques remarques **judicieuses**, mais la majeure partie de la conversation du côté des jeunes filles échut naturellement à Mlle Winchelsea.

SENSIBLE
appreciable, sensitive

His was a **sensitive**, *intelligent face, blurred somewhat by soft living and long boredom.* (E. Waugh)
Il avait un visage **sensible**, intelligent, quelque peu brouillé par une vie de mollesse et par de longues années d'ennui. (D. Aury)

He crossed the station and got on an uptown train. His ears were **sensitive to noise**, *and ordinarily the subway screech of steel on steel was an intolerable torture to him.* (P. Highsmith)
Il traversa le quai et monta dans une rame qui l'éloignait du centre ville. Il était très **sensible au bruit** et habituellement le grincement du métro, acier contre acier, exerçait une véritable torture sur ses oreilles. (Sarfati)

Leamas, who was not particularly **receptive to** *such subtleties, found it hard to remember that he was in a private flat and not a hotel.* (J. Le Carré)
Leamas, qui n'était pas particulièrement **sensible à** ce genre de subtilité (concernant son environnement) eut du mal à se souvenir qu'il était dans un appartement privé et non pas dans un hôtel.

J'ai été très **sensible** à vos arguments.
I was **sensitive / receptive / sympathetic** *to your point.*

Il était vexé, c'était très **sensible** dans le ton de sa voix.
He was hurt and it was quite **perceptible** *in his tone.*

SEQUEL [ˈsi:kwəl] n.,

She definitely refused to write a **sequel** *to her novel.*
Elle refusa carrément d'écrire une **suite** à son roman.

f., SÉQUELLES
aftermath

Dans un article maintenant célèbre, il décrivait les **séquelles** des émeutes de l'été.
In a now famous article, he described the **aftermath** *of the summer riots.*

SEQUESTERED [sɪˈkwestəd]

a sequestered place : un endroit retiré, isolé

SÉQUESTRÉ
(pour une personne) *to be confined illegally*

SESSION [ˈseʃən] séance (de travail, d'enregistrement)

'It was just like the old days', remarked McCartney after the **sessions**. (The European Magazine)

« C'était comme au bon vieux temps », commenta McCartney après les **séances** d'enregistrement.

SESSION f., SESSION

SILICON [ˈsɪlɪkən] n., silicium

Silicon chip : puce électronique

SILICONE [ˈsɪlɪkəun] m., SILICONE

In two separate operations, he implanted a **silicone**-*filled sac under the skin where the breast had been removed, then reduced the size of the other breast to make it more nearly resemble the new one.* (Times)
Le chirurgien inséra sous la peau un sac de **silicone** en remplacement de la glande mammaire et, par une seconde intervention, il réduisit les proportions de l'autre sein pour le rendre à peu près de la même grosseur que le sein artificiel. (J. Delisle)

SIMPLY [ˈsɪmplɪ] adv., purement et simplement, absolument

[La scène se passe dans une salle de classe.] *Sylvia Mann took off her collar and tie, took them off* **simply**, *and laid them on the desk beside her, as calm as if she were going to wash her hair in her bedroom at home.* (K. Mansfield)
Sylvia Mann enleva son col et sa cravate, les enleva **carrément** et les posa près d'elle sur le pupitre, aussi calme que si elle s'apprêtait à se laver les cheveux dans sa chambre chez elle. (Merle)

[Un homme vient de tomber, un autre le relève.] Il s'appuyait à mon bras. Maintenant qu'il était debout, je n'avais plus aucune raison de rester avec lui. Il fallait **à tout prix** que je me dégage. (P. Modiano)
He was leaning on my arm. Now he was up, there was no reason to stay with him. I **simply** *had to get away.* (Y. Boutier)

SIMPLY (de manière simple) SIMPLEMENT

They live quite **simply**.
Ils vivent très **simplement**.

SLIP [slɪp] n.,

1. (pr. et fig.) Faux pas
a **slip** *of the tongue* : un **lapsus**

2. Combinaison, un jupon (syn. : *petticoat*)
I rang. When she opened the door she was still in her **slip**.
Je sonnai. Lorsqu'elle ouvrit, elle était encore en **combinaison**.

un SLIP
(homme) briefs, (under)pants
(femme) panties

Il a arraché la robe, il la jeta, il a arraché le petit **slip** de coton blanc et il la porte ainsi nue jusqu'au lit. (M. Duras)
He's torn off the dress, he throws it down. He's torn off her little white cotton **panties** *and carries her over like that, naked, to the bed.* (B. Bray)

Slip de bain : *swimming / bathing trunks.*

SMOKING [ˈsməukɪŋ] n., le fait de fumer

Smoking can damage your health.
Le tabac est mauvais pour la santé.

☞ *smoking jacket :* veste d'intérieur

A clear idea suddenly arose in Rogin's thoughts : money surrounds you in life as the earth does in death [...] This idea was extremely clear to him at first. Soon it became rather vague, but it had a great effect nevertheless, as if someone had given him a valuable gift. (Not like the velvet **smoking jacket** *he couldn't bring himself to wear, or the pipe it choked him to smoke).* (S. Bellow)
Une idée très nette germa tout à coup dans l'esprit de Rogin : l'argent vous entoure dans la vie comme la terre dans la mort [...] D'abord cette idée lui parut extrêmement claire. Elle ne tarda pas à devenir plutôt vague mais elle eut néanmoins un gros effet, comme si quelqu'un lui avait fait un cadeau de valeur (ce n'était pas comme ce **veston d'intérieur** en velours qu'il ne pouvait se résoudre à porter ou la pipe qui l'étouffait quand il la fumait).

m., SMOKING
(GB) *a dinner suit, an evening suit*
(U.S.) *a tuxedo*

SNACK [snæk] repas léger pris sur le pouce, casse-croûte

(établissement où l'on sert de la restauration légère et rapide) m., SNACK
snack-bar

SOBER [ˈsəʌbəʳ]

1. Qui n'a pas bu, à jeun. (Il s'agit d'un état passager, un ivrogne peut donc être « *sober* » comme l'illustre l'exemple ci-dessous).

There is a kind of stupidity among drunks, particularly when they are **sober***, a kind of disconnection which the unobservant interpret as vagueness.* (J. Le Carré)
Il y a chez les ivrognes, particulièrement lorsqu'ils sont **à jeun**, une certaine stupidité, des moments de déconnexion, des flous, généralement interprétés par les non-initiés comme des absences. (Duhamel et Robillot)

A bellhop in the threadbare maroon livery of the establishment arrived stoned and fiddled with the window to no avail.[...] and then he said he would send for 'the engineer'. [...] He didn't turn up that day, I think because the bellhop made the final bad impression, and the gentleman picked up the telephone and said :
'Can you send someone **sober***, if possible, to carry my suitcases down ?... Oh, keep the money, I'm checking out. And get me a taxi please.'* (P. Highsmith)
Un chasseur arriva, portant la livrée élimée de l'établissement, une livrée couleur bordeaux. [...] Le chasseur [...] finit par dire qu'il allait faire venir le technicien. [...] Il ne vint pas, ce jour-là, en raison, je crois, de la mauvaise impression faite en fin de compte par le chasseur, et le monsieur, décrochant le téléphone dit :
« Pouvez-vous m'envoyer quelqu'un **qui ne soit pas ivre**, si possible, pour descendre mes valises ?... Oh, gardez l'argent, je quitte l'hôtel. Et appelez-moi un taxi, s'il vous plaît. » (G. Hardin)

2. Sérieux, calme, tranquille (pour une personne)
as sober as a judge : - complètement à jeun
- sérieux comme un pape

SOBER (pour une couleur) SOBRE

abstemious, temperate (qui ne boit pas régulièrement)
simple (pour un style)

SOCKET [ˈsɒkɪt] n., cavité, trou, orbite (de l'œil), prise de courant

f., SOCQUETTE
ankle sock

SOLE [səul] n.,

1. Plante du pied
The **soles** *of his feet were burning with the whipping he had been given.*
Il avait la **plante** des pieds en feu à cause des coups de fouet qu'il avait reçus.

2. Semelle de chaussure
He walks back as far as the lit kitchen window and steps on to the cement without the **sole** *of his shoe scraping.* (J. Updike)
Il retourne jusqu'à la fenêtre éclairée de la cuisine et marche sur le ciment sans que ses **semelles** fassent de bruit.

SOLE (poisson) f., SOLE

fillet *of sole* **: filet** de sole

SOLID [ˈsɒlɪd] adj.,

1. (Matière, personne) massif, ferme
Suddenly she came upon a little three-legged table, all made of **solid** *glass.* (L. Carroll)
Brusquement, elle se trouva près d'une petite table à trois pieds, entièrement faite de verre **massif**. (J. Papy)

Or **massif** : **solid** *gold*

Solid, *rumbling, likely to erupt without prior notice, Macon kept each member of his family awkward with fear.* (T. Morrison)
Massif, bruyant, enclin à exploser sans crier gare, Macon paralysait tous les membres de sa famille par la terreur qu'il faisait régner. (S. Rué)

Penny Black fumbled with the fastenings of her bra, reversed around her waist like a belt. Succeeding, she rotated the garment, levered her formidable breasts into the cups and thrust her arms through the shoulderstraps. Latex smacked lustily against **solid** *flesh.* (D. Lodge)
Penny Black se débattait avec l'attache de son soutien-gorge passé à l'envers autour de sa taille comme une ceinture. Après avoir réussi à l'attacher, elle remit le soutien-gorge à l'endroit, ramassa ses seins volumineux et glissa ses bras dans les bretelles. Le latex claqua contre sa chair **ferme**. (M. et Y. Couturier)

2. (Repas) copieux, consistant
Yes, there is something distinctive and recognizable in English civilisation. It is a culture as individual as that of Spain. It is somehow bound up with **solid** *breakfasts and gloomy Sundays, smoky towns and winding roads, green fields and red pillar-boxes.* (G. Orwell)
Il est un fait que la civilisation anglaise possède des traits bien spécifiques. Il s'agit d'une culture aussi typée que celle de l'Espagne. Elle est plus ou moins associée à des petits-déjeuners **consistants** et à des dimanches maussades, des villes

enfumées et des routes sinueuses, des champs verdoyants et de grandes boîtes aux lettres rouges.

3. D'affilée, entier
'I'm in charge of [your] training and you can't say my methods don't work. Fifteen **solid** *weeks and you start questioning my decisions on the very night of the fight.'* (J. Wain)
« Je dirige ton entraînement et tu ne peux pas dire que mes méthodes ne donnent pas de bons résultats. Quinze semaines **d'affilée** et tu commences à contester mes décisions le soir même du combat. »

SOLID SOLIDE

Peas rolled under the tongue, fresh cold, like **solid** *water.* (L. Lee)
Les petits pois roulaient sous la langue, frais et froids, comme une eau **solide**. (P. Reumaux)

SOLIDE
sound, strong, reliable

une amitié solide : *a* **solid / strong / firm** *friendship*
un tissu solide : **solid / strong / tough** *material*

C'était un toit **solide**, fait de tôles ondulées.
It was a very **strong** *roof, made of sheets of corrugated iron.*

[Au bord d'une falaise] *She stepped a little closer, feeling cautiously for a* **firm** *foothold.* (P. O'Brien)
Elle se rapprocha légèrement, cherchant précautionneusement un appui **solide** pour y mettre le pied.

SOLIDLY [ˈsɒlɪdlɪ] sans arrêt, sérieusement ; à l'unanimité

It rained **solidly** *for a week.*
Il a plu **sans arrêt** pendant une semaine.

He worked at it **solidly**.
Il y a travaillé sérieusement.

SOLIDLY SOLIDEMENT

SOLIDEMENT
securely, firmly

Some houses which had become insecure from age and decay, were prevented from falling into the street by huge beams of wood reared against the walls and **firmly planted** *in the road.* (Ch. Dickens)
Quelques maisons, rendues dangereuses par l'âge et la décrépitude, étaient soutenues par d'énormes poutres dressées contre les murs et **solidement plantées** sur la chaussée, pour les empêcher de tomber dans la rue. (S. Monod)

Mon père avait **solidement** attaché au bout d'une gaule de frêne le couteau effilé de Thiers qu'il m'avait rapporté l'année précédente de la foire de Saint-Flour. (A. Chevalley)
To the extremity of an ash pole my father had **firmly** *fastened the thin pointed Thiers knife that he had brought me back from the Saint-Flour fair the year before.* (J. Lezon)

L'un après l'autre le pilote vérifia des chiffres et fut content. Il se découvrait **solidement** assis dans le ciel. (Saint Exupéry)
One after the other the pilot checked some figures and was satisfied. He had found himself **squarely** *seated in the sky.*

SOT (a) [sɒt] ivrogne (terme vieilli et méprisant, plus couramment : *a drunkard*)

[Il s'agit d'un médecin.] *Thus when he refused them the purges they loved, when he declared that all purges were the invention of the devil to poison the human system, they said to themselves that the man was a* **sot** *whose brains were destroyed by drink.* (J. Cary)
C'est pourquoi lorsqu'il refusait de leur prescrire les purges dont elles raffolaient, quand il déclarait que toute purge était une invention du diable pour empoisonner le corps humain, elles se disaient que le malheureux était un **ivrogne** dont le cerveau était ravagé par la boisson.

m., SOT
a fool, an idiot

adj., SOT
silly, stupid, foolish

SOUVENIR [su:vəˈnɪə^r] (objet) m., SOUVENIR

There's a **souvenir** *shop at the end of the pier.*
Il y a une boutique de **souvenirs** au bout de la jetée.

(mémoire, fait de se souvenir) m., SOUVENIR
memory, recollection

Une seule chose subsiste de lui, dans mon **souvenir** : sa manière de ponctuer la conversation par un « Mah » qui résonnait comme un aboiement funèbre. (P. Modiano)
Just one thing about him remains in my **memory** *: his way of punctuating the conversation with a 'Mah', which reverberated like the dismal bark of a dog.* (B. Wright)

Je **garde le souvenir** des dîners où nous étions tous réunis dans la pièce qui servait de salle à manger. (P. Modiano)
I **can still remember** *the dinners when we were all together in the room which served as a dining-room.*

SPEAKER [ˈspi:kə^r] n.,

1. Celui qui parle, interlocuteur ; orateur, conférencier
'You're too clever' remarked the coachman. 'I can see you've just come from the board-school'. As **the former speaker** *was a lady of quite mature appearance, the remark was not without its little irony.* (S. Maugham)
« Vous, vous êtes trop maligne, fit le cocher. Je vois que vous venez de sortir de l'école communale ». Et comme **celle qui venait de parler** était une dame d'âge respectable, la remarque ne manquait pas d'ironie.

A voice said at his elbow, 'I'm so sorry you were not met at the plane, Mr Dexter. My name's Grabbin.'
The speaker *was a stout middle-aged young man with a natural tonsure.* (Gr. Greene)
Tout près de lui, une voix s'éleva :
« Pardonnez-moi de ne pas vous avoir accueilli à votre descente d'avion, M. Dexter. Je m'appelle Grabbin. »
Celui qui s'adressait à lui était un homme encore jeune, corpulent, avec une tonsure naturelle. (P. Nordon)

2. *The Speaker :* le Président de la Chambre des Communes (G.B.) ou de la Chambre des représentants (U.S.)
It was Lady Windermere's last reception before Easter, and Bentinck House was even more crowded than usual. Six Cabinet Ministers had come on from **the Speaker's** *Levée in their stars and ribands.* (O. Wilde)
Ce fut la dernière réception de Lady Windermere avant Pâques, et il y avait plus de monde que d'habitude à Bentinck House. Six membres du Cabinet étaient venus de la réception du **Président de la Chambre des Communes** avec leurs décorations et les chamarrures. (P. Nordon)

3. Haut-parleur, baffle, enceinte acoustique

m., SPEAKER
a radio, television announcer

Le soir, ils allumaient le grand poste de T.S.F. du salon. Chaque fois à la même heure, un **speaker** au timbre métallique donnait des nouvelles de la guerre sous la forme d'un éditorial. (P. Modiano)
In the evenings they switched on the big wireless in the salon. Every day, at the same time, an **announcer** *with a metallic voice gave the war news in the form of an editorial.* (B. Wright)

SPECTACLES [ˊspektəklz] n., lunettes

SPECTACLE m., SPECTACLE

m., SPECTACLE

sight (ce que l'on voit)
Je ne crois pas avoir pensé, sur le moment, que le **spectacle** de ce centre ville désert ait pu l'amener à prendre sa décision [de se suicider]. (P. Modiano)
I don't believe I thought at the time that the **sight** *of that deserted town could have induced her to come to her decision.* (B. Wright)

show (cinéma, théâtre, etc)

SPIRITUAL [ˊspɪrɪtjuəl] SPIRITUEL
(de l'ordre de l'esprit par contraste avec la matière)

Autant me complaire dans ma névrose, dans mon exil intérieur, dans mon aboulie, dans cette lèpre **spirituelle** qui trompe mon ennui et satisfait mon dandysme. (R. Jaccard)
I may as well indulge in my neurosis, in my interior exile, in my abulia, in that **spiritual** *leprosy which relieves my boredom and satisfies my dandyism.* (J. Lezon)

(vif et amusant, qui cherche à briller) SPIRITUEL
witty

J'aurais dû être bouleversé ; mais Grand-mère lisait ces vers de manière si **spirituelle** qu'elle déclencha mon hilarité. (A. Jardin)
I should have been overcome with emotion ; but Grandma read those lines in such a **witty** *manner that she started me laughing.*

« Prenez vos flacons, la sueur du peuple qui passe ! » murmura Négrel, qui, malgré ses convictions républicaines, aimait à plaisanter la canaille avec les dames.
Mais son mot **spirituel** fut emporté dans l'ouragan des gestes et des cris. (E. Zola)
'Get out your smelling-salts, the sweat of the people is going by,' murmured Négrel who, for all his republican conviction, liked to laugh at the common people when he was with ladies.
But his **witty** *remark was lost in the din of the shouting and gesticulating mob.* (L.W. Tancock)

SPORT [spɔ :t] n.,

1. (vx.) Chic type. *'Be a sport !'* : « Sois chic ! »
'Old sport !' : « mon vieux ! "

[Le narrateur vient d'arriver chez Gatsby et voit qu'il y a de la lumière partout.]
'Your place looks like the World's Fair', I said.
'Does it ?' he turned his eyes toward it absently. 'I have been glancing into some of the rooms. Let's go to Coney Island, **old sport**. *In my car'.* (F.S. Fitzgerald)
« Votre maison fait penser à l'Exposition universelle !
— Ah ! oui ? » puis tournant les yeux vers elle d'un air distrait, il dit : « Je visitais des chambres. Allons à Coney Island, **vieux frère**. Dans ma voiture ». (V. Llona)

2. Amusement, divertissement ; jeu
'Here ruining people is considered **sport**', *wrote Vincent Foster, Bill Clinton's friend, in the note found in his briefcase after his suicide.* (The Economist)
« Ici détruire les gens est considéré comme un **amusement** » écrivait Vincent Foster, l'ami de Bill Clinton, dans une note retrouvée dans sa serviette après son suicide.

a spoilsport : un trouble-fête, un rabat-joie

3. Une prise (à la pêche, à la chasse)
cf. exemple à « franchise »
country sports : chasse, pêche, équitation.

SPORT m., SPORT

He **plays** *a lot of* **sport** *both for pleasure and health.*
Il **fait** beaucoup de **sport**, à la fois pour le plaisir et par hygiène.

Baseball is America's national **sport**.
Le base-ball est le **sport** national des Américains.

un magasin d'articles de sport : *a sports goods shop*

SPORT (to) [spɔ:t] v.,

1. Arborer, exhiber

2. (Plutôt litt.) Jouer, s'ébattre, folâtrer (syn. *to frolic*)
It was pleasant to wake up in Florence, to open the eyes upon a bright bare room, [...] with a painted ceiling whereon pink griffins and blue amorini **sport** *in a forest of yellow violins and bassoons.* (E.M. Forster)
BONHEUR : s'éveiller à Florence, ouvrir les yeux sur une pièce éclatante et nue, [...] sur le plafond peint où des griffons roses et de bleus amours **jouent** dans une forêt de violons et de bassons jaune. (Ch. Mauron)

SPORTIVE [ˈspɔ:tɪv] adj., badin, joyeux

The physical workouts which are now so chic in America aren't the **sportive** *delight of energy in its own excess ; they're fanatical penances, good for the soul because so hard on the body.* (The Observer)
Les séances de culture physique qui connaissent actuellement une telle vogue en Amérique n'ont rien à voir avec le plaisir **léger** d'un trop-plein d'énergie qui se dépense ; ce sont des pénitences fanatiques, bonnes pour l'âme parce que si dures pour le corps.

SPORTSMAN [spɔ:tsmæn] chasseur ou pêcheur

All that part of the country across the river is a favorite haunt of **sportsmen**.
Toute la partie du pays qui s'étend de l'autre côté de la rivière est le rendez-vous des **chasseurs.**

adj., SPORTIF

Elle est très **sportive** : *She is very* **fond of sport.**

On notera qu'en position épithète ce sont les formes '*sports, sporting*' qui sont utilisées :
a **sports** *car* : une voiture **de sport**.
la rubrique **sportive** d'un journal : *The* **sports / sporting** *column of a paper*
une émission **sportive** : *a* **sports** *programme*

She was a bold-looking girl, of about twenty-seven, with thick dark hair, a freckled face, and swift, **athletic** *movements.* (G. Orwell)
C'était une fille d'aspect hardi, d'environ vingt-sept ans, aux épais cheveux noirs, au visage couvert de taches de rousseur, à l'allure vive et **sportive**. (A. Audiberti)

Grâce à leur peau hâlée et à leur démarche **sportive**, ils gardaient un air de jeunesse et de fausse insouciance. (P. Modiano)
Owing to their suntanned skin and their **athletic** *gait, they still looked young and falsely carefree.* (B. Wright)

SPOT [spɒt]

1. Tache (syn. *stain*)
cf. *spotless* : impeccable

2. Endroit, lieu , site
This is a nice **spot** *for a picnic.*
C'est un **coin** sympathique pour pique-niquer.

Rio has been built in the unlikeliest of **spots**. *The buildings are hemmed in by mountains, strung along narrow strips of land between lakes and large lagoons.* (Homes and Gardens)
Rio a été construit dans un **site** plutôt surprenant : les constructions sont prises entre des montagnes qui se succèdent sur d'étroites bandes de terre entre des lacs et de vastes lagunes.

m., SPOT

ad, commercial (publicité)
By the age of 14, a devoted viewer will have witnessed 11,000 TV murders, claims Wilkins, and will digest 350,000 **commercials** *before graduating from high school.* (Time)
Arrivé à l'âge de 14 ans, un téléspectateur assidu aura assisté à 11 000 meurtres télévisés, prétend Wilkins, et il ingurgitera 350 000 **spots publicitaires** avant de terminer ses études secondaires.

spotlight (lampe)
[Description d'un restaurant] Autre étonnement, l'immensité des tables carrées. Des amoureux placés face à face auraient du mal à se tenir la main. Heureusement de petits **spots** permettent de déchiffrer la carte. (Figaro Magazine)
Another surprise is the enormous size of the tables. A couple of lovers sitting opposite each other would find it difficult to hold hands. Fortunately little **spotlights** *enable you to decipher the menu.* (J. Bird)

STABLE (a) [ˈsteɪbl] une écurie

Every evening after school we met in his back garden and arranged Indian battles. He and his fat younger brother Leo, the idler, held the loft of the **stable** *while we tried to carry it by storm.* (J. Joyce)

Chaque soir, en sortant de l'école, nous nous rencontrions dans le jardin derrière sa maison pour jouer aux Indiens. Lui et son jeune frère, le gros Léo, le paresseux, se retranchaient dans le grenier de **l'écurie,** que nous tentions de prendre d'assaut. (J. Aubert)

f., ÉTABLE
cowshed

STAGE [steɪdʒ] n.,

1. Stade, étape
In 1909, as the manager of a small iron foundry in Sturgis, New Jersey, Temple had reached a **stage** *in his life where the only prospects were increasing boredom and frustration.* (W. Boyd)
En 1909, directeur d'une petite fonderie à Sturgis, dans le New Jersey, Temple avait atteint une **étape** de sa vie où ses seules perspectives d'avenir se nommaient ennui et frustration. (Ch. Besse)

[Un malade imaginaire lit un dictionnaire de médecine.] *[I] began to get interested in my case, and determined to sift it to the bottom, and so started alphabetically — read up ague, and learned that I was sickening for it, and that the acute* **stage** *would commence in about another fortnight.* (J.K. Jerome)
Je commençai à m'intéresser à mon cas et me résolus à le passer au crible. Je procédai donc par ordre alphabétique, lus ce qui concernait l'angine et appris que j'en étais atteint et que le **stade** aigu commencerait dans une quinzaine. (D. Lescanne)
[Note :le traducteur est amené à rendre «*ague* » (fièvre intermittente) par « angine » pour respecter la mention de l'ordre alphabétique.]

D'où '*stage*' (fam.) ou '*stage-coach*' : diligence
I had this from Harmon Gow, who had driven the **stage** *from Bettsbridge to Starkfield in pre-trolley days and knew the chronicle of all the families on his line.* (E. Wharton)
C'est par Harmon Gow que je l'avais appris : il avait conduit la **diligence** au temps d'avant le tramway et il connaissait l'histoire de toutes les familles sur son parcours.

2. Scène et, par extension, la profession d'acteur.
The auditorium smelled of sawdust and paint and chalk. It was decorated in cream and grey with the usual picture-frame **stage**. (J. Braine)
La salle sentait la sciure, la peinture et la craie ; décorée en crème et gris, elle possédait une **scène** traditionnelle. (Chauffeteau et Vivier)

Since leaving school I had trained rather half-heartedly for various things. I had an idea, as everyone does at that age, that I should be a roaring success on the **stage**. (M. Dickens)
Depuis que j'avais quitté l'école, je m'étais préparée, sans grand enthousiasme, à diverses professions. Je m'imaginais, comme tout le monde à cet âge-là, que je remporterais un succès fou sur les **planches**.

m., STAGE
a period of (practical) training ; training period, course

Les étudiants sont actuellement **en stage**, vous ne pourrez pas les voir.
The students are on **work experience** *at the moment so you can't see them.*

Elle décida de **faire un stage de poterie** pendant les vacances.
She decided to do **a pottery course / to take pottery class** *in ceramics during the holidays.*

m., f., STANDARDISTE
operator

Avant de donner le numéro à la **standardiste**, je faisais les cent pas à travers le hall en préparant les phrases que je dirais à Rigaud. (P. Modiano)
Before giving the **operator** *the number I paced up and down the lobby preparing what I was going to say to Rigaud.* (B. Wright)

STARTER [ˈstɑːtəʳ] n.,

1. Démarreur (d'une voiture)
2. (fam.) Hors d'œuvre

m., le STARTER
the choke

STATE [steɪt] n., pompe, apparat

[Après le décès d'un homme.] *In the little room downstairs we found Eliza* ***seated*** *in his arm-chair* **in state**. (J. Joyce)
Dans la petite pièce au rez-de-chaussée, nous trouvâmes Eliza **trônant** dans le fauteuil qu'il occupait d'ordinaire. (J. Aubert)

STATE m., ÉTAT

state *of alert* : **état** d'alerte
state *school* : école d'**état**

Voilà comment je comprendrais l'éducation **publique**, nationale. (V. Hugo)
This is then what I understand by a national, **state** *education system.* (L. Sergeant)

m., ÉTAT
condition

[coup de téléphone] *He had been in an accident, the voice said, and his* **condition** *was serious.* (D. Jacobson)
Il avait eu un accident, disait la voix, et il était dans un **état** grave.

STOMACH [ˈstʌmək] n., (par euphémisme) ventre

Coming into the living-room yesterday evening, I found Frl. Schroeder and Frl. Mayr **lying flat on their stomachs** *with their ears pressed to the carpet.* (Ch. Isherwood)
Hier soir, en entrant dans le salon, j'ai trouvé Frl. Schroeder et Frl. Mayr **à plat ventre**, l'oreille collée au tapis. (L. Savitsky)

STOMACH m., ESTOMAC

Then one day the Greek became ill. He sat in bed with hands on his fat **stomach** *and big, oily tears rolled down his cheeks.* (C. McCullers)
Et alors, le Grec tomba malade. Assis dans son lit, les mains sur son énorme **estomac**, il pleurait et de grosses larmes huileuses lui coulaient sur les joues. (M.M. Fayet)

a **stomach** *ulcer* : un ulcère à **l'estomac**

STORE [stɔːʳ] n.,

1. Provision, réserve

Though the walk was nearly at an end, other delights **were in store**. (A. Bennett)
Bien que la promenade fût presque terminée, d'autres joies **les attendaient**.

2. Grand magasin ou boutique
The Greek, Spiros Antonapoulos, worked for his cousin, who owned this **store**. (C. McCullers)
Le Grec, Spiros Antonapoulos, était employé dans cette **boutique** qui appartenait à un de ses cousins. (M.M. Fayet)

m., STORE
blind

Dans le bureau de l'ambassadeur les **stores** sont baissés sur la lumière crépusculaire. (M. Duras)
In the Ambassador's office **the blinds** *have been pulled down, shutting out the twilight.* (Jury de CAPES)

STRANGER (a) [ˈstreɪndʒəʳ] n., un étranger (par rapport à un lieu), un inconnu

She used to tell her children not to speak to **strangers**.
Elle disait toujours à ses enfants de ne pas parler à des **inconnus**.

[Une femme se promène dans la rue.] *Not knowing which way to turn, where to go, she felt foolish.* **Strangers** *must think she'd been drinking.* (T. Williams)
Ne sachant où aller, ni dans quelle rue tourner, elle se jugeait ridicule. **Les gens** devaient la croire ivre. (J. et J. Tournier)

The foreign-looking little **stranger** *turned his eyes and caught the workman grinning.* (D.H. Lawrence)
Le petit **inconnu** à l'air étranger détourna les yeux et surprit l'ouvrier qui ricanait. (M. Rancès)

m., ÉTRANGER
(d'un autre pays) *foreigner*

alien appartient à un niveau de langue plus soutenu ou au langage administratif.

STRUCTURE [ˈstrʌktʃəʳ] n., construction, édifice

Pubs, in fact, are going the way of all those other things one cherishes — the countryside, eighteenth-century bits of towns and villages ; and the only sort of **structure** *it seems nobody dares touch are churches and this is probably for some bogus superstitious reasons.* (S. Gardiner)
En fait les pubs sont en train de prendre le même chemin que toutes ces autres choses auxquelles on tient : la campagne, les quartiers 18ᵉ siècle des villes ou des villages ; le seul type de **bâtiment** auquel il semble que personne n'ose toucher ce sont les églises, probablement d'ailleurs pour des superstitions qui ne tiennent pas debout.

STRUCTURE f., STRUCTURE

The **structure** *of a sentence.*
La **structure** d'une phrase.

STUDIO [ˈstjuːdɪəu] studio, atelier (d'artiste)

She ought to have stuck to her husband. They could have had an affair. Afternoons in **a studio**. *It would have been romantic.* (A. Huxley)

Elle aurait dû rester auprès de son mari. Ils auraient eu une liaison ; des rendez-vous, l'après-midi, dans un **atelier**... C'eût été romanesque. (J. Castier)

STUDIO (de cinéma, télévision) m., STUDIO

Mr Joyboy was not a handsome man by the standards of motion-picture **studios.** (E. Waugh)
M. Joyboy n'était pas un bel homme au regard des canons des **studios** de cinéma.

(petit appartement) m., STUDIO
bed-sitting-room, one-bedroom flat, one-roomed flat, bedsitter

We share a small **bed-sitting-room**. (E. O'Brien)
Nous partageons un petit **studio**.

STUFF [stʌf] n., chose, truc, machin, en fait « *stuff* » est souvent rendu par un terme plus précis en français.

[Un touriste américain s'exclame en visitant l'Angleterre.] *They certainly got some old* **stuff** *here, observes the man in the Burberry.* (The Guardian)
Il est un fait qu'ils en ont des vieilles **choses** ici, remarque l'homme au Burberry.

Winston poured out nearly a teacupful, nerved himself for a shock, and gulped it down like a dose of medicine.
Instantly his face turned scarlet and the water ran out of his eyes. The **stuff** *was like nitric acid.* (G. Orwell)
Winston en versa presque une pleine tasse, s'arma de courage pour supporter le choc et avala le gin comme une médecine.
Instantanément son visage devint écarlate et des larmes lui sortirent des yeux. Le **breuvage** était comme de l'acide nitrique. (A. Audiberti)

[Le narrateur songe au développement de l'embryon.] *A thing would grow into a person, a tiny lump of* **stuff** *would become a human body, a human mind.* (A. Huxley)
Une chose deviendrait une personne, une minuscule masse de **matière** deviendrait un corps humain, un esprit humain. (J. Castier)

f., ÉTOFFE
stuff, cloth, material, fabric

The Prince of Wales [...] hardly seems **the stuff** *of which a royal revolutionary is made.* (The Sunday Times)
Le prince de Galles [...] ne semble guère avoir **l'étoffe** d'un révolutionnaire de souche royale. (J.-Cl. Sergeant)

SUBSCRIPTION [səbˈskrɪpʃən] n., cotisation, abonnement

The Leddersford Conservative Club, with its ten-guinea annual **subscription** *[...] was for rich men only.* (J. Brainer)
Le Club Conservateur de Leddersford avec sa **cotisation** annuelle de dix guinées était réservé aux riches.

SUBSCRIPTION f., SOUSCRIPTION

SUEDE [sweɪd] n., daim (cuir suédé), (l'animal : « *deer* »)

He favored shirts of the American kind with buttons on the points of the collars, and **suede** *shoes with rubber soles.* (J. Le Carré)
Il affectionnait les chemises de style américain avec des cols à pointes boutonnés et chaussures **de daim** à semelle de caoutchouc.

f., SUÈDE
Sweden

Attention que : *a Swede* : un Suédois
a swede : un rutabaga

Teeth chewed green peels of apples, acid sharp, and then sweet white starch of **swedes**. (L. Lee)
Les dents mâchaient la verte pelure des pommes d'une extrême acidité, et le doux amidon blanc des **rutabagas**. (P. Reumaux)

SUMMARY (a) [ˈsʌmərɪ] un résumé

adj., SOMMAIRE
succinct, brief, hasty, improvised, perfunctory

summary *justice* : justice **sommaire**

(syn. : la table des matières) (d'un livre) le SOMMAIRE
the list / table of contents

SUPPLEMENTARY [sʌplɪˈmentərɪ] SUPPLÉMENTAIRE

mais plus souvent : **extra, additional**

C'est à peine si une montée plus forte [de la vague], çà et là, vient mouiller un instant quelques décimètres **supplémentaires**. (A. Robbe-Grillet)
It is only very occasionally that it rises slightly higher and for a moment moistens a few **extra** *inches.* (B. Wright)

SUPPORT (to) [səˈpɔːt] v.,

1. Faire vivre
Everybody I knew was in the bond business, so I supposed it could **support** *one more single man.* (F.S. Fitzgerald)
Tous les gens que je connaissais travaillaient dans des banques d'émission, ce qui m'autorisa à supposer que le métier pouvait **nourrir** un célibataire de plus. (V. Llona)

2. Confirmer, corroborer
A look at what is happening in the United States certainly **supports** *that view* [à savoir qu'il faut des compétences spécialisées pour un emploi] (Newsweek)
Il est certain que l'observation ~~de ce qui se~~ passe aux États Unis **corrobore (vient confirmer)** cette opinion.

3. Soutenir, porter (un poids, un corps, un élément de construction, etc.)
This was one of the afternoons when she had not seen or heard from him, and it made her realize how completely her Roman life was hung upon this relationship, like the cloth of a tent that would collapse into loose folds without the central post that **supported** *it.* (T. Williams)

C'était un de ces après-midi où elle ne l'avait pas vu ni eu de message de lui et cela lui faisait percevoir à quel point sa vie à Rome était suspendue à cette relation, comme la toile d'une tente qui s'effondrerait en une masse informe sans le poteau central qui la **soutenait**.

SUPPORT (to) SUPPORTER

His body still rests in Catania in a porphyry sarcophage **supported** *by four lions.* (F. Uhlman)
Son corps repose encore à Catane, dans un sarcophage de porphyre **supporté** par quatre lions. (L. Lack)

SUPPORTER
to bear, to stand, to put up with,

cf. **to be impatient with**
Exactly how the ill-named Mrs Fairley herself had **stood** *her mistress so long was one of the local wonders. [...] In short both women were incipient sadists ; and it was to their advantage* **to tolerate each other.** (J. Fowles)
C'était pour tous un sujet d'étonnement que Mrs Fairley, la mal nommée, ait pu si longtemps **supporter** sa maîtresse. [...] En bref, il existait dans les rapports entre les deux femmes un soupçon de sadisme, et elles trouvaient quelque avantage à **se supporter réciproquement**. (G. Durand)

— Vous allez prendre de la cortisone. Je vais d'ailleurs commencer par vous faire une piqûre dans l'épaule.
— Non, non, criai-je précipitamment, je ne veux pas, **je ne les supporte pas**. (M. Maurois)
'I' m going to give you some cortisone to take. In fact I'll start off by giving you a shot in the shoulder.'
'Oh no !' I shouted quickly 'I won't have it. **I can't stand them**.'

SUPPORTIVE [səˈpɔ:tɪv] adj.,

['She' = une championne olympique.] *She comes from a humble family (her father was a welder from Stoneham, Massachusetts), but a stable and* **supportive** *one.* (The Economist)
Elle est issue d'une famille modeste — son père était soudeur à Stoneham, dans le Massachusetts — mais unie, **qui l'a toujours soutenue**. (R. Alimi)

SURE [ʃʌəʳ] adj., « sûr, certain ». Il prend d'autres valeurs en combinaison avec « *be* ».

1. « *be sure to* » est une locution à valeur modale qui exprime la certitude du locuteur quant au degré de réalisation du procès exprimé par le verbe principal. Le bloc équivaut souvent aux adverbes français : « sûrement, certainement ».

Freddy and Mr Floyd **were sure to** *retire with their glasses, while Cecil invariably lingered, sipping at his while she locked up the sideboard.* (E.M. Forster)
Invariablement Freddy et Floyd s'éclipsaient avec leurs verres ; Cecil au contraire, s'attardait buvant le sien à petites gorgées tandis qu'elle refermait le buffet. (Ch. Mauron)

'He was an absolute genius at comedy parts. He's **sure to** *be terribly famous, one day'.* (Ch. Isherwood)
— Il jouait les comiques d'une façon géniale. Il **sera** formidablement célèbre un de ces jours, **j'en suis sûr**. (L. Savitsky)

2. L'expression « *I'm sure* » suivie d'une proposition dont le sujet est « *I* » a une valeur emphatique.

[Une jeune fille fait des reproches à son frère devant son père.]
'Harry is very naughty, and does not do what I tell him, do you Harry ?'
'I'm sure *I don't know what you mean to accuse me of.'* (E. Gaskell)
— Harry est très vilain, il ne veut pas faire ce que je lui demande, n'est-ce pas Harry ?
— Je ne vois **vraiment** pas ce dont tu prétends m'accuser.

SÛR

Le digne prince était à peu près **sûr** de trouver les rues désertes chaque fois qu'il s'y hasardait. (A. Dumas)
The worthy prince was almost **certain** *to find the streets deserted whenever he chanced to pass through them.* (Th. Pederson)

SURELY [ˈʃuəlɪ] adv., « *Surely* » peut servir à indiquer que le locuteur exprime une opinion contraire à celle de l'interlocuteur ou une remarque en opposition avec les apparences ou les présupposés de la situation. D'où des équivalents français tels que : « Voyons ! Il me semble, plutôt, etc. »

[La scène se passe pendant la guerre sous les bombardements.]
The sky over London was glorious, ochre and madder, as though a dozen tropic suns were simultaneously setting round the horizon ; [...]
'Pure Turner', said Guy Crouchback, enthusiastically ; he came fresh to these delights.
'John Martin **surely** *?' said Ian Kilbannock.*
'No', said Guy firmly. (Waugh)
Le ciel au-dessus de Londres était splendide, l'ocre et la pourpre s'y mêlaient comme si une dizaine de soleils tropicaux disparaissaient en même temps aux quatre coins de l'horizon ; [...]
— Un vrai Turner, dit Guy Crouchback, enthousiaste ; ce genre de plaisir était encore neuf pour lui.
— Du John Martin, **plutôt**, fit Ian Kilbannock. (Var. : **Vous voulez dire** du John Martin ?)
— Non, répondit Guy fermement.

SURELY (usage plus spécifique de l'anglais américain) SÛREMENT

en anglais britannique, on rencontre plutôt : *'certainly, definitely'*

Forced from outside, the letter flap lifted, and with an effort, like a heron regurgitating a flatfish, vomited a bunch of letters on to the mat. Gordon's heart bounded. There were six or seven of them. **Surely** *among all that lot there must be one for himself !* (G. Orwell)
Poussé de l'extérieur, le clapet de la boîte au lettres se souleva, et, avec un effort, comme un héron qui régurgite un poisson plat, il vomit sur le paillasson tout un paquet de lettres. Le cœur de Gordon bondit. Il y en avait six ou sept. **Certainement** que dans tout ce tas il devait y en avoir une pour lui !

SURNAME [ˈsɜːneɪm] n., nom de famille

[Un nouveau vient d'arriver dans une classe.] *Climbing back on to his seat, he [le professeur] addressed him : 'would you please give me your* **surname**, *Christian name and the date and place of your birth ?'* (F. Uhlman)
Regagnant son siège, il s'adressa à lui : « voudriez-vous, je vous prie, me donner votre **nom**, votre prénom, ainsi que la date et le lieu de votre naissance ? » (L. Lack)

m., SURNOM
nickname

donner un surnom, surnommer : *to nickname*

SURVEY (to) [ˈsɜːveɪ] v.,

1. Regarder, parcourir du regard, contempler
With occasional adjustment of his eye-glass, and smiling his smile of modest tolerance, Mr Warricombe **surveyed** *the crowded hall.* (G. Gissing)
Tout en ajustant de temps en temps son lorgnon, et en arborant son sourire modeste et tolérant, M. Warricombe **parcourait du regard** la salle remplie de monde.

The stranger had carried his bags to the foot of the steps [...]. There they stood against the wall. The taxi-driver poked out his head to look at them. He **surveyed** *them steadily.* (D.H. Lawrence)
L'étranger avait porté ses sacs jusqu'au pied des marches [...]. Le tout était là contre le mur. Le chauffeur de taxi mit la tête à la fenêtre pour bien les regarder ; il les **contempla** longtemps. (M. Rancès)

2. Inspecter, faire une étude de (une enquête sur)

3. Faire des levés topographiques (*a surveyer* : un arpenteur, un géomètre)

SURVEILLER
to look after (children), to watch, to keep watch over
to supervise, to monitor (work)

Voulez-vous **surveiller** les enfants cinq minutes, le temps que j'aille à la poste.
Will you **look after** *the children for five minutes, just the time for me to go to the post-office.*

Il paya et sortit. Face au restaurant, un café était ouvert. Rambert s'installa au comptoir et **surveilla** l'entrée du restaurant. (A. Camus)
He paid, went out, and, noticing that a café across the road was open, settled down there at a place from which he could **keep an eye on** *the entrance of the restaurant.* (St. Gilbert)

Ah ! Gustave, quand je vous ai confié ma femme, je n'aurais jamais cru que vous pousseriez la sollicitude jusqu'à dormir avec elle pour la **surveiller** de plus près. (A. Allais)
Oh ! Gustave, when I asked you to look after my wife, I never thought that you'd be so considerate as to sleep with her in order to **keep** *a closer* **watch on** *her.* (B. Jacquin)

SURVEY (a) [ˈsɜːveɪ] n.,

1. Tour d'horizon
[Titre d'un article dans une revue.]
'A **survey** *of Lytton Strachey's centenary'*
« **Regard** sur le centenaire de Lytton Strachey »

2. Enquête, étude
The **survey** *gave the party of Ingvar Carlsson, the prime minister, only 31.7 per cent of support in January.* (The Times)
D'après le **sondage** de janvier, 31,7 % seulement des personnes interrogées étaient pour le parti du premier ministre, Ingvar Carlsson.

SUSCEPTIBLE [sə'septəbl] adj., sensible, émotif, impressionnable

Ernest had seen Tourneley as everyone else in the University (except of course dons) had seen him, for he was a man of mark, and being very **susceptible** *he had liked Tourneley even more than most people did.* (S. Butler)
Ernest avait vu Tourneley comme tout le monde à Cambridge (excepté naturellement les professeurs) l'avait vu, car c'était un garçon remarquable ; et comme il avait une **sensibilité** très vive, la sympathie qu'il éprouvait pour Tourneley était encore plus grande que celle qu'éprouvaient les autres. (V. Larbaud)

SUSCEPTIBLE
touchy

SYMPATHETIC [ˌsɪmpə'θetɪk] adj., de sympathie, compatissant, compréhensif

She gave him a **sympathetic** *smile.*
Elle lui fit un sourire **compatissant**.

The workers went on a **sympathetic strike**.
Les travailleurs ont fait une **grève de solidarité**.(J. Delisle)

Before departing, she said a few **sympathetic words**.
Avant de partir, elle lui a adressé quelques **mots d'encouragement**. (J. Delisle)

'But how **sympathetic** *you are today, Arthur ! Really, Sybil has done you a great deal of good'.* (O. Wilde)
— Mais, Arthur, comme vous voici **attentionné** aujourd'hui ! Sybil vous a vraiment fait beaucoup de bien. (P. Nordon)

SYMPATHETIC SYMPATHIQUE

sympathetic *nervous system :* système nerveux **sympathique**

SYMPATHIQUE
pleasant, agreable, nice, friendly, genial

'Are you spoken for, Joe ?' Eva asked.
'No one will have me,' I said.
'I'll see that you meet some really **nice girls**.' (J. Braine)
— Votre cœur est-il pris, Joe ? demanda Eva.
— Personne ne veut de moi, dis-je.
— Je veillerai à ce que vous rencontriez des **filles sympathiques**. (Chauffeteau et Vivier)

Indeed, I don't believe I thought of my friend once in the year between our last encounter and this morning, when my wife at breakfast put the paper before me and asked, 'Don't we know him ?'. His **pleasant** *face with its eyes set wide like the eyes of a bear gazed from the front page. I read that he had been murdered.* (J. Updike)
En fait, je ne crois pas avoir pensé à mon ami une seule fois au cours de l'année qui s'est écoulée entre notre dernière rencontre et ce matin où, au petit déjeuner, ma femme plaça le journal devant moi en me demandant : « on ne le connaît pas ? »
Sur la première page, son visage **sympathique** avec ses yeux écartés comme ceux d'un ours me regardait fixement. Je lus qu'il avait été assassiné.

[À propos d'Eurodisney] Les Français s'étaient sentis agressés par ce Mickey trop sûr de lui. À Philippe Bourguignon, aujourd'hui, de nous le rendre **sympathique** ! (Le Nouvel Observateur)

The French had felt attacked by this Mickey Mouse who was too sure of himself. It's now up to Philippe Bourguignon to bring us **to like** *him (to make him* **likeable***).* (N. Cooney)

Je le trouve **sympathique** : *I* **like** *him.*
Il est **sympathique** : *He is* **nice**.

☞ de l'encre **sympathique** : **invisible** *ink*

SYMPATHIZE (to) [ˈsɪmpəθaɪz] v., plaindre, compatir à

[Dans les années 1900, un touriste vient de proposer à deux Anglaises de changer de chambre avec lui. Sa proposition part d'une bonne intention : « elles veulent avoir une vue », mais elle est mal interprétée.] *The better class of tourist was shocked at this, and* **sympathized with** *the new-comers.* (E.M. Forster)
Les plus convenables parmi les touristes furent choqués par une telle proposition et **éprouvèrent de la compassion** pour les nouvelles venues.

SYMPATHISER

Nous avons **sympathisé** tout de suite.
We **hit it off** *immediately / right away. We* **took to** *each other immediately.*

SYMPATHY [ˈsɪmpəθɪ]

1. Condoléances.
He expressed his deepest **sympathy / sympathies** *to the widow.*
Il exprima ses sincères condoléances à la veuve.

Notez l'existence de « *condolences* » :
[Après un décès] Lui écrire ? Mais les mots de **condoléances** ne me semblaient correspondre ni à Ingrid, ni à lui, Rigaud. (P. Modiano)
Write to him ? But words of **condolences** *didn't seem to me to be right either for Ingrid or for him.* (B. Wright)

En somme, je n'avais pas à m'excuser. C'était plutôt à lui de **me présenter ses condoléances**. (A. Camus)
I had no reason to excuse myself ; it was up to him **to express his sympathy** *and so forth.* (St Gilbert)
After all, it wasn't for me to apologize. It was more up to him **to offer me his condolences**. (J. Laredo)

2. sympathy *strike :* grève de **solidarité**

SYMPATHY f., SYMPATHIE

Men were looking at her, but with neither **sympathy** *nor antipathy.* (P. Bowles)
Des hommes l'examinaient, sans **sympathie** ni antipathie. (H. Robillot)

f., SYMPATHIE

Pas la moindre ironie dans sa voix. Au contraire, j'y sentais de la **sympathie** à mon égard. (P. Modiano)
Not the slightest irony in his voice. On the contrary, I detected **fellow-feeling** *in it.* (B. Wright)

T

TALON [ˈtælən] n., griffe, serre (d'oiseau de proie)

The young man watched them as anxiously as if they were birds of a predatory nature, likely at any moment to swoop down upon him and gather him up in their **talons**. (T. Williams)
Le jeune homme les observait avec autant d'inquiétude que s'il se fut agi de rapaces prêts à fondre sur lui à tout instant et à l'emporter dans leurs **serres**.

m., TALON
heel

Old voices... Old echoes that followed her through the empty streets like the tap-tap-tap of her **high heels**. (J. Broderick)
Voix familières... Échos familiers qui l'accompagnaient au long des rues désertes comme le martèlement de ses **hauts talons**.

TANK [tæŋk] réservoir, cuve

Alexandria was a long shining line on the horizon ; sand and the silver of oil-storage **tanks**. (V.S. Naipaul)
Alexandrie. Une longue ligne brillante à l'horizon ; du sable et l'éclat argenté des **réservoirs** de stockage du pétrole. (A. Saumont)

TANK m., TANK

TART [tɑ:t] putain (fam., cf. *prostitute*)

A Russian soldier in a fur cap goes by with a rifle over his shoulder, a few **tarts** *cluster round the American Information Office, and men in overcoats sip ersatz coffee in the windows of the Old Vienna.* (Gr. Greene)
Un soldat russe en bonnet de fourrure passe, fusil sur l'épaule, quelques **putains** rôdent autour du Service américain d'information et des hommes en pardessus sirotent un ersatz de café derrière les vitres de l'Old Vienna. (P. Nordon)

TART f., TARTE

The Queen of Hearts, she made some **tarts,**
All on a summer day. (L. Carroll)
La Reine de Cœur ayant fait des **tartes**
Par un beau jour d'été. (J. Papy)

TENANT (a) [ˈtenənt] n., un locataire

les TENANTS et les ABOUTISSANTS
the ins and outs

TEND (to) [tend] v.,

1. (v.t.) Garder, veiller (sur quelque chose), soigner, s'occuper (de quelqu'un, du bétail)
2. (v.i.) Avoir tendance, tendre

TENDRE

équivalents divers, par ex :

Il me **tendit** la main : *he* **held out** *his hand to me.*

Je remontai dans la chambre et **tendis** l'ouvrage à Grand-mère. (A. Jardin)
I climbed back to the room and **held out / handed out** *the book to Grandmother.*

TENNIS ['tenɪs]

(le sport) m., TENNIS

(les chaussures) m., TENNIS
tennis-shoes, sneakers, trainers

TENTATIVE ['tentətɪv] adj., provisoire, hésitant (il n'y a pas de nom correspondant)

Some doctors have been more **tentative** *in their treatment of the elderly, partly because they do not properly weigh the risks and benefits of treatment, Dr. Krumholz said.* [Article concernant les traitements préventifs de maladies cardio-vasculaires]. (New York Times)
Le Dr. Krumholz a expliqué que certains médecins se montrent plus **hésitants** quand il s'agit de prescrire un traitement pour les personnes âgées, en partie parce qu'ils n'en mesurent pas de façon exacte les risques et les bienfaits. (M. Génuard)

When Gabriel put his plan into operation and made his first **tentative** *offers of help — holding a man above an enamel basin while she attended to an emergency further down the ward — she hadn't even said thank you.* (W. Boyd)
Lorsque Gabriel avait mis son plan à exécution et **timidement** fait ses premières offres de service (il s'agissait de tenir un homme au-dessus d'un bassin en émail tandis qu'elle s'occupait d'une urgence à l'autre bout de la salle), elle ne l'avait même pas remercié.

Everything **is very tentative** *at the moment.*
Rien **n'est encore fixé** pour le moment.

f., TENTATIVE
attempt n.,

TENTATIVELY ['tentətɪvlɪ] adv.,

After about an hour, Professor Clavering cut the motor and **tentatively** *hoisted some sail.* (P. Highsmith)
Au bout d'une heure environ le professeur Clavering coupa le moteur et envoya un peu de toile, **pour voir**. (G. Hardin)

TENURE ['tenjuə^{r}] n.,

1. Temps d'exercice d'une fonction
   Mr Rose's **tenure** *produced remarkable successes.* (New York Times)
   Pendant qu'il était en fonction, M. Rose a réalisé de remarquables changements. (M. Génuard)

   The future Edward VII, barred by Queen Victoria from any part in the business of the state, spent much of **his tenure** *in the pursuit of pleasure.* (The Sunday Times)

Le futur Édouard VII, que la reine Victoria avait écarté de toute participation aux affaires de l'État, consacra une bonne partie des **années qu'il passa en tant que premier héritier du trône** à la recherche des plaisirs. (J.-Cl. Sergeant)

2. Titularisation (en particulier dans une université)
When Robyn explained her situation, Wilcox seemed more struck by her colleagues' security than by her own vulnerability.
'You mean they've got jobs for life ?' he said.
'Well, yes. But the Government wants to abolish **tenure** *in the future.'*
(D. Lodge)
Lorsque Robyn lui eut expliqué son cas, Wilcox eut l'air encore plus surpris par la sécurité de l'emploi dont jouissaient ses collègues que par la précarité de sa situation à elle.
« Comment, ils ont un boulot à vie ? dit-il.
— Eh bien, oui. Cependant le Gouvernement a l'intention d'abolir la **titularisation** à l'avenir. » (M. et Y. Couturier)

TENURE (droit féodal) f., TENURE

TERM [tɜ:m] n.,

1. Trimestre (scolaire ou universitaire, cf. *quarter*)
['He' est un jeune professeur.] *He was very glad that he was going away — now he would be able to have Isabel to himself, and they might, together, forget this horrible nightmare of a* **term**. (H. Walpole)
Il était très content de partir — maintenant il pourrait se consacrer totalement à Isabelle et peut-être pourraient-ils, tous les deux, oublier ce **trimestre** de cauchemar.

2. Mandat
Reagan [had] got the bad economic news out of the way early in his **term**. (The New Republic)
Reagan s'était débarrassé des mauvaises nouvelles économiques au début de son **mandat**.

3. *to come to terms* : arriver à un accord, trouver un compromis, transiger, accepter (une situation, un problème).

TERM m., TERME

Avoid technical **terms**.
Évitez les **termes** techniques.

We are **on good terms** *with them.*
Nous sommes **en bons termes** avec eux.

TERRACE [ˈterəs] n.,

1. Rangée de maisons de même style et mitoyennes. (cf. *a detached house* : une maison individuelle, un pavillon)
[...] *a mean stretch of decaying, almost derelict, turn-of-the-century* **terrace houses**. (M. Drabble)
[...] une rangée de **maisons mitoyennes** minables, datant du début du siècle, qui tombaient en ruine et étaient presque abandonnées.

She was tireless as she walked all afternoon, round the silent squares and **terraces**. (A. Brookner)
Elle passait tout l'après-midi à se promener, infatigable, sur les places et le long des **rangées de maisons** silencieuses.

2. *the terraces* : les gradins (dans un stade)

TERRACE (d'une maison, d'un restaurant) f., TERRASSE

As Larry advanced towards the barbecue grill on the **terrace***, he caught sight of something that made him freeze, then smile.* (P. Highsmith)
Alors que Larry s'approchait du grill installé sur la **terrasse**, il aperçut quelque chose qui l'arrêta net, puis le fit sourire. (G. Hardin)

Nous avons longé la plage jusqu'à la **terrasse** du restaurant Moorea. (P. Modiano)
We walked along the beach to the **terrace** *of the Moorea restaurant.* (B. Wright)

terraced gardens : jardins en **terrasses**

TISSUE [ˈtɪʃuː] kleenex, mouchoir en papier

'I hear there was more trouble in Angleside at the weekend', says Marjorie, wiping the milky foam of the cappuccino from her lips with a dainty **tissue**'. (D. Lodge)
« On m'a dit qu'il y avait encore eu des incidents à Angleside pendant le week-end », dit Marjorie en essuyant l'écume de son cappuccino sur ses lèvres avec un joli **papier de soie** très fin. (M. et Y. Couturier)

Used **tissues** *and pieces of cotton wool, cigarette butts, and matches covered the concrete floor.* (W. Trevor)
Le sol en ciment était jonché de **kleenex** et de cotons sales, de mégots et d'allumettes.

TISSUE m., TISSU

(ensemble de cellules)
Living **tissues** *are made up of millions of cells.*
Les **tissus** vivants sont composés de millions de cellules. (R. Godon)

(ss fig.)
It's a **tissue** *of lies.*
C'est un **tissu** de mensonges.

m., TISSU
fabric, material

acheter du **tissu** pour faire une robe : *to buy* **material / fabric** *to make a dress*
le **tissu** urbain : *the urban* **fabric**

TONGS [tɒŋz] n., pince(s)

sugar **tongs** : **pince** à sucre

f., TONGS
flip-flop

The sea was a blinding dazzle, and the sand painful to walk on in bare feet. Most of the people around me wore rubber **flip-flops**. (D. Lodge)
L'éclat de la mer était aveuglant, et il était pénible de marcher pieds nus sur le sable. La plupart des gens autour de moi avaient des **tongs** en caoutchouc.

TOURNIQUET [ˈtuənɪkeɪ] n., garrot

Julian's jugular vein had been pierced in two places, and he had lost a lot of blood by the time he arrived at the hospital. The doctors applied **tourniquets** *and stitched.* (P. Highsmith)

La veine jugulaire de Julian avait été perforée en deux endroits, et, le temps d'arriver à l'hôpital, il avait perdu beaucoup de sang. Les médecins lui firent des **garrots** et des points de suture. (G. Hardin)

m., TOURNIQUET
a turnstile, a revolving door

TRADUCE (to) [trə'dju:s] v., calomnier, diffamer, médire

[*'The famous collaboration'* désigne un roman sur les Révoltés du Bounty.]
Although my lifetime consumption of junk historical fiction is considerable, it is insufficient to let me state categorically that the famous collaboration of Charles Nordhoff and James Norman Hall wins the All-American cup for **traducing** *the truth, but I am nevertheless confident that it is among the top contenders.* (Washington Post)
Bien qu'au cours de ma vie j'aie fait une consommation considérable de romans historiques de quatre sous, celle-ci est encore insuffisante pour me permettre d'affirmer catégoriquement que la célèbre œuvre commune de Charles Nordhoff et de James Norman remporte la palme en matière de **trahison** de la vérité, mais je suis tout de même persuadé qu'elle figure parmi les mieux placées.

TRADUIRE
to translate

(exprimer) TRADUIRE
to convey

Si je cherche un terme qui **traduise** l'impression que me faisait Milan ce 16 août, il me vient aussitôt à l'esprit celui de : Ville ouverte. (P. Modiano)
If I try to find words to **convey** *the impression Milan made on me on that sixteenth of August, the ones that immediately come to mind are : Open City.* (B. Wright)

TRAFFIC ['træfık] n., circulation automobile

It was like the helpless crowd that gathers around **a traffic accident**, *no one knowing how it happened, whether you should move the body.* (J. Le Carré)
On aurait dit la foule impuissante qui se rassemble autour d'un **accident de la circulation**, ignorant comment il se produisit, ne sachant s'il faut bouger le corps.

TRAFFIC m., TRAFIC

The Panamanian leader and members of his family may have been involved in **drug-trafficking**. (BBC News)
Le chef de l'état panaméen et les membres de sa famille ont peut-être été impliqués dans **le trafic de drogue**.

TRAP [træp] n., piège

f., TRAPPE

trap door (dans le plancher)
hatch (pour évacuation, passe-plat)

TRESPASS (to) ['trespəs] v., pénétrer sur une propriété sans y être autorisé

[Un groupe d'amis se sont arrêtés dans un pré pour pique-niquer.] *We had just commenced the third course — the bread and jam — when a gentleman in shirt*

sleeves and a short pipe came along, and wanted to know if we knew that we were **trespassing**. (J. K. Jerome]
Nous étions à peine au troisième service — pain et confiture — lorsqu'un citoyen en bras de chemise et bouffarde au bec s'approcha de nous et nous déclara que nous n'avions pas l'air de savoir que nous **étions sur une propriété privée**. (D. Serval)

L'équivalent de la pancarte : « propriété privée » est *'no trespassing'*.

[En Afrique. Peter, Carolus et Timothy sont des noirs, Bobby est un fonctionnaire anglais humaniste.] *Like his clothes, like the bow, like the accent, Peter's smile was only one part of his training, and it was separate from the other parts. Like Carolus and Timothy, Peter belonged to the hotel and the boy's quarters of the hotel. It was disturbing ; as always in former settler's haunts, Bobby felt he was* **trespassing**. (V.S. Naipaul)
Son sourire, sa manière de se vêtir ou de saluer, son accent même, Peter les avait acquis au prix d'un long apprentissage ; et toutes ces acquisitions difficiles demeuraient disparates. De même que Carolus et Timothy, Peter appartenait à l'hôtel et participait à la vie des communs où logeaient les boys. C'était le monde des premiers colons. Comme chaque fois qu'il le retrouvait, Bobby s'y sentait un **intrus**. (A. Saumont)

TRÉPASSER
to depart this life, to die, to pass away

TRESS [tres] n., (litt.) boucle de cheveux (plus souvent : *a lock (of hair)*)

tresses : longs cheveux

On a chair lay a razor, besmeared with blood. On the hearth were two or three long and thick **tresses** *of grey human hair, also dabbled in blood, and seeming to have been pulled out by the roots.* (E. Poe)
Sur une chaise, on trouva un rasoir mouillé de sang ; dans l'âtre, trois longues et fortes **boucles** de cheveux gris, qui semblaient avoir été violemment arrachées avec leurs racines. (Ch. Baudelaire)

f., TRESSE
pigtail, plait, (U.S.) *braid*

Elle avait deux grandes **tresses** blondes qui lui descendaient jusqu'à la taille.
She had two long blond **pigtails** *that reached down to her waist.*

Je n'avais jamais vu de film avec ces Indiennes qui portent ces mêmes chapeaux à bord plat et des **tresses** par le devant de leur corps. (M. Duras)
I've never seen any of those films where American Indian women wear the same kind of flat-brimmed hat, with their hair in **braids** *hanging down in front.* (B. Bray)

TRIBUNE [ˈtrɪbju:n] tribun

TRIBUNE f., TRIBUNE

f., TRIBUNE
platform

Messieurs, avant de terminer, permettez-moi d'adresser ici, du haut de la **tribune**, au parti clérical, au parti qui nous envahit, un conseil sérieux. (V. Hugo)
Before concluding, allow me now, from this **platform**, *to give the Clerical Party, the party which is invading us, some serious advice.* (L. Sergeant)

TRIVIAL [ˈtrɪvɪəl] adj., futile, insignifiant, dérisoire (syn. : *trite, commonplace*)

Simply to hear her slightly husky voice again had lifted all the worries from my shoulders, made what had happened at the civic ball **trivial**. (J. Braine)
Rien que d'entendre à nouveau sa voix légèrement rauque avait fait disparaître tous mes soucis et paraître **banal** (**sans importance**) ce qui s'était produit au bal de la municipalité.

I want, among other things, to insist upon the fateful power of **trivial** *incidents.* (G. Gissing)
Je veux, entre autres choses, marquer l'influence déterminante de petits faits **insignifiants**.

Avec le temps, cet épisode prenait un aspect **futile** et presque ridicule. (P. Modiano)
With time, this episode took on a **trivial** *and almost ridiculous aspect.* (B. Wright)

(ce que le bon goût passe sous silence) TRIVIAL
coarse, vulgar, rude

TRUANT [ˈtruənt] n.,

to play **truant** *:* faire l'école buissonnière

m., TRUAND
a crook, gangster (syn. *criminal, ruffian, villain*)

Alors, de sous ses vêtements, elle sortit une arme, tira sur l'ancien **truand** à bout portant. (J. Semprun)
*Thereupon she produced a gun from beneath her clothes and shot at the ex-***hoodlum** *point blank.* (Jury de CAPES)

TRUCK [trʌk] (U.S.) camion

m., TRUC
a trick, stuff, thing

TRUCULENCE [ˈtrʌkjʌləns] n., brutalité, férocité

There was no mistaking the injured **truculence** *in the landlady's voice, nor her expression of superhuman patience about to snap at last.* (J. Wain)
Il n'y avait pas à se méprendre sur le ton offensé et **brutal** de la logeuse pas plus que sur son expression de patience surhumaine sur le point de craquer.

TRUCULENCE
vividness, raciness

TRUCULENT [ˈtrʌkjʌlənt] adj., brutal, agressif (dans le comportement), féroce (dans l'aspect)

[Un enfant observe un mort.] *His face was very* **truculent**, *grey and massive, with black cavernous nostrils and circled by a scanty white fur.* (J. Joyce)
Son visage était **féroce**, gris et massif avec des narines noires, vastes comme des cavernes, et auréolé d'une maigre toison blanche. (J. Aubert)

(langue, style) TRUCULENT
vivid, colourful, racy

He discoursed with open-air vigour, making use now and then of a **racy** *colloquialism.* (G. Gissing)

Il discourait avec une vigueur rustique, utilisant de temps en temps une **truculente** expression familière.

(personne) TRUCULENT
colourful, larger-than-life

TRUMP [trʌmp] n, (aux cartes, dans la vie : *'asset'*) atout

f., TROMPE

trunk (d'éléphant)
trumpet, horn (instrument de musique)

U

UMBRELLA [ʌm'brelə] n., parapluie

'UMBRELLA !' *he bellowed in the direction of the house, hoping his voice would carry above the noise of the downpour.* (W. Boyd)
« PARAPLUIE ! » hurla-t-il en direction de la maison, avec l'espoir que sa voix dominerait le grondement du déluge. (Chr. Besse)

f., OMBRELLE
sunshade, parasol

Temple looked about him. Everyone was got up in their finery. The women all wore white dresses with lacy trims and carried **parasols**. (W. Boyd)
Temple regarda autour de lui : tout le monde était sur son trente-et-un. Les femmes portaient des robes blanches ornées de dentelles et s'abritaient sous des **ombrelles**. (Chr. Besse)

UNIQUE [ju:'ni:k] adj., exceptionnel

Marshall's definition of economics draws attention to that **unique** *feature of human society : that unlike other animals, man provides for his everyday needs by means of a complex pattern of production, distribution and exchange.* (G. Whitehead)
La définition que donne Marshall de l'économie attire l'attention sur ce trait **exceptionnel** de la société humaine, à savoir qu'à la différence des autres animaux, l'homme pourvoit à ses besoins quotidiens au moyen d'un système complexe de production, de distribution et d'échanges.

UNIQUE UNIQUE

This manuscript is **unique**, *it was copied by the monks in the 12th century.*
Ce manuscrit est **unique**, il a été copié par les moines au 12e siècle.

UNIQUE

Il avait vingt-cinq ans. Il était le **fils unique** de grands propriétaires terriens des environs de T. Beach. (M. Duras)
He was twenty-five. He was the **only son** *of big landowners around T. Beach.*

☞ un régime **à parti unique** : *a* **one-party** *régime*

UNIQUELY [ju:'ni:klɪ] adv., typiquement, caractéristique de

An obsession with health is in itself a disease, a symptom of that **uniquely** *modern, causeless, self-gnawing ailment we call anxiety.* (The Observer)
L'obsession de la santé est en soi une maladie, un symptôme de ce mal **typiquement** moderne, sans cause et dévorant, que nous appelons l'anxiété.

UNIQUEMENT
only

L'histoire de la famille royale de Grande-Bretagne pourrait se raconter **uniquement avec** les photos prises par Cecil Beaton. (J. de France)

The history of the British royal family could be told **with the sole aid of** *the photos taken by Cecil Beaton.*

UNQUALIFIED [ʌnˈkwɒlɪfaɪd] adj., formidable, fou

At the close of his [Giscard d'Estaing's] six-day visit to four of the Gulf states which has been an **unqualified** *diplomatic success* [...]. (The Times)
Au terme de sa visite de six jours dans quatre des états du golfe, qui s'est révélée être un **indéniable** succès diplomatique [...].

UNQUALIFIED NON QUALIFIÉ

She was an **unqualified** *nurse.*
C'était une infirmière **non-diplômée**.

URBANE [ɜːˈbeɪn] courtois

He felt deeply drawn to him, and not solely because he was intrigued by the contrast between O'Brien's **urbane** *manner and his prize-fighter's physique.* (G. Orwell)
Il se sentait vivement attiré par lui. Ce n'était pas seulement parce qu'il était intrigué par le contraste entre **l'urbanité** des manières d'O'Brien et son physique de champion de lutte. (A. Audiberti)

URBAIN
urban

URGENT [ˈɜˑdʒənt] pressant, insistant

The tension of his figure suggested that he was continually upon the verge of raising his voice or an arm in some kind of **urgent** *call or salutation.* (T. Williams)
La tension de tout son corps laissait penser qu'à tout instant il était prêt à élever la voix ou à lever la main comme pour lancer un appel **pressant** ou saluer **de manière appuyée**.

URGENT URGENT

Could I speak to Mr X ? It's **urgent**.
Pourrais-je parler à M. X ? C'est **urgent**.

UTILITY [juːˈtɪlɪtɪ] n.,

Service public : *public utilities*

UTILITY f., UTILITÉ

a **utility** *vehicle :* un véhicule **utilitaire**
(mais l'équivalent de « utilité » est plutôt : *'use'*)

V

VENT (to) [vent] v., exhaler, donner libre cours à

VENTER

Il vente : *the wind* **blows**

VENUE [ˈvenju:] endroit, lieu

the conference **venue** : le **site** du congrès

f., VENUE
the coming

VERGER [ˈvɜ:dʒəʳ] n., sacristain, bedeau

m., VERGER
an orchard

I was going to the Top, into a world that even from my first brief glimpses filled me with excitement : big houses with drives and **orchards** *and manicured hedges.* (J. Braine)
J'allais habiter en Haut, dans un monde qui déjà me remplissait d'excitation, bien que je n'en eusse qu'un vague et bref aperçu : de grandes maisons avec des allées, des **vergers** et des haies pomponnées. (Chauffeteau et Vivier)

VERSATILE [ˈvɜ:sətaɪl] adj., peut signifier : « versatile », mais aussi servir à décrire de façon moins négative, quelqu'un « qui a des talents variés », « qui est souple, capable de réussir dans plusieurs domaines, éclectique ».

[Le locuteur est un professeur qui décrit un concert organisé par ses étudiants.] *'Young Johns played the piano.* **Versatile** *lad, that ; the oboe's his instrument, really'.* (K. Amis)
« Le jeune Johns était au piano. Ça c'est un garçon **qui a des talents variés** ; en réalité, son instrument, c'est le hautbois. »

VERSATILE
fickle, changeable, capricious

VERSE [vɜ:s]

1. Un verset (petit paragraphe d'un texte sacré)
Tom bent all his energies to the memorizing of five **verses** *; and he chose part of the Sermon on the Mount, because he could find no verses that were shorter.* (M. Twain)
Tom devait réciter au pasteur cinq **versets** de la Bible ; il choisit ceux du Sermon sur la Montagne parce que c'étaient les plus courts qu'il eût pu trouver. (F. De Gaël)

2. Couplet (d'une chanson).
There was [...] an old lag who sang 'On Ilkey Moor bar t'at' beating out the time on his food tin. There was a warder who shouted, 'shut up, George, you miserable sod', after each **verse**. (J. Le Carré)

[...] un repris de justice chantait *On Ilkey Moor bar t'at* en battant la mesure sur sa gamelle. À chaque **couplet**, un gardien braillait : « Tu vas la fermer, oui, tête de lard ? » (Duhamel et Robillot)

VERSE (de la poésie (U.)) des VERS

blank **verse :** le **vers** blanc
a tragedy in **verse :** une tragédie en **vers**

m., un VERS
a line

VESSEL ['vesl] n., (sout.)

1. Récipient (syn. : *container*)
[Dans un quartier populaire, au début du siècle.] *The inhabitants facilitated domestic operations by emptying casual* **vessels** *out of the windows.* (G. Gissing)
Les habitants se facilitaient les tâches domestiques en vidant de temps en temps les **récipients** par les fenêtres.

2. Vaisseau (sout.), navire *(ship, boat)*
When we landed we watched the discharging of the graceful three-master which we had observed from the other quay. Some bystander said that she was a Norwegian **vessel**. (J. Joyce)
Une fois débarqués, nous regardâmes le déchargement du gracieux trois-mâts que nous avions observé de l'autre quai. Quelqu'un à côté de nous dit que c'était un **navire** norvégien. (J. Aubert)

f., VAISSELLE

Pourquoi ne fais-tu pas la **vaisselle** ?
Why don't you do **the washing-up** ?

[Quelqu'un vient de glisser] *Then the tray with its contents of* **crockery** *and food smashed down on her upturned face.* (J. H. Chase)
Et soudain, le plateau, avec son contenu de **vaisselle** et d'aliments s'abattit avec violence sur son visage. (L. Escouve et M. Duhamel)

Notez l'opposition entre la vaisselle qu'on lave (*washing-up*) et les objets eux-mêmes (*crockery, dishes*)

VEST [vest] n., maillot de corps

f., VESTE
jacket, coat

Pushing up the collar of his **jacket**, *Leamas stepped outside into the icy October wind.* (J. Le Carré)
Leamas releva le col de sa **vareuse** et sortit dans le vent glacé d'octobre.

Retourner sa veste : *to change sides, to change one's party, to be a turn-coat.*

---

m., VÉTÉRINAIRE

☞ Le mot anglais qui semble y correspondre : *'Veterinary'* est un adjectif ; « un vétérinaire » se dit : *'Veterinary-surgeon'*, ou (lg. fam.) *'vet.'*

Il était **vétérinaire** dans ce petit village depuis vingt ans.
He had been a **vet** *in that small village for twenty years.*

VEX (to) [veks] v., contrarier, fâcher

I think you **vexed** *him with your silly remarks.*
Je crois que tu l'as **contrarié** (**agacé**) avec tes remarques stupides.

I couldn't resist saying, knowing what I knew, and because I was anxious to **vex** *him — one learns a lot that way — 'that sounds like a cheap novelette'.* (Gr. Greene)
Sachant ce que je savais, et parce j'étais tenté de le **blesser** — procédé qui vous permet d'en apprendre beaucoup — je ne pus me retenir de lancer : « c'est un cliché de romans à quatre sous ». (P. Nordon)

VEXER
to hurt, to offend, cf. to injure

[Un malade imaginaire consulte une encyclopédie médicale et s'aperçoit qu'il offre les symptômes de toutes les maladies sauf une.] *I plodded conscientiously through the twenty-six letters, and the only malady I could conclude I had not got was housemaid's knee.*
I felt rather **hurt** *about this at first ; it seemed somehow to be a sort of slight.* (J.K Jerome)
Je piochais consciencieusement les vingt-six lettres de l'alphabet d'un bout à l'autre et, pour conclure, la seule maladie que je n'avais pas était l'hydarthrose des femmes de chambre. Je m'en sentis un peu **vexé**, au début. Cela me semblait quasi injuste. (D. Serval)

You know, you're very self-willed, not to say selfish Mynors said.
'No, I'm not' Beatrice protested seriously 'Am I Anna' ?'
'Well—' Anna tried to think of a diplomatic pronouncement. Beatrice **took offence** *at the hesitation.*
'Oh ! You two are bound to agree, of course. You're as thick as thieves. (A. Bennett)
« Vous savez, vous êtes très égocentrique, pour ne pas dire égoïste, fit Mynors.
— Ce n'est pas vrai, protesta Béatrice d'un ton sérieux. N'est-ce pas Anna ?
— Eh bien... » Anna essayait de trouver un moyen de répondre avec diplomatie. Béatrice **se vexa** de cette hésitation.
« Oh naturellement, vous deux, vous êtes forcément d'accord. Vous vous entendez comme larrons en foire ».

[*'It'* = un calendrier publicitaire]
Shirley says the Gresham's buyer likes to see it on the wall when he visits. No point in **offending** *a customer.* (D. Lodge)
Shirley prétend que le représentant de chez Gresham aime le voir là quand il vient nous voir. Pas la peine de **vexer** un client. (M. et Y. Couturier)

[Alice vient de parler de chat et de souris.] *The Mouse [...] seemed to quiver all over with fright. 'Oh, I beg your pardon.' cried Alice hastily, afraid that she had* **hurt** *the poor animal's* **feelings**. *'I quite forgot you didn't like cats'.* (L. Carroll)
La Souris [...] parut frissonner de terreur du museau à la queue.
— Oh, excuse-moi, je t'en prie ! s'écria vivement Alice, craignant d'**avoir froissé** la pauvre bête. J'avais complètement oublié que tu n'aimais pas les chats. (J. Papy)

« J'ai pas voulu te **vexer**, petit gars. Je suis sûr que ta sœur n'a rien de commun avec une garce. » (J.L. Curtis)
'I didn't mean **to hurt your feelings**, *kid. I'm sure your sister has nothing in common with a bitch.'* (M. Wydenbruck)

VEXATION [vek'seɪʃən] n., ennui

[C'est un portier qui parle à quelqu'un venu voir un client de l'hôtel, le « docteur ».] *'It's Mr Usherwood, isn't it ? The doctor'll be glad to see you. He's*

been having a lot of **vexation***. Arrived a day before he was expected. Some mistake. No one to meet him at the boat [...].'* (Chr. Isherwood)
« Vous êtes bien Monsieur Usherwood ? Le docteur va être très heureux de vous voir. Il a eu des tas d'**ennuis** (de **déboires**). D'abord il est arrivé un jour plus tôt que prévu. Une erreur quelque part. Personne pour l'accueillir à la descente du bateau. »

Tom turned in without the added **vexation** *of prayers, and Sid made a mental note of the omission.* (M. Twain)
Tom se mit au lit sans ajouter à cette journée le **désagrément** de la prière, et Sid ne manqua pas de noter cette omission. (P. F. Caillé)

After he had rung the bell half a dozen times a small man with a sullen expression put his head out from another flat and told him in a tone **of vexation**, *'It's no use. There's nobody there. He's dead'.* (Gr. Greene)
Après avoir sonné une demi-douzaine de fois, il aperçut par la porte entrouverte d'un autre appartement le visage maussade d'un petit bonhomme qui déclara d'un ton **excédé** : « Inutile d'insister. Il n'y a personne. Il est mort. » (P. Nordon)

f., VEXATION (S)
(little) humiliation(s)

VIANDS [ˈvaɪəndz] n., plats, mets, souvent des aliments de qualité (ce terme est vieilli et littéraire.)

After eating without knowledge of the **viands** *and drinking a bottle of claret in like unconsciousness, he smoked for half-an-hour, his eyes vaguely set, his limbs lax and heavy, as though in the torpor of difficult digestion.* (G. Gissing)
Après avoir mangé sans faire attention aux **plats** et avoir bu une bouteille de bordeaux avec la même indifférence, il fuma pendant une demi-heure, les yeux dans le vague, les membres relâchés et lourds, comme dans la torpeur d'une digestion difficile.

f., VIANDE
meat

VICAR [ˈvɪkəʳ] n., pasteur

When the **vicar**'s *wife went off with a young and penniless man the scandal knew no bounds.* (D.H. Lawrence)
Quand la femme du **pasteur** se sauva avec un homme jeune et sans le sou ce fut un scandale sans nom.

m., VICAIRE
curate

VICE [vaɪs] n., étau

VICE m., VICE

[...] *I felt then, and still do, that envy's a small and squalid* **vice**. (J. Braine)
[...] Je sentis alors, comme je le sens aujourd'hui, que l'envie est un **vice** mesquin, sordide. (Chauffeteau et Vivier)

☞ *the* **vice** *squad* : la brigade des **mœurs**

VICIOUS [ˈvɪʃəs] adj., méchant, rageur, malveillant, haineux

The tone was supposed to be one of mock severity, but it came out **vicious**. (J. Braine)
Le ton se voulait celui d'une fausse sévérité mais on y percevait de la **rage**.

VICIOUS (syn. : *perverse, depraved*) VICIEUX

I felt my soul receding into some pleasant and **vicious** *region.* (J. Joyce)
Je sentis mon âme faire retraite vers un pays agréable et **plein de vices**. (J. Aubert)

It's a **vicious** *circle.*
C'est un cercle **vicieux**.

VICIEUX

C'est un vicieux.
He is **dirty-minded**.

VILE [vaɪl] adj., l'idée fondamentale est « très mauvais », les équivalents français sont très divers :

He's in a **vile** *temper.*
Il est d'humeur **massacrante**.

He did not want to go home, but he had got to sit down. His legs ached and his feet were bruised, and that **vile** *bedroom was the sole place in London where he had purchased the right to sit down.* (G. Orwell)
Il ne voulait pas rentrer chez lui, mais il avait besoin de s'asseoir. Il avait mal aux jambes et les pieds meurtris, et cette **horrible** chambre était le seul endroit dans Londres où il avait acheté le droit de s'asseoir.

At the start he had been restless and lonely. He wrote disconsolate letters to Alison in his **vile** *handwriting.* (J. Buchan)
Au départ, il n'avait éprouvé qu'agitation et solitude. De son écriture **épouvantable**, il écrivait des lettres inconsolables à Alison.

It was a bright cold day in April, and the clocks were striking thirteen. Winston Smith, his chin nuzzled into his breast in an effort to escape the **vile** *wind, slipped quickly through the glass doors of Victory Mansions.* (G. Orwell)
C'était une journée d'avril froide et claire. Les horloges sonnaient treize heures. Winston Smith, le menton rentré dans le cou, s'efforçait d'éviter le vent **âpre**. Il franchit rapidement les portes vitrées des « Maisons de la Victoire ».

[Un homme vient d'avoir des problèmes avec un groupe de chauffeurs de taxi. Sa femme commente.] *'Aren't they* **vile** *!' said Harriet.* (D.H. Lawrence)
« Je les trouve **infects** ! » fit Harriet.

[Une femme se dégage d'un homme trop entreprenant.]
But Beryl was strong. She slipped, ducked, wrenched free.
'You are **vile, vile,**' *said she.* (K. Mansfield)
Mais Béryl était forte. Elle se faufila, se déroba, se dégagea énergiquement.
« Vous êtes **ignoble, ignoble** ", dit-elle. (M. Merle)

VILE VIL

à **vil** prix : *at a* **very low** *price*

VILLAIN [ˈvɪlən] n., canaille, scélérat

[Un journaliste dénonce les abus de l'administration contre un maraîcher exproprié.] *Only at the end of the article were the* **villains** *named. Bureaucratic clerks in all their hideous, inhuman behaviour were charged with the deed ; but they were only the instruments of tyranny.* (A. Wilson)
Ce n'est qu'à la fin de l'article que les **scélérats** étaient dénoncés. La responsabilité de cet acte était imputée à des employés de bureau, seuls capables

d'un comportement aussi horrible et inhumain, mais ils n'étaient que les instruments de la tyrannie

VILAIN

« Oh ! Le vilain ! » : *'You* **naughty** *boy !'*

« Quel vilain temps ! » : *'What* **beastly / nasty** *weather !'*

[Deux hommes parlent d'une folle.] *'Has she ever killed anyone ?' Kamp asked [...]*
'No, but there were two very **ugly** *incidents which led to the certification'.* (J.H. Chase)
— Elle n'a jamais tué personne ? demanda Kamp [...]
— Non, mais il y a eu deux assez **vilains** incidents qui ont déterminé son internement. (L. Escoube et M. Duhamel)

VINE [vaɪn] n., vigne

☞ (sur les statues, etc.) feuille de vigne : *fig leaf*

m., VIN
wine

VIOLA [vɪˈəulə] n., *alto* (instrument)

[Description d'un concert] *'There was the most marvellous mix-up in the piece they did just before the interval. The young fellow playing the* **viola** *had the misfortune to turn over two pages at once, and the resulting confusion... My word...'* (K. Amis)
« Il y eut une de ces confusions lors du morceau qu'ils interprétèrent juste avant l'entracte. Le jeune qui jouait de l'**alto** eut le malheur de tourner deux pages en même temps et il en résulta une de ces pagailles... si vous aviez vu ça ! »

f., VIOLE
a viol

VIRGULE [ˈvɜːgjuːl] n., une barre transversale. (qui généralement sépare deux variantes)

f., VIRGULE
comma

VIRTUALLY [ˈvɜːtjuəlɪ] adv., pratiquement

Temple's German was rudimentary and he understood **virtually** *nothing of what was said.* (W. Boyd)
L'allemand de Temple était rudimentaire, de sorte qu'il ne comprit **pratiquement** rien de ce qui se disait.

France's new electoral law puts strict limits on a candidate's campaign spending (maximum FFr 500,000 or $ 88,000) and bans **virtually** *all advertising in the six months before an election.* (The Economist)
La nouvelle loi électorale française limite sévèrement les dépenses de campagne des candidats (500 000 FF ou 88 000 dollars) et interdit **pratiquement** toute publicité durant les six mois qui précèdent une élection. (R. Alimi)

VIRTUALLY VIRTUELLEMENT

VOYAGE [ˈvɔɪɪdʒ] n., (syn. : *a crossing, a passage*) traversée, voyage sur l'eau

We crossed the Liffey in the ferry boat, paying our toll to be transported in the company of two labourers and a little Jew with a bag. We were serious to the point of solemnity, but once during the short **voyage** *our eyes met and we laughed.* (J. Joyce)
Nous traversâmes la Liffey sur le bac, après avoir payé notre péage, accompagnés dans notre voyage par deux ouvriers et un petit juif porteur d'un sac. Nous étions graves, presque solennels, mais à un moment donné, durant cette courte **traversée,** nos regards se croisèrent, et nous rîmes. (J. Aubert)

m., VOYAGE
travel, journey, trip

1. **travel** est utilisé :
a - pour exprimer cette notion de manière générale, comme dans le dicton :
Travel *broadens the mind.*
Les voyages forment la jeunesse
ou l'expression :
Travel *agency* : agence de **voyage**

Elle se demanda une seconde dans quelle mesure sa fringale de **voyages** n'était pas provoquée, aussi, par une certaine hâte à profiter des services de la vieille dame tant que c'était encore possible. (R. Ikor)
She wondered for a moment how far his craving of **travel** *was not also caused by a certain impatience to take advantage of the old lady's kindness while it was still possible to.* (M. Charlot et al)

À Marseille, j'ai fouillé mon **sac de voyage** pour voir si je n'avais pas oublié mon passeport. (P. Modiano)
At Marseilles, I went through my **travel bag** *to make sure I had my passport.* (B. Wright)

b - pour exprimer une série de *'journeys and voyages'* effectués par une personne précise :
Gulliver's **Travels** *first came out in 1726.*
Les **voyages** *de Gulliver* est paru en 1726.

Quand Richard Burton revint de ses **voyages** au Moyen Orient, il devint un objet de grand intérêt pour la haute société.
When Richard Burton returned from his **travels** *in the Middle East he became an object of great interest in society.*

2. **journey** est assez général également, mais implique un déplacement spécifique.

3. **trip** a des connotations plus modernes :
'Have a nice **trip** !' : « Bon **voyage** ! »

W

WAG(G)ON [ˈwægən] n., la graphie **'***Waggon'* est britannique.

1. Chariot, charrette.
The way to the fields on the plateau above the village goes through a cutting, called the Hollow, which used to be very narrow and steep.
'One day when a child' my crony said, 'two horses with a **waggon-load** *of sheaves behind them refused to enter the Hollow'.* (The Guardian Weekly)
La route qui conduit aux champs situés sur le plateau surplombant le village emprunte une tranchée appelée « la Combe », qui fut jadis très étroite et très encaissée.
« J'étais encore gamin, me dit-il, quand un jour deux chevaux qui tiraient un **chariot rempli de** gerbes refusèrent de pénétrer dans la Combe ». (B. Jacquin)

The last **wagon train** *from Alabama was attacked by Red Indians.*
Le dernier **convoi de chariots** venant de l'Alabama a été attaqué par les Indiens.

2. *A station-wagon* (U.S.) = un break

3. *He sat impatiently in a line of cars while the pickets argued with the driver of an* **articulated wagon** *that was trying to enter the University.* (D.Lodge)
Il attendait impatiemment dans la file de voitures pendant que les grévistes argumentaient avec le conducteur d'un **semi-remorque** qui voulait pénétrer dans l'enceinte de l'Université. (M. et Y Couturier)

m., WAGON

1. (Brit.) (voyageurs) **carriage, coach.**
(marchandises) **waggon, truck.**

He fought his way into the **carriage** *to get seats.* (A. Sillitoe)
Il se battit pour monter dans le **wagon** et avoir des places. (J. Chuto)

Up ahead she could hear the noise of voices. The doors on to the quay were closed. She went into the next **coach** *; it was marked 'II'.* (P. Bowles)
Elle entendit parler devant elle. Les portes qui donnaient sur la voie étaient bloquées. Elle passa dans le **wagon** suivant ; il était marqué « II ». (H. Robillot)

Railway **trucks** *at station sidings fell back along the line like dominoes.* (A. Sillitoe)
Des **wagons de marchandises**, en attente sur des voies de garage basculèrent vers l'arrière du train comme des dominos. (J. Chuto)

2. (U.S.) : **car** (voyageurs), **freight car** (marchandises)
As she entered the **car**, *her first impression was that she was not on the train at all.* (P. Bowles)
En pénétrant dans le **wagon**, elle n'eut plus l'impression de se trouver dans le train. (H. Robillot)
(On notera que le même auteur, P. Bowles, qui est américain, utilise les termes des deux variétés d'anglais « *coach* » et « *car* » à un paragraphe d'intervalle)

un wagon-lit : *a sleeping car, a sleeper*
un wagon-restaurant : *a restaurant car, a dining car*

Z

ZERO [ˈzɪərou] (m.,) ZÉRO

five, four, three, two, one, **zero** *!*
cinq, quatre, trois, deux, un, **zéro** !

Five degrees below **zero** : Cinq degrés au-dessous de **zéro**.

(m.) ZÉRO

1. « **O** » *[ou]* (comme la lettre « O »)
Mon numéro de téléphone est 06.24.36.72.91.
My phone number is O, six, two, four, etc.

2. **nil** : *Leeds won four* ***nil*** : Leeds a gagné par quatre buts à **zéro**.

3. **love** (n.) : score d'un joueur qui n'a encore marqué aucun point dans un jeu, aucun jeu dans un set ou aucun set dans un match.
*When the server wins the first point, the score is called '15-***love***'. (Love is used instead of nothing or nil, because the noughts on French royal tennis scoreboards were egg-shaped and players used to call 'quinze-l'œuf', etc. And we all know how badly most English people pronounce French words.)* (Starting Tennis)
Quand le serveur gagne le premier point, on annonce le score « quinze-**zéro** ». (On utilise love au lieu de rien ou nul car les zéros sur les tableaux d'affichage du jeu de paume français avaient la forme d'un œuf et les joueurs annonçaient « quinze, l'œuf » etc. Et nous connaissons tous très bien la façon déplorable dont la plupart des Anglais prononcent les mots français.) (C. Wecksteen)

N.B. : Robertson, M.R. et Kramer, J. dans *The Encyclopedia of Tennis* réfutent le fait que '*love*' vienne du français « l'œuf ». Ils avancent que '*love*' a été assimilé à « rien » dans des expressions telles que '*a labour of love*' (travail fait par plaisir, pour rien) et '*neither for love nor money*' (pour rien au monde).

ZEST [zest] enthousiasme, entrain, goût

He didn't put much **zest** *into his work*
Il ne mettait pas beaucoup d'**entrain** à travailler.

Chandrapore was never large or beautiful, but two hundred years ago it lay on the road between Upper India, then imperial, and the sea, and the fine houses date from that period.
The **zest** *for decoration stopped in the eighteenth century, nor was it ever democratic. There is no painting and scarcely any carving in the bazaars.* (E.M. Forster)
Chandrapore ne fut jamais vaste ni belle, mais, il y a deux cents ans, elle se trouvait sur la route conduisant de ce qui était alors l'empire des Hautes Indes à la mer, et les belles maisons datent de cette époque. Le **goût** de la décoration s'arrêta au XVIIIe siècle et n'y fut jamais populaire. On ne trouve dans les bazars aucune peinture, à peine quelques ornements sculptés. (C. Mauron)

ZEST m., ZESTE

The recipe said to add a lemon **zest** *to flavour.*
La recette indiquait d'ajouter un **zest** de citron pour parfumer.

En dehors du contexte des recettes, l'usage de « **zest** » dans ce sens est relativement rare, on parlera plutôt de « *lemon peel* » ou « *lemon rind* ».

m., ZESTE
rind, peel

Stir the grated lemon **rind** *and juice into the cheese mixture.* (extrait d'une recette)
Ajouter au fromage blanc le **zeste** rapé et le jus de citron.

J'aime bien mon Martini avec un **zeste** de citron.
I like my Martini with lemon **peel**.

Aubin Imprimeur
LIGUGÉ, POITIERS

Achevé d'imprimer en mars 1999
N° d'impression L 57999
Dépôt légal mars 1999
Imprimé en France